住居に都市を埋蔵する

ことばの発見

原 広司

住まい学エッセンス 平凡社

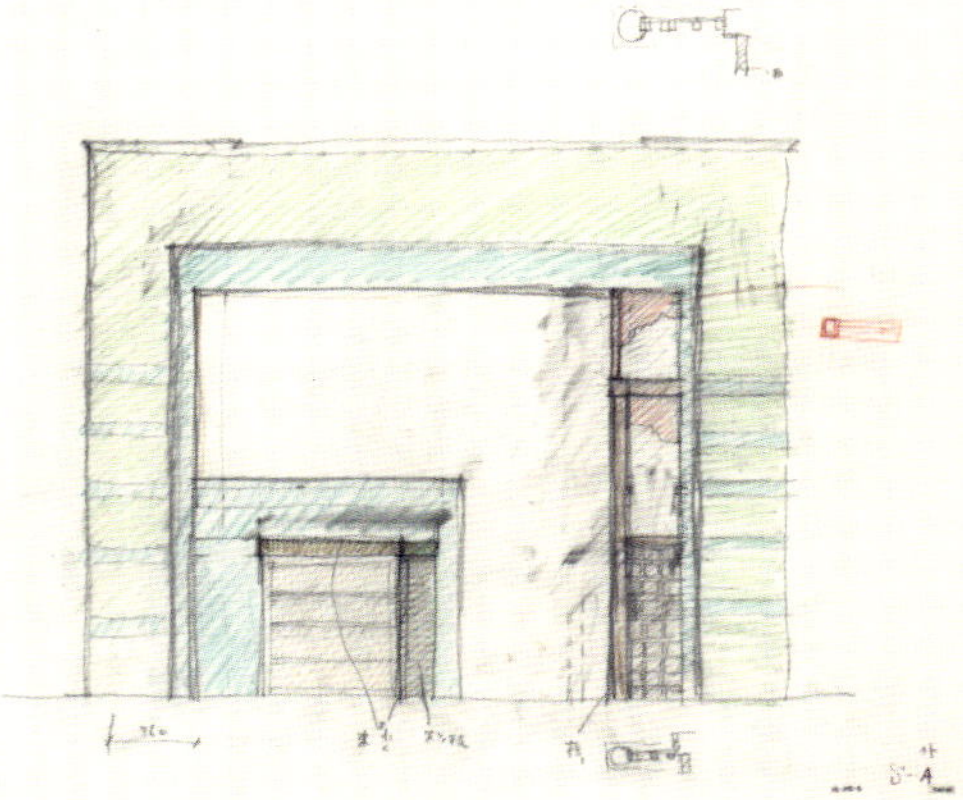
S-A 外

S-C 内

S-B 外

住居に都市を埋蔵する　目次

口絵

p.1　游喜庵ファーストスケッチ

p.2　オーストリアのグラーツで開催された国際建築展「アルシテクトゥールヴィジョン1984」に出展された山車。6枚のアクリル板に描かれた図版の重ね合わせ

p.3　「影のロボット」。グラーツ・モデルを背景に最大14枚のアクリル板が8種類の光源を内蔵して重ね合わせられた多層構造モデル。1985年、ミネアポリス・ウォーカーアートセンターの要請で制作

p.4　Strata-Chromatism Charts（層−色彩障害図）。色彩による多層構造モデル（末田美術館）

住居に都市を埋蔵する　ことばの発見

本書は一九九〇年、住まい学大系の一冊として
住まいの図書館出版局より刊行されたものです。

「呼びかける力」

サハラ砂漠やイランの砂漠のとめどもなく明るい広がりのなかに、遠く黒点を見ることがときどきある。この黒点はインドにも見うけられて、アジアからアフリカにわたる乾燥地帯、いわば太陽の地域の風景のきわめて微細な焦点となっている。もし、天空からこれらの黒点を同時に見渡すことができるとしたら、たがいに遠く離れながら、しかも無数に分布する微細な中心群を、少なく見積もっても一万キロメートルにわたる範囲で眺望できるはずだ。

この黒点はジプシーの乾いた土地を漂うテントで、たとえばアフリカではアッシャーとかハイマなどと呼ばれ、イランではチャドルと呼ばれている。テントは移動するから当然仮設的で、高さは頭がついてしまうほど低く、長さや幅もさしたる寸法はなく、小さな住居という意味でも屈指の事例であろう。住居としての働きは、昼間の光と風をさえぎり、夜冷えを防ぐシェルターとしての単純な働きに限られるが、砂漠ではまさに命の覆いであって、あたりにとってかわる場所はなく、海に浮かぶ救命ボートのように人びとの命を運んでいて、そのためかこの住居が黒点と化す風景は、生きることの尊厳さを表象する「世界風景」となっている。

このひとつの住居形式を共有して生きる人びとは、一方ではインドの砂漠で、他方ではサハラ砂漠の南端でそれぞれ固有の時を生きて、たがいに知ることもないだろう。しかし、広漠たる砂漠にテントが点在するときは、それらの点群は舟のあいだでおこなわれているように交信しあっているとしか思えない。見えない磁線が風景のなかに見えるのだ。そしてこの点と点との交信は、離散的に展開する無数の点群のあいだを走って、またたくまにインド北部の砂漠からサハラの南端まで走ってゆくようにさえ思える。中南米のインディオの離散型集落でニュースが一瞬に村全体に広がるように。そしてこの象徴的な交信は、テントに住む人びとのあいだに、途方もなく巨大な「意識の連続体」とでも呼んだらよいだろうか、確認することはできないが確実に存在する人びとの思いの集積を感知させるのだ。

たしかに住居は、生きるに欠かすことができない道具である。この道具としての働きはジプシーのテントの働きと同じようなもので、光と風を防ぐシェルターとしての働きを延長させたものにすぎない。この働きを機能と呼ぶとすると、浮遊するテント群がつくる風景には機能とは異なった表象的意味があって、それを住居の「様相」と呼ぶことができる。

私たちが設計する住居は、砂漠のテントのように純粋なかたちで機能と様相を表出することはほとんど不可能である。とくに様相についてみれば、テント住居の背景となっているような幻想的な自然の援護は期待できない。ジプシーのテントは、ひとつの住居形式がもつことができる最大限の自然力を背景にしている。それに比べれば私たちが都市に建てる住居、仮に日本の比較的自然に恵まれた場所に建てる住居であるにせよ、自然はすでに浪費されてしまっている。さらに、私たちが設計する住居が、あるいは住居の形式が多くの人びとに共有されることもなければ、広い分布を見ることもない。

優れた住居やその集合をつくることは私たちの夢である。この二十五年ほどの間に私は二十戸ほどの独立住居をつくった。いずれの場合も、住居は規模の大きな建物に比してきわめて現実的な設計課題としてあらわれてきた。現実の条件の厳しさは、設計者の努力ではもはや乗りこえ不可能とさえいえる場合も少なくない。しかし、問われているのは設計者の構想力だけである。いかなる条件のもとにおいても、いつでも私たちはジプシーのテントのような住居をつくる可能性の前に立たされている。じつはこうしたありあまる可能性こそ、私たちにとってこのうえなく厳しい現実なのである。

告白すれば、私は「ことば」に構法上の自由度である逃げをとった。ことばの逃げによって「もの」としての住居を納めてきた。ことばは事実というより希望と幻想であり、いまもなお次にはすばらしい住居ができるかもしれないと思いつづけてきた持続力である。将棋の大山康晴名人の言に「黙っている人ほど強くなる」といった名言がある。とすれば、私は根本的に誤ってきたのかもしれない。しかし一方において、ことばにはものを展開してゆく力があることも事実である。さらに、私のことばが私にはできないような建築的構想を他の建築家において誘起させる「呼びかける力」をもつことも、まったくないとは言いきれない。そうだ。住居こそまさに「呼びかける力」をもっていなくてはならない。

「有孔体」と言っていたころ、私はひとつの住居を設計しただけであったが、多面体の屋根に関心をもっていた。孔によって住居をつつむ被覆は外界と「交通」をはかるが、被覆がいかなる条件のうえに成立するのか、いまにしてみれば必ずしも判然としない。被覆は「はじめに閉じた空間があった」というやや公理めいた命題から出発していたから、閉じた空間の一般型として多面体を想定していたふしがある。そして建築的行為は、閉じた空間を穿孔することにある。この穿孔作業は被覆を変形させるから、多面体は変形を吸収しやすい形態であった。建築には機能的に装備された「決定領域」と人の動きが相対的に自由な「浮遊領域」とがある。後になってはっきりしてきた「ルーフ」なる概念はこの二種の領域に秩序を与えるもので、それが当時の孔のあいた多面体、つまり「有孔体」であった。

「浮遊」のイメージは、機能つまり関係、生活者の行動を拘束する物的関係からの解放を意味していた。私は当時「浮遊都市」のスケッチを画いたが、まだまだ画きなおさなくてはならないと思っていて失くしてしまった。それは空に浮かんでいる雲のような都市だった。当時から『ガリバー旅行記』のラピュタに憧れていたからでもある。このころ「誘導—インダクション」という概念に気づいた。これは、「決定領域」にせよ「浮遊領域」にせよ、建築は人びとの動きや意識を誘導する装置であると考えたからである。ごく最近になって、誘導装置であることを「インデューサー」あるいは「インダクター」と呼べばよいのではないかと考えている。「インダクション」という概念にいまもなおこだわりつづけるのは、これが電磁気学的なイメージであるからである。つまり建築は機械からエレクトロニクス装置への転換によって新しくなる、と考えているのだ。集落調査によって「呼びかける力」は「感応」と言葉を変えるが、これも「インダクション」とほぼ同じ意味あいである。

「浮遊」と同時に、「場所あるいはトポス」に関心をはらった。どちらかといえば「浮遊」は「場所」からの解放であって矛盾する概念であるかにみえるが、アリストテレスによれば「動くもの」の原因がトポスの力である。端的にいえば、アリストテレスの考えは「場所に力がある」という思想である。後にジャイプールの天文台を訪れて浮遊と場所から「浮力」といったイメージがはっきりしてきたが、この建築的表現はいまだ試みてはいない。

一連の「反射性住居」は、「有孔体」で被覆に孔をあけていたところから立体的な孔をつくろうとする転換が契機となってつくられたが、実際には、住居の間取りがどうしても機能論的な配慮から決定できないことから、もっとも基本的な事物の配置の原理である対称性に依存してみようとした態度が直接的な原因となっている。

対称性の強いいくつかの住居は、私が設計した住居のなかでもっとも安定している。と言うのは、古典的であるからである。一言であらわせばライプニッツの「モナド」に似ている。出発点はトポスにあったが、微細な求心的空間を多数形成すること、つまりジョルダーノ・ブルーノの「世界の多数性」にあった。これは「中心と周縁」という単独峰の地形モデルに対して、小刻みな山が点在する地形モデルを据えることを意味する。しかし私にはひとつの意図があって、「反転」した地形モデル、つまり「谷」が「マイナスの中心」として出現する構図の実現である。対称性は基本的には「門」であるが、「谷」の表出に活用したわけである。対称性は歴史的にみれば権力の表現にほかならない。対称性に依存するかぎりにおいて、建築は古典的かつ権力的にならざるをえない。しかし一方において、マイナスの自己権力の表出がジョルダーノ・ブルーノの真意ではなかったか。ここに私は対称性の今日的意味を見いだそうとしたのだった。

住居の平面計画、つまり間取りは機能的に決まらない。集落調査で見てきた住居から感じるのは、住居の間取りは社会的なしきたり、制度といった要因によって決まる。というより、住居の平面計画自体が社会の規約の表現だったのである。今日、地縁的共同体が崩壊し、住居が社会規約を表出する役割を失ってしまうと、平面計画の決定因をも失ってしまう。そして近代建築の機能論も幻想に終わってみれば、私たちは住居の構想がフィクショナリティの領域に入ったことをあらためて知ることになるのである。

制度からも機能からも解放されて、住居の計画と設計はまったく自由な世界に入ったが、個人ないしは家族集団にとっての快適性の実現は本来の課題として残されている。地縁的な社会規約に準拠していれば快適性が保証されるという状況が変わっただけなのである。しかし、この保証にとってかわる快適性を満足させることはたいへんな難題である。

快適性は便宜的にふたつの観点から実現される。そのひとつは「フィジカルな身体にとっての快適さ」の実現であり、第二に心理的な意味での快適さ、「意識にとっての快適さ」である。このふたつの探究課題は建築的解答が提起された段階にあっては分離して説明することもできないし、もともと人間にとってフィジカルな身体と意識のそれぞれを独立させ分離して語ることができるわけではないので便宜的な解釈にとどまっている。ただし、ここで言う「便宜的」であることの意味は、空間に関するリーマン以後の相対論的理解における「空間は便宜的に解釈される」という命題の意味に準じている。今日の私たちの主要な課題は、住居の社会規約的性格にかわって何をもって意識にとっての快適さを実現するかにある。

地縁的共同体が子供や老人の生活にとって依然として存在することは言うまでもない。そればかりでなく、私たちの行動のなかで反覆を自動的に可能にしている「経路」は近隣社会に依拠していることも事実である。しかし、住居から労働の場所が剝奪されたときから、人間は密着して生きるのではなく、少なからず「離れて立つ」状態を覚悟しなくてはならなかったし、今日ではこの状態を理念化せねばならないと思われる。意識にとっての快適性は「離れて立つ」ことの理念化によって実現されるのではないか、と私は考えた。

この構想の建築的考案が、「マイナスの中心」としての住居の「仕掛け-デヴァイス」である。ここにおいて住居は「反伝統的-アンチ・トラディショナル」になる。

「谷」はフィクショナルな中心である。「谷」は、造形的に見れば対称性に依存しているが、「住居に都市を埋蔵する」デヴァイスとして再考される。「埋蔵」はいろいろな方法によって実現されるだろう。私はもっとも単純な方法を採用した。都市の街路はもともと「谷」としての性格をもっているから、住居のなかに街路を再構築することはさほどむずかしいことではなかった。建築的な段取りとしては屋根の下に「第二の屋根-セカンドルーフ」をできるだけ数多く並べるという方法である。一連の反射性住居ではセカンドルーフの下に「決定領域」をあて、通常の屋根の天窓の下に「浮遊領域」をあてる配置をとっている。

「埋蔵」は一種の「入れ子構造」である。この空間的構想を西欧の歴史のうえでみれば、アナクサゴラスの「すべてのものにすべてがある」から始まって、ネオプラトニズムの「発出と帰還」、ニコラウス・クザーヌスの「縮限」、そしてカラーム（イスラム神学）の原子論的空間像を合体したところにライプニッツの「モナド」と続く。一方、私たちの身近な論理をみれば、インドの「凡我一如」から鴨長明の「方丈」、続いてさまざまな茶室群に「すべてのものにすべてがある」という論理は続いている。こうした意味では、「埋蔵」は伝統的な空間概念である。にもかかわらず私がこの空間概念を強調したかったのは、一方にデカルトの「延長」から端を発する「均質空間」が今日不可避的な力を誇っているからにほかならない。ライプニッツの「予定調和」が近代の補完的支柱として機能しているとはいうものの、「埋蔵」の論理に立つ建築的表現はさほど明らかでなかったからである（付言すれば、「均質空間」における「埋蔵」は、ミースの「ファンファース邸」によって実現されている）。

住居を小さな負の中心に仕立てる試みは、こうして「からくり」的性格をもつためフィクショナルであり、T・S・エリオットの『荒地』の「アンリアル・シティ」、吉田健一の翻訳によれば「本気にできない都市」へと結びついて、住居は現実の都市から遠ざかるのではないか、と私は考えた。「離れて立つ」のイメージは、もともと中南米の「離散型集落」を見て感じとったものである。この不毛な休耕地の集落にして散村である集落は、村というより都市に見えて、しかも住居と住居とは意思の「交通」あるいは「呼びかけ」のための一定の距離を保ちつつ、近づくというより、たがいに遠ざかるかに思えた。この斥力がかかった風景は住居そのものの機構にあるのではなく、農地とも宅地とも、あるいは広場とも見えない荒地と見分けがつかない休耕地の性格に起因している。もちろん谷と谷とのあいだには地形的な隔たりがあり、谷は離散的に配置されている。この隔たりは、ある距離感を誘起するであろう。私たちは休耕地の性格を体験していない。漠然と「休耕地の思想」とつぶやいてみると、その響きには「谷の思想」と対になりうる響きがないでもない。差異感は、休耕地には苦闘があるのに対して、谷と谷とを隔てるあきにはそれが感じられないところにある。世界にはいろいろな「離散型集落」がある。たとえばチグリスとユーフラテスが合流した沼沢地にある「家族島の集落」。この集落では、それぞれ家族がそれぞれの人工の島を使って住んでいる。住居と住居との隔たりはカヌーによって結ばれるが、沼沢地は生産力は低いが限りなく明るい。最近になって研究室で中国人の黄君が調査してきて、ようやく私自身理解できるようになった中国の「ヤオトン」の地下住居は、平地に方形の孔を切りとって横孔住居をつくる点ではまさに人工的な谷の形成を基本としている。この場合、住居と住居のあきは耕地であったり、荒地であったりする。いずれもジプシーのテントのように遠ざかりながら「呼びかける力」をもっている。

「谷」と「埋蔵」が、住居と住居のあいだにいかなる性格の距離を発生させるのであろうか。言いかえれば「近傍－ネイバーフッド＝近隣」の空間的性格づけが、建築的考案によって左右される。巧妙な仕掛けであればあるほど住居は遠のき、「呼びかける力」は強くなる。

こうしたフィクショナルな住居は、うまくゆけばそこに舞台的性格を生じて「場面を待つ」状態をつくりだすはずである。これは場面の「誘導」と言ってもよいだろう。舞台としての条件は、やはり住居内部の実質的なあき、ものとものとの隔たりにある。その意味において、「埋蔵」のための考案である「セカンドルーフ」は、各々の部屋の天井が住居内の屋根になっているため、狭い住居のなかにあきを生じさせる手法につながっている。人と人とが住居の内部で「離れて立つ」状態をつくらないかぎり、住居に舞台性を生じさせることはできない。大江宏が指摘したように「見えると同時に見られる」ところに舞台性が生じるのだから。人と人との距離が近いと、身体的に現在時点の事態しか考えられなくなる。

反射性住居では「内と外」を分離し、外はコンヴェンショナルな表情をもち、内は現代的な表情をもたせるかたちをとっている。これは異質なるものの同時存在、つまり「混成系」のもっとも単純な表現形式であると考えられる。

反射性住居から「多層構造」を意識しはじめたのは秋田邸（一九七九年）のころで、この中庭には実際の柱列とこれを写すガラス面とが平行してあり、「うつりこみ」の虚像がもうひとつの柱列の実像と「重ね合わせ＝オーバーレイ」するというメカニズムをつくったところからである。「多層構造」の基本原理は、住居で言えば住居内の各地点を「街角」に変質させるところにある。この試みは一種の「住居に都市を埋蔵する」方法でもある。と同時に、こうした埋蔵の方法が「四次元の孔」の実現にいたる契機になるのではないかと考えたのである。

一方、「内と外」の表情のちがいは内部を明るくする舞台性の実現にもつながっていたが、天窓やハイサイドライト、さらには中庭の反射光などをとりまぜて光を混合することによって輝いた空気の状態が発生することに気づいた。このとき建築はいわば「光のミキサー」といった装置であり、こうした装置の設計はすなわち「空気の設計」であることが徐々にわかってくる。特殊な雰囲気あるいは空気の状態、これは住居を舞台のように仕立てるためには欠かせない条件である。このような空間のあらわれを私はこれまでにさまざまな言葉をもって表記しようとしてきた。多くの人びとがすでに指摘したように、「現象学的空間」の一種にちがいない。実際、建築は徐々に現象学的になろうとしている。反射性住居の初期では、私は「ハレーション」なるイメージを大事にしていた。また「海の中」にいるような感じを室内に表出しようとしてもいたから、文学者の石牟礼道子さんの海女の話から住むは澄むに通じると教えられて、なるほどそのように表現すべきだと知った。

　眼前にある空気の状態、夜明けにしだいに事物が見えてきて、夕暮れに事物がしだいに闇に消えてゆく空気の変化、とくに天窓をもつ住居の室内では独得の変容をかもしだすことができる。この現象してくる空間の状態全般をさして「様相」と呼んでみたらどうであろうか。空気の設計は様相の設計のためのひとつの方法である。

　様相は、「部分と全体」の論理からすれば全体をさした概念である。これはメルロ＝ポンティが「人間的空間」と呼んだ空間の把握とも通じていて、彼が指摘したとおり、体験することはできるが表記はできない事象であるのかもしれない。とすればある種の、たとえば澄んだ空間の様相をもつ空間をより的確に設計する行為が残るだけで、言語は無意味になる。もちろん、私たちは体験のために住居を設計するのであって、言葉のために設計するのではない。言語に先だって経験がある。しかし、言語もまた経験である。文学や哲学において私たちは住んでいると言える。

　メルロ＝ポンティのアポリアを多少とも崩すために、ふたつの手がかりがあると私は考える。そのひとつは、さまざまな空間図式のなかで「情景図式」の存在を定立することである。これは、場面・情景の凍結とその再現可視化の手続きを言語的に組みあげる作業を意味している。その作業によって、ある一連の情景図式をめぐる経路がその空間についての様相であると明言することができるのではないだろうか。つまり、場面の言語におけるシミュレーションである。第二の手がかりは、体験そのものを設計する態度からとらえる作業である。空間の体験は、もともと不安定である。極端に言えば、空間の体験はどのようにでも表記できる。そこで「情景図式」のプロジェクターを言語装置として設計すること。プロジェクターにはいろいろな種類があるはずだから、ある程度巧妙な仕掛けを期待できる。

さて、様相といった言葉を発音してみてから、わずかにひとつの住居しか設計していない。たまたま森のなかの住居であるので、ジグザグ状のガラスの壁でもって森の風景を分解し、住居の場面と重ね合わせ、あらたに森の風景をつくりあげる装置をつくった。これは言うまでもなく自然と建築とが融合する場面をつくりだすが、この建築の写真を多くの人はモンタージュ写真であると誤解している。このフュージョンの効果は「境界をあいまいにする」という手法的な目標の結果でもある。住居のさまざまな境界、たとえば「内と外」のあいだの境界、生の自然と加工された自然、つまり建築的諸要素とのあいだの境界、実像と虚像とのあいだの境界等々が「あると同時にない」状態をつくりだすこと。さらに、いまの瞬間の眼前の場面と少し前に出会った場面との境界をあいまいにすること。それらを総合してみると、ここで実現しようとしたのは「森の輸送」である。

住居は森の様相を変え、再構築することによってみずからの様相を獲得する。その意味において、「森の輸送」は住居の様相なのである。私たちは多層構造のモデルとして「意識の様相論的空間」と呼ぶ展覧会用作品をつくった（一九八五年）。ふつう「影のロボット」と呼んでいる。それは一種の「意識ののぞきこみ」ができる装置を意図していて、その作品を前にしながら私たちの記憶とそれが呼びだされる仕組みを感じとる効果をもつことを期待している。情景図式であるとか、様相と言ったとたんに、私たちは人間の意識の現象をなんらかのかたちでのぞきこんでしまう。私たちの意識の働きのひとつである記憶すること、また異なった働きを構想することなどは、図像の移動または輸送として理解できる。そして輸送するものが異質なものであれば、輸送された先に混成系が発生する。

かくして住居は、一種のエレクトロニクス装置のようになってゆく。しかし、それがいったいどのような装置に展開してゆくのか、誰もいまだ見ていない。かつてル・コルビュジエたちが注視した「機械」にせよ、「住むための機械」を直接的に指示していたわけではない。彼らは機械とは何かを建築的に考察したのである。その結果、近代の建築家たちはフィジカルな身体の内部にみられるような現象、たがいに連結した事象間の関係に関心を払った。今日、私たちの興味の対象は分離された事象間、遠く離れた事象間の関連性である。このとき、分離された事象があくまで分離されているとすると、たとえば「差異」だけが記述されるにとどまる。分離された事象を、それと同時に連結してゆく事象に据えるのが意識の働きであり、それがたとえばメタファの働きである。

住居を広く感じさせることが意識にとって快適な条件のひとつであるとしてみよう（逆に狭く

することが快適さの条件であることの例は、中南米のジャングルの内部の住居などにみられる)。すると、これまでに述べてきたいくつかの手法をはじめとして、さまざまな現実的な手法がありそうである。手法に思いをめぐらせるとき、私たちは現実的な効果をもつ手法を探すというより、むしろ私たち自身の意識の現象に注目するだろう。そして住居は、現実として広く感じられるかどうかに先んじて、そうした意識現象があるという事実の表象としてつくられることになるのだ。

「世界風景」は人間の意識を安定させている情景図式の集合である。今日では、この意識のなかの集合の内容や構造を説明することはおよそむずかしいと思われるが、記憶のなかにきわだった情景あるいは場面が図像としてあり、ときどき意識のうえに浮上してくることだけはたしかである。この情景や場面は、ほとんどの場合部分的であり、それゆえ一種の図式と呼ぶべき対象である。この集合によって私たちのまわり、つまり世界が定立していると思われるため、「世界風景」と呼びたい。住居を背景とする場面はおそらく住み手にとって世界風景の要素となる可能性が高い。そのために住居の設計は重要なのである。

それぞれの人がもつ世界風景はそれぞれ独立しているかに見えるが、情景図式の共有されている場合がある。この共有関係も定かではないが、共同幻想も共有されている情景図式として理解することもできる。とすれば、私たちの意識は連続しており、この途方もなく巨大な集積が「意識の連続体」である。そしてこの連続体の所在がなんらかの働きをもっていて、建築の「呼びかける力」の現象を誘起しているのではないだろうか。

Ⅰ　多層構造

森の輸送　虔十公園林フォリストハウス

宮沢賢治の世界を意識に置きながら、都会から離れて住むことを決断した住み手のための住居である（竣工一九八七年）。やがて、この近くにいくつかの小美術館が建つであろうと想定されてもいる。いずれにせよ拠点としての性格が強い。森の生活といえばH・D・ソローを想う。かつてソローを想いながら私の家（一九七四年）をつくり、ニラム邸（一九七八年）をつくってきたのであるが、十五年前に比べると、私の森の生活観も違ってきている。森のなかの住居の最大のテーマは、森の見え方を仕掛けることになる。いいかえれば森に向かって開かれた窓の設計である。この場合、住居とは森に向かって開かれた窓である。

形式からいえば、森の水族館。ショーウィンドウのなかの森。

ショーウィンドウについては田崎美術館（一九八六年）で仕掛けの効果をほぼ検討しつくしているので、ガラスの折り曲げ方は、田崎美術館の形状に類似している。

次ページ・虔十公園林フォリストハウス

ガラスウォールによって、人はガラス面にうつりこんだ森と現実の森とのオーバーレイを見ることになる。

おそらく予想してない重ね合わせの効果が現象してくるだろうが、私なりにうまくいったと思っている森のあらわれ方は次のようなものである。すなわち、木々のあいだに青い空あるいは白い雲が見える風景がガラス面にうつりこんで同様な風景に重なり合うと、実像の木々の幹を虚像の空や雲が小刻みに切断する。すると、森の風景の特質である木々のあいだの空が木々のなかの空に転化する。この新しく合成された風景は、それがあたりまえのようにリアルであるように見える。たとえば、ここで育つ子供たちは合成された森が現実の森であるとみなしながら育っていくのではないかと思う。二十年後くらいにもし私が生きていたら、ぜひとも子供たちの感想を聞きたいものである。

ルネ・マグリットなら描きそうな森の風景は、うつりこみとオーバーレイの効果なのだが、私は最近、風景を「遠送する」と考えるようになってきた。あるいは風景を輸送するといった交通の問題としてである。これは、うまくすると「構成の廃棄」の一手法たりうる。

私たちは長いあいだパースペクティヴに風景を見るという見方に慣れてしまっている。そうした眼の構造を前提として事物を構成していくのが近代の感性である。うつりこみとオーバーレイが事物を遠送するとすれば、私たちは遠送されない前の風景と遠送された後の風景とを同時に見ることになり、仮に遠送された風景の事物の位置を近代のパースペクティヴに慣らされた眼によって構成しておけば、事物のリアルな位置は私たちの感性がよしとする位置とはまったくかけ離れた位置を占めるであろう。そのとき、遠送されて「重なっていくもの」と「重ねられるもの」とのリアルな風景が、新しい布置コンステレーションを形成するはずなのである。風景の輸送において、遠送するという表現はおおげさのように響くが、ガラス面が複雑に屈折していればいるほど奇妙な位置の移動が起こるし、実際にたとえば遠くの空を「重なっていくもの」として運んでもいる。

森の風景について考えてみよう。仮にうつりこみと重ね合わせによって誘導されたフィクショナルな風景を現実の森の風景であると考えればどうであろうか。この住居のなかから見える森がリアルな森であるとする。つまり、リアルとフィクショナルとを「反転させて」考える。すると、なにやら「分解された」森があらわれるのである。この「分解された」森をソローたちは思考の起点としたであろう。つまり、自然である。運ばれていく前の森。運ばれて重ねられた森の現実が「都市」である。かくして都市とは、樹々を運びこみ、川を運びこみ、山や丘や空や雲を運びこんだ結果としての現象なのである。

したがって自然とは、分解された事物からなる運送前のすがすがしい要素の集合であり、別の表記をすれば還元された存在である。都市から返送されたもの、あるいは帰還したものである。こうした意味あいにおいて都市は「輸送の体系」として解釈できる。かくしてうつりこみとオーバーレイは「住居に都市を埋蔵する」ための一手法たりうるのだ。この森の家のガラスで囲まれ

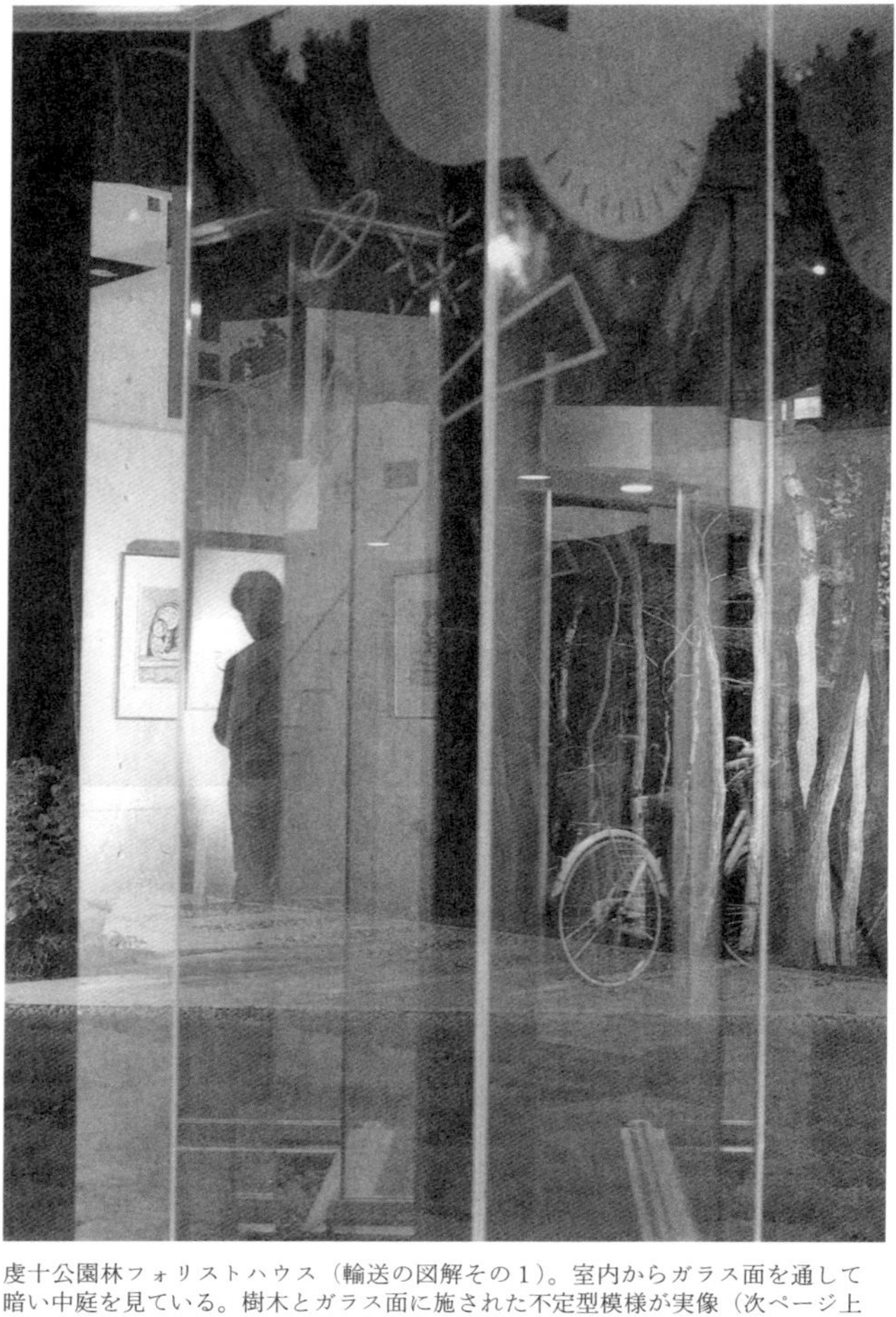

虔十公園林フォリストハウス（輸送の図解その１）。室内からガラス面を通して暗い中庭を見ている。樹木とガラス面に施された不定型模様が実像（次ページ上右）。屈折したガラス面に3方向の室内や自転車の虚像（同上左）がうつりこんで庭に建物が輸送される

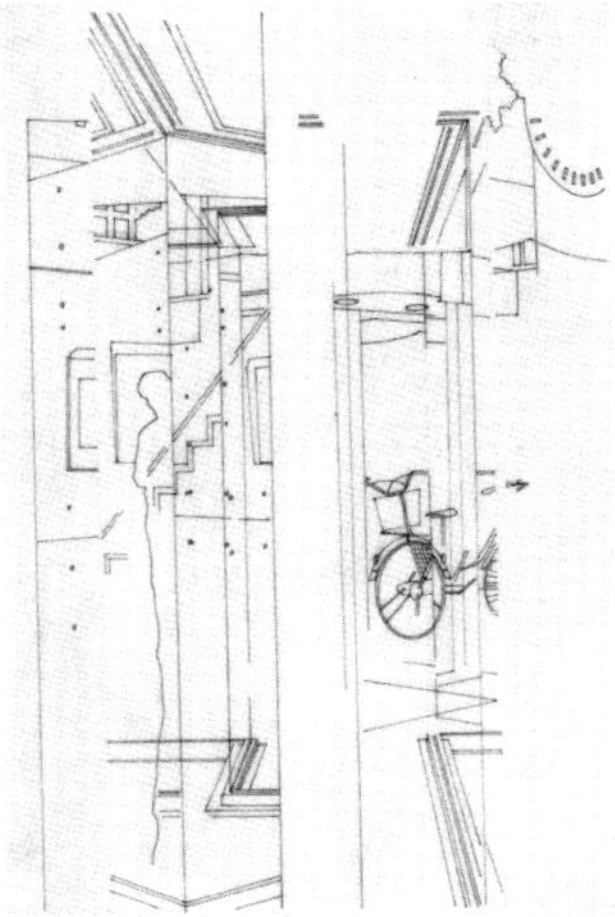

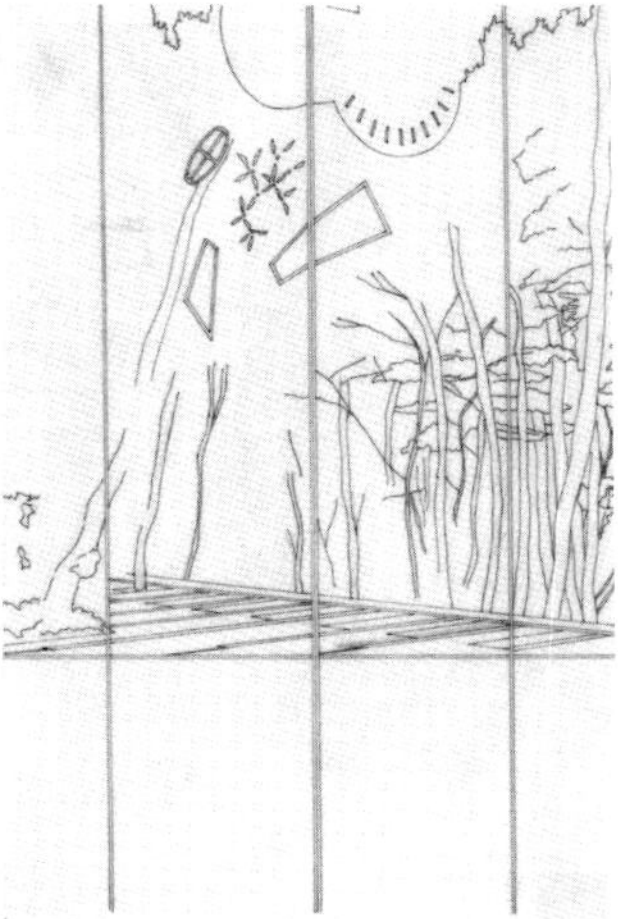

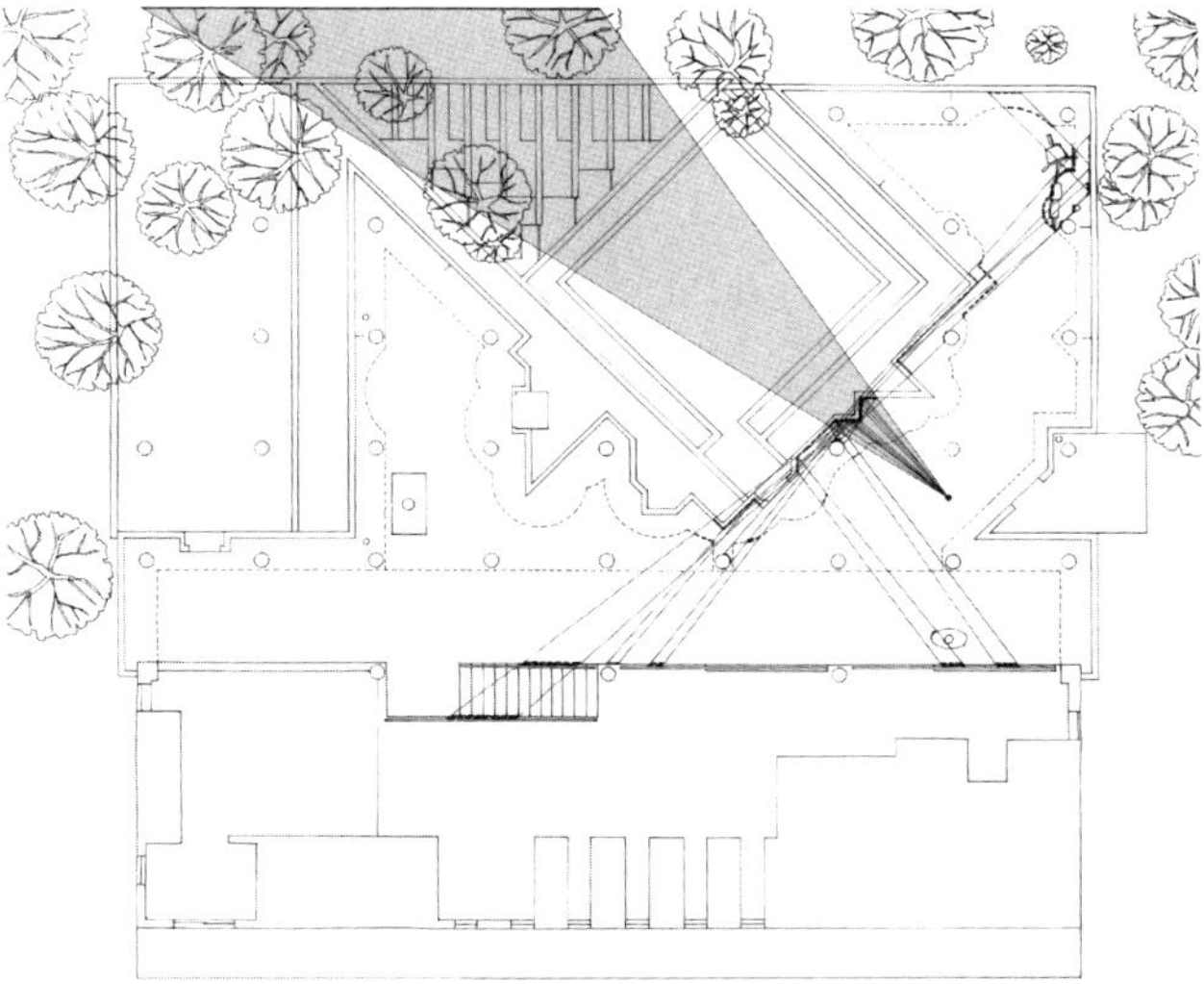

33　　森の輸送

虔十公園林フォリストハウス（輸送の図解その2）。室内から中庭と居間の外観の一部を見ている。この写真の樹木は、実像とガラス面に映る虚像（次ページ上左）が虚々実々に交差している。実像（同上右）の円柱に、ガラス面に映る森の虚像が実の樹木よりもよりリアルに輸送された

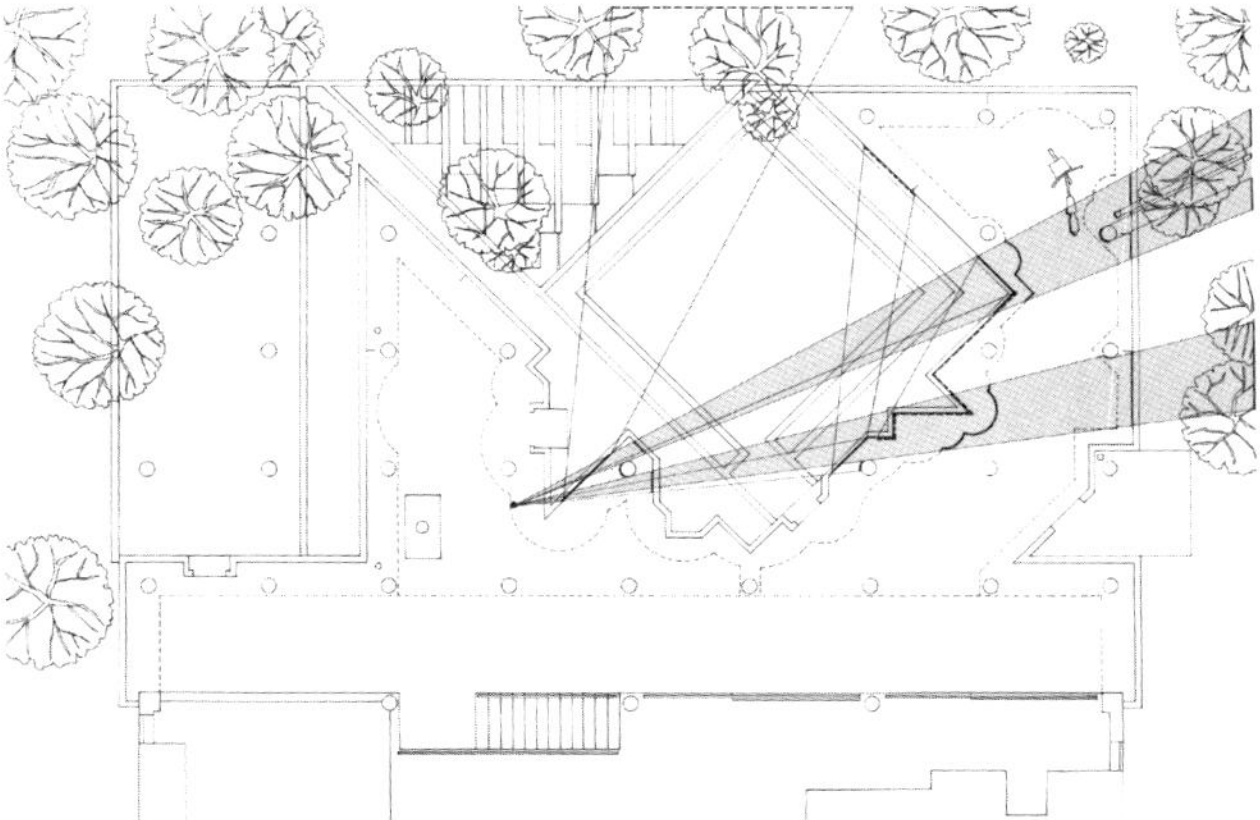

35　　森の輸送

た庭の森の風景をアトリエΦ《ファイ》のメンバーと私の手作業で、たまたまいま私たちは菱田春草を飾る美術館（飯田市美術博物館、一九八八年）をつくっているので春草流に仕立ててみた。春草という画家は、私が幼いころ眺めながら育った谷間の風景を数十年前に眺めながら絵画のひとつの方法を発見した人である。その方法とは、あらためて見直してみれば「境界をあいまい」にする方法である。春草の代表作である「落葉」のように森の風景を整えてみたのだが、この「分解された」風景よりうつりこみと重ね合わせによってつくられた都市の風景のほうが「落葉」に似ている。「落葉」もまた輸送された風景なのである。おそらくすべての表現行為は輸送の方法の上に成り立っているのであろう。

とすれば、私たちはアンリ・ルソーの森やマックス・エルンストの森を建築的に再生することもできるはずだし、画家が見たことのない森を誘導することもできるはずだ。そう構想するところに様相論的建築が次第にその姿を明らかにしてくるであろう。つまり、仮に引用するとしても、形を引用するのではなくて様相のあり方を引用するのである。ちなみに引用とは、やはり輸送することなのである。

シュルレアリストたち、なかんずくマックス・エルンストがアンドレ・ブルトンの「デペイズマン」（国籍を剝奪し追放すること）という輸送方法を明らかにしたのだが、いまやこの「裸にする」輸送の方法は均質空間が得意とする輸送方法で、私たちはむしろ宮沢賢治の輸送方法に依拠するべきであろう。

宮沢賢治は、森の生活をしたソローとは逆向きに化学に興味をもっていたそうである。化学事典が座右の書であったと伝えられている。化学が得意とするところは、いうまでもなく還元と融合である。この意味においては、ソローすら還元された風景に関心を抱いたという点で化学的なのである。

化学方程式は、矢印→によって特徴づけられるが、この記号はとりもなおさず、輸送をあらわしている。つまり、都市の方程式である。『銀河鉄道の夜』は、その物語の内容そのものが示すとおり、輸送すなわち「遠送する」ことが芸術の想像力の原理たりうることをはっきりと表現している。宮沢賢治の輸送方法によれば、銀河鉄道の車内や駅で起こる出来事は現実、すなわちリアルな情景とフィクショナルな情景との重ね合わせである。たとえば銀河鉄道の乗客には鳥を獲っている鳥師がいる。私はガラスのスリ加工で好んでしらさぎを描いてきたのだが、銀河鉄道の鳥師は、どうやらこのしらさぎをつかまえているらしい。私があれこれの鳥を見るところ、もっとも姿がよいのがしらさぎである。輸送するのにもっともふさわしい鳥がさぎなのである。

正直なところ私は、春草より賢治のほうが「遠送した」と思っている。いまのところ、信州の風景より東北の風景のほうが遠送されている。宮沢賢治は遠送の方法を化学から学んだ。それはなんとなくインターナショナリズムにおける輸送方法であったのだ。賢治はジョヴァンニという名前であるとかイギリス海岸という命名が好きだったのだが、春草はより本質的なものは日本や東洋にあると考えていた。もし春草がインドに発祥する「非ず非ず」が西洋に輸送されて偽ディオニシウス・アレオパギタの「神秘神学」を生みだし、それがアウグスチヌスやトーマス・アクィナスを誘起したことを知っていたら、もうひとつの「森の遠送」を表現していたにちがいないのである。宮沢賢治は、おそらく偽ディオニシウスは知らなかったであろうが、化学を通して彼の存在を感知していたのである。だから賢治は、化学事典と法華経とをそろえて座右の書としたのだった。賢治の輸送の方法は『雨ニモマケズ』において鮮明になる。「死ニサウナ人アレバ行ツテコワガラナクテモイイトイヒ」というわけである。より直接的に引用すれば、『虔十《けんじふ》公園林』で次のような文章がみられる。

風がどうと吹いてぶなの葉がチラチラ光るときなどは虔十はもううれしくてうれしくてひとりでに笑へて仕方ないのを、無理やり大きく口をあき、はあはあ息だけついてごまかしながらいつまでもいつまでもそのぶなの木を見上げて立ってゐるのでした。

（『宮沢賢治全集』第六巻、ちくま文庫、一九八六年、四〇三ページ）

虔十は頭がおかしかったが、森を愛して杉の苗を七百本植える。やがて虔十は死ぬが、町のなかに杉の林が残る。

ある日昔のその村から出て今アメリカのある大学の教授になってゐる若い博士が十五年ぶりで

故郷へ帰って来ました。（…）それでもある日博士は小学校から頼まれてその講堂でみんなに向ふの国の話をしました。お話がすんでから博士は校長さんたちと運動場に出てそれからあの虔十の林の方へ行きました。

（引用は前掲書、四一〇ページ、傍点は筆者）

そして、若い博士は言う。

あゝ、こゝはすっかりもとの通りだ。木まですっかりもとの通りだ。

（同）

そして、終わりの文章。

そして林は虔十の居た時の通り雨が降ってはすき徹《とほ》る冷たい雫《しづく》をみじかい草にポタリポタリと落しお日さまが輝いては新らしい奇麗な空気をさはやかにはき出すのでした。

（同、四一二ページ）

注意すべきは、向ふの国の話と、終わりの文章にあらわれる元素としての林である。賢治にとって想像力とはつねに「輸送の化学」であった。町、いいかえれば都市のなかの虔十公園林は、融合された林であるがゆえに、還元された林として同時的にあらわれる。帰還した博士は還元された森を見るのだった。

もし今日、建築の表現があるとすれば、「輸送の化学」をした賢治を輸送することである。私たちは春草や偽ディオニシウスや、そして賢治を遠送したい。そこに立ちあらわれる建築は、もはや形でもなく、ましてや機能でもなく、望むらくは化学でもない。私がおぼろげながら考えるのは非力学的な幾何学であって、その幾何学によって森はいつでも「奇麗な空気をさはやかにはき出す」はずである。このきれいな空気は向ふの国に向かっており、結論とするところは、私たちは空気の設計にたずさわっていて、森の空気はリアルな自然においてさわやかであるのではなくて、フィクショナルな「分解された」自然においてさわやかになることを明らかにする技術としての設計を指し示すことが課題なのである。

多層構造論のためのノート

多層図式とオーバーレイの構想

本来ならノートは多層構造の定義から始めなくてはならないところであるが、いまのところはっきりした定義はできない。多くのデザインの理論と同様に、この建築的方法も明快な定義なしに、デザインの実例の集積結果としておぼろげに説明される性格をもっているのかもしれない。あるいは、より不鮮明に、デザインのたんなる指針であるのかもしれない。あるいは、ことによるとその枠組みがひとつの空間構造として数学的に記述できるかもしれない。いずれにせよ、現在のところ構造の表記の試みはおこなっていないので、多層構造なるものを説明するには事例に即して、あるいは比喩を用いた説明にとどまらざるをえない。

多層構造は、ひとつには現象の解釈方法として理解できる。この場合は構造というよりパターン（図式）で、たとえば地層図のような現象をとらえるパターンである。図1のような図式はよ

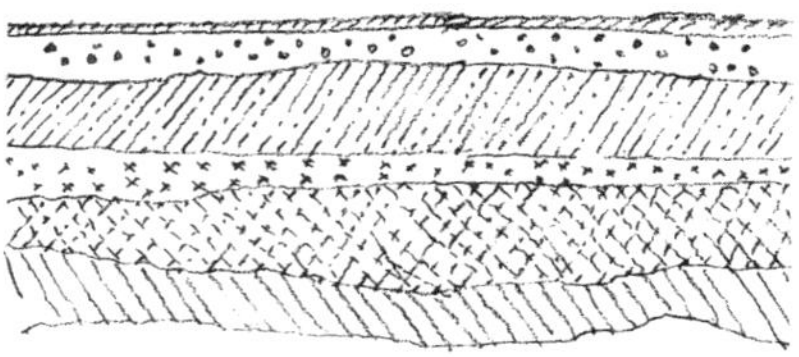

図1　地層図

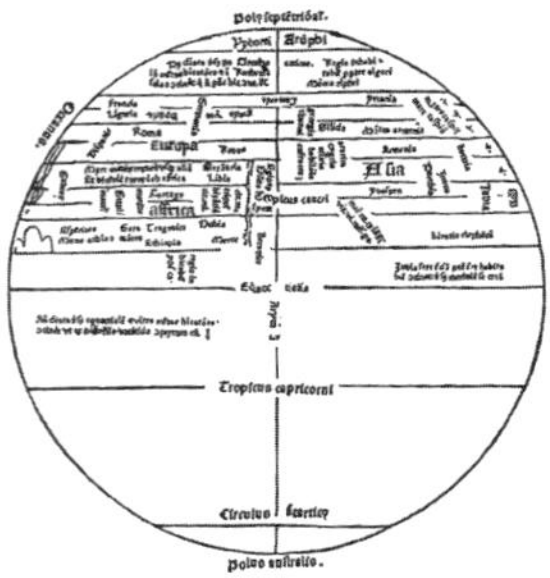

図2　中世の地球のゾーニング図

図3　等高線図

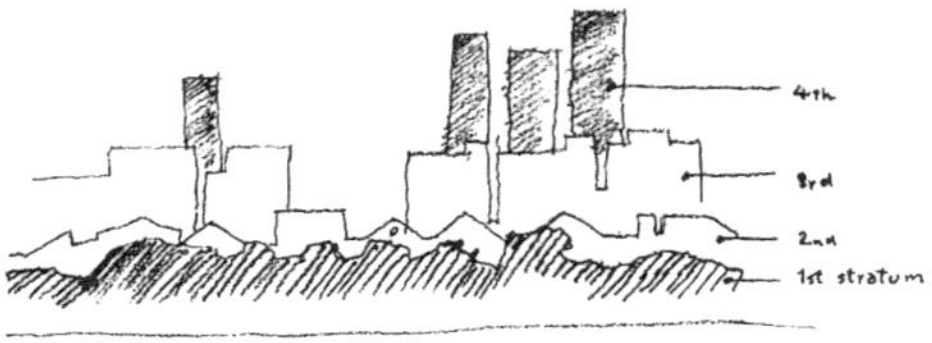

図4　東京の風景

く知られているところであり、帯状のゾーニングの図式にもあらわれる。

図2は中世の地球のゾーニング図である。図3は地理で用いられている等高線図であるが、これも一種の多層図式である。こうした図式を用いて現象を新たに説明することもできる。図4は東京で見る典型的な風景であるが、この景観は四つの層から説明される多層図式によって説明される。抽象的な図式、たとえばグラフのツリーにおける階段構成を多層式によって把握することもできる（図5）。

風景の解釈の事例で示したように、多層図式による現象の把握法を拡張してゆくと、視覚でとらえる現象はすべて多層図式によって説明されるようにも思えてくるわけで、とすればこの図式はかなりの汎用性があるにちがいない。

やや趣が異なった事例として、環境アセスメントなどの評価法として用いられる「オーバーレイ法」がある。ある領域において適当な建設地を選択しようとするとき、さまざまな観点から見た個々の評価（判断）をそれぞれ透明なシートに地図として描いておいて、それらを重ね合わせ（オーバーレイ）してみると、建設に適当な敷地があらわれるという仕掛けである。図6は、三枚の個別評価の地図を重ね合わせて適当な領域を見つけだす方法を示している。この場合、シートの重ね合わせの順序が変わっても結果は同じである。いいかえればシートの順序に関して置換可能である。

建築に意図して用いられた多層図式の例をあげてみる（図7）。ひとつは、たとえばイスラム建築によくあらわれるような透けた壁面ともいうべきもので、柱とアーチの重ね合わせである。この手法では列柱面のあいだに互換性がある。もちろん平面図式ではなく空間図式であるので、同次元では論じられないが、「オーバーレイ法」で見るような多層図式に似ているともいえる。もうひとつの例は、私たちのイメージに残っている日本の伝統的な風景の一断面である。座敷に座るとまず畳があり、その先に縁側があり、濡れ縁、庭の土や置石、そして垣根、その向こうにいらかが連なっていて、樹木の層があり、山に霞がかかっている。

つまり、面というより帯状の空間の重ね合わせである。日本の伝統的空間形成法では強い境界をつくらないので、こうした空間図式があちこちで現象する。上記二例が、二種類の多層図式の典型であるといえば必ず異論が出るだろう。建築であるかぎり、つねに空間的なオーバーレイにはちがいないのである。ただ、一般的な空間のつくり方として、「立面の重ね合わせ」と「領域の重ね合わせ」が空間形成上しての手法としてありそうである。

空間なる概念をさらに拡張して考えてみよう。たとえば漢詩における五言絶句のような形式をみると、起・承・転・結といった明快な順序をもつ配列がある。言葉の各行は五文字からなる層をなし、各層は時間的な順序をもって重ね合わせられている。読んだあとではこれらの層はたがいに融合し、ひとつの全体的なイメージを形成するだろう。このようにみると五言絶句は多層図式をもった文学的形式であり、しかも起・承・転・結はひとつの構造をもっている。この構造は展開の構造であり、時間を空間化するための構造である。この構造の枠組みのなかで思念、抒情、

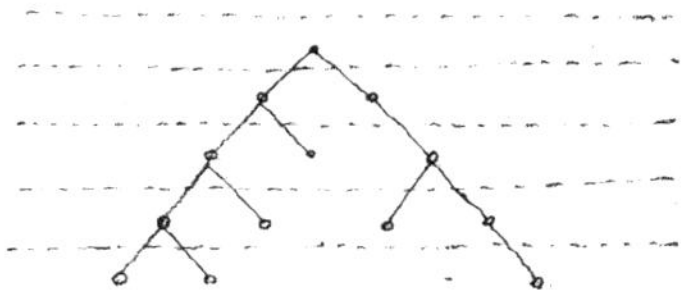

図5　ツリーにおける層の把握

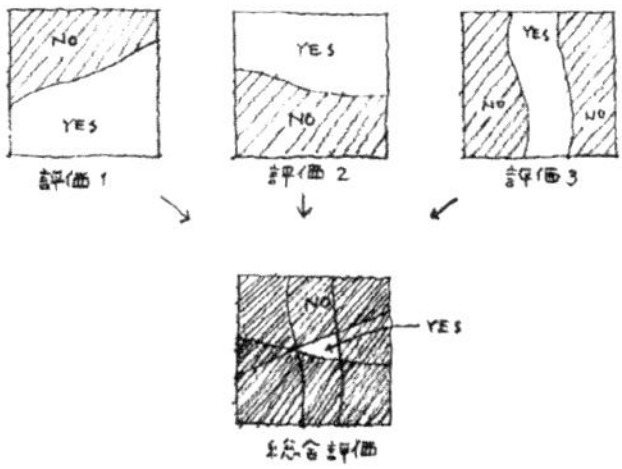

図6　オーバーレイ法の原理

図7a　コルドバのグレイトモスク

図7b　日本の伝統的風景

風景、出来事などがそれぞれの層にまとめられ、重ね合わせられる。

一般に物語、小説などの形式は適当な仕組みのなかにつくられた多層図式であると解釈することができるし、これも時間の空間化の手続きである。適当に区切られた文章のまとまりが層をなして全体の空間を形成している。場合によっては、物語における層は隣接する層と融合して不可分になることもあるだろう。したがって、すべてを多層図式によってとらえることが適当であるとはいえない。逆に長編小説のいくつかの例でみるように、作家はときに明らかに多層図式を構想している場合がある。たとえばショーロホフの『静かなドン』などでは、ひとつおきの章の冒頭はボン河の描写で始まり、それによって層の組み立てと層の相互の融合が鮮明になっている。

小説のような文学作品はそれぞれ固有の多層構造をもって、独自の形式をもっているといえるだろう。物語、出来事の時間的展開の形式を多層図式のもとに空間化するための方法が、それぞれの作品において採用される。

とくにきわだった手法として「小説のなかの小説」という二重の、この場の用語でいえば二層の組み立てがある。この入れ子構造はしばしば見られる多層構造のひとつである。もうひとつのきわだった手法として「複数の物語の並置」とでもいえる手法がある。これは、ある出来事が観測者においてまったく別な解釈が成立するところを並列的に記述する手法である。この場合はひとつの解釈がひとつの層をなし、読者はおのおのの層において異なった体験をしながら、全体を把握する。このふたつの手法は、ともにローレンス・ダレルが有名な四部作『アレキサンドリア・カルテット』で採用しているところである。

私が多層構造に関心を抱く直接的なきっかけは武満徹の多層性（ヘテロジニアティ）なる概念などにあるが、そのひとつの契機として、ガルシア＝マルケスの『百年の孤独』が多層構造のみごとな手法を見せていたからであった。マルケスの多層図式は章構成にあるのではなくて、世代の並置の方法にみられる。マルケスは継起する世代をあらわす登場人物に判別しにくい名称を与え、本来なら時間的序列をもつ出来事に関して、いつの出来事であるか、誰が出合った出来事であるかを意図的に読者が混乱するように仕向けている。つまり、世代という層構成の混乱と融合によって全体を誘出しているのである。

多層図式は、このように時間の空間化において採用される一般的図式である。歴史年表、時刻表といったものは多層図式の見本のようなものである。いいかえれば多層図式は「旅」の図式である。より正しく言えば「旅の記憶」の図式である。かくして私たちは、多層図式がたんなる空間的配置を説明する方法的概念をこえて私たちの記憶、意識などの組み立てを説明するためのアプローチとなっていることを漠然とながら知るにいたる。私たちが生きてきた体験の全体は連続的に継起した出来事の集積である。しかしながら、私たちの記憶は継起した出来事の全体をとらえることはできず、「断片化した場面」の重ね合わせを組みあげているようである。この断片化した場面を適当に組み合わせて、私たちはその都度生きてきた全体を把握する。したがって私たちの生の全体感とは、断片化した場面すなわち層の集合から適当に抽出した部分集合の重ね合わせなのである。

グラーツに出展した「シェルター内縁日『一九八四年』」では、このふたつの手法を組み合わせてみようとしている。すなわち光、空気、音などの状態からトンネル状の空間に多層性を与えること、山車を変形した照明塔によって立面的な重ね合わせを図ること、である。当然ながら現象する空間は一体化してしまうであろうが。

以上述べたとおり、抽象化された空間図式のなかに、あるいは実在する空間の図式的解釈として多層図式があることがわかった。私たちはこの図式を建築の設計において意識的に適用し、建築の形式として整備する構想を立てることができる。もしある程度の理論的整備が進めば、これら一連の多層図式を秩序づけ、「多層構造をもった空間」として他の空間と区別することができるかもしれないのである。たとえばゲシュタルト心理学で言われるところの「図と地」の関係は、一種の多層図式と解釈できると同時に、心理学的な意味では構造化された図式、つまり多層構造なのである。このような意味あいからすれば、建築的に構造づけられた多層図式、いいかえれば多層構造の建築形式の組み立てが構想できるのである。

多層構造の現代的意味

では、どのあたりにこのような構想を立てることの意味が見いだされるのであろうか。構想するからにはその目的、目標、ねらいなどがあるはずである。そのあたりの要点を説明してみたい。

というのは、多層図式は私たちだけが関心を払っているのではなく、世界の建築家の興味の対象であることが、たとえばレム・コールハースのパリのラ・ヴィレット公園のプロジェクト（一九八二年）にみることができるし、ベルナール・チュミの都市のイメージに関する記述などあちこちに類似した関心が見いだされるからである。

説明をわかりやすくするために、最初にきわめて粗い感覚的な対応関係を示そう。

近代建築―身体―機械

この場合、身体とはフィジカルな身体を指す。近代建築―機械という連結は了解されたとしても、近代建築―身体という連結に対しては強い異論もあろう。近代建築―身体の対応はル・コルビュジエやCIAMの諸理論（モデュロール、最小限住居）、ミースのユニバーサルスペース、未来派や表現主義のダイナミズムなどから誘導されると思う。これに対して――

現代建築―意識―エレクトロニクス装置

といった関連が直感的に書けるであろう。つまり「身体としての建築」に対して「意識としての建築」である。近代建築のメカニズム、機能的必然、全体の可知性、動き、力学、現実性、スケールなどに対して、現代建築の意味連関、不確定と非予測性、全体の不可知性、流れ、電磁気学、フィクショナリティ、トリックなどが対応する。言葉をあげれば現代建築は誘導、反転、干渉、場、増幅、感応などの言葉がふさわしい。今日、建築家は屋根を切妻型にしたり、屋根に瓦を載せたりする。効用のない柱を立てたり、ギリシャ建築の要素を突然建築のなかに入れこむ。こうした操作になんの抵抗も感じなくなったのは、建築が身体のためにあるだけでなく、人間の意識に対応していることを暗黙のうちに了解しているからにほかならない。

今日、建築の諸部分、あるいはそれらのシステマティックな枠組みを決定する際に、身体の人間工学的分析とその分析からの推論や、それにもとづいた事物・領域などの必然的、機能的関連の措定に依拠するだけでは不十分なことが明らかになってきている。機能主義、あるいはその傾向の強い設計態度にあっては物理的に行動する人間に関心が払われる。実際のところ、物理的な身体の動きだけが必然的、機能的関連を誘導するのだ。ところが人間は、フィジカルな行動だけをもって生きているわけではない。なんらかの意識の流れとともに物理的な身体の動きをとっている。機能主義的論理をもってすると、建築は人間のフィジカルな身体の動きに対して、「つねに命令する」か、あるいは「まったく命令しない」かのいずれかになってしまう。このふたつの極端な立場は、「住むための機械」と「ユニバーサルスペース」というふたつのキャッチフレーズと対応しているのだ。

フィジカルな身体は、つねに実在する空間のなかにある。いいかえれば事実のなかにのみ存在している。しかるに私たちの意識は事実の外にフィジカルな身体を置き、さまざまな場面を仮構する。あるいはまた、意識は抽象的な図式、抽象化された空間を形成することができ、そのなかで実在する事物の意味を再編成したりする。こうして私たちが生きる現実は事実と仮構の二重性をもつことになる。

さらに付言すれば、建築における意味連関は言語におけるそれとは異なる。建築の場合は文脈、大意などといっても、それは建築的仕掛けのなかでしかない。しかも仕掛けが実物や図なくして説明できるとは限らないのである。したがって意味連関といっても、ある幅をもった連関を指しているのである。そしてこの種の意味連関は、意識という現象の解明を待ってはじめて説明に見通しがつくと考えられる。近代建築が、機械はどうなっているのか、身体はどのように環境に対して現象するのかという問いを立てながら建築のさまざまな形式、モデルを生みだしたように、今後私たちは、人間の意識はどうなっているのか、今日の文明、情報社会といわれるような文明、さまざまな文化現象がエレクトロニクスのシステムに支えられてどのような状態になっているか、あるいはまた社会における共同性はいかなる根拠のもとに成立しうるのか、等々の問いを立てながら建築の形式やモデルをイメージしなくてはならなくなってきた。

フィジカルな身体と意識の根本的な差異は身体が皮膚によって境界づけられているのに対して、意識についてみれば私の意識と他者の意識との区別が判然としない点にある。こうした意味での意識の境界はない、と言ってよい。意識に属すると思われる現象、たとえば印象、観念、イメージ、記憶等々は、まったく取り扱いができないようなやっかいな代物である。私の意識全体、といった概念はほとんど無意味である。こうした意識を論ずるには、境界づけられた要素から構成される論理をもってしては不可能で、直感的には、仮に要素をもって世界を定立する試みが依然として継続されるなら、境界が定かでない要素をもってしなければならないだろう。比喩的に描けば図8のような世界に踏みこんでいた環境心理学者たちは、境界なき意識現象をとらえる方便として有効な概念を出してきている。

たとえばケヴィン・リンチのランドマーク、クリストファー・アレグザンダーの公共性の勾配、E・T・ホールの心理学的な距離などがそれである。これらはアモルフでアンビギュアスな意識の要素の結合や分離、重ね合わせ、置換、抜きとり等々のうつろいやすい現象、それらの記述不可能性をつなぎとめておく「杭」のようなものである。

意識の組み立てのある断面を抜きとれば、多層図式あるいはそれに類似した図式に則った図があらわれるだろう。あるとき、ある場所で見た光景はあたかも一枚の印刷されたシートのように記憶の層となって集積されてゆく。いずれの日にかそのシートを想い出そうとしても、そのシートの像は他のさまざまなシートの層と重なり合い、よほど特殊な体験のシートでないかぎり、鮮明に想い出すことはできず、他のシートとのあいだで重ね合わされた像しか結ばない。意識の組み立てが多層図式によって説明し尽くされると言っているのではない。意識の組み立てのある部分、ある性格が多層図式によって説明されるのではないだろうか。

こうした予測のもとに建築の形式を整えるという意味で多層図式の構造化を図ってゆけば、「意識としての建築」の一端が定義されてくるかもしれない。この探求の過程は、おそらく近代建築が準拠していた「構成」、境界が定かなものどもをバランスよく配列してゆく手続き、機能的に配列してゆく手続きを通して生成される構成的パターンを根底から崩す新たな配列を誘導す

図8　境界が明快な要素と不透明な要素

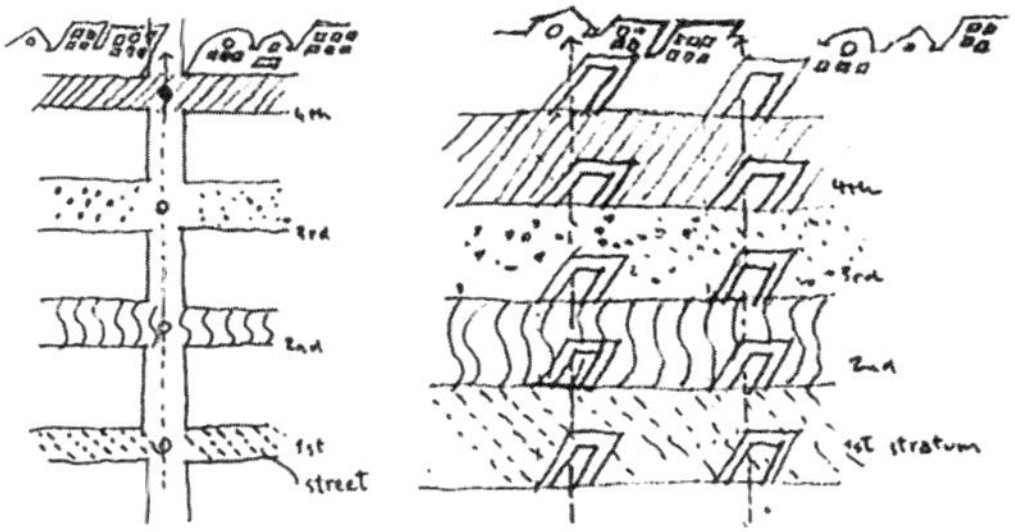

図9　街路の体験を多層図式に映す

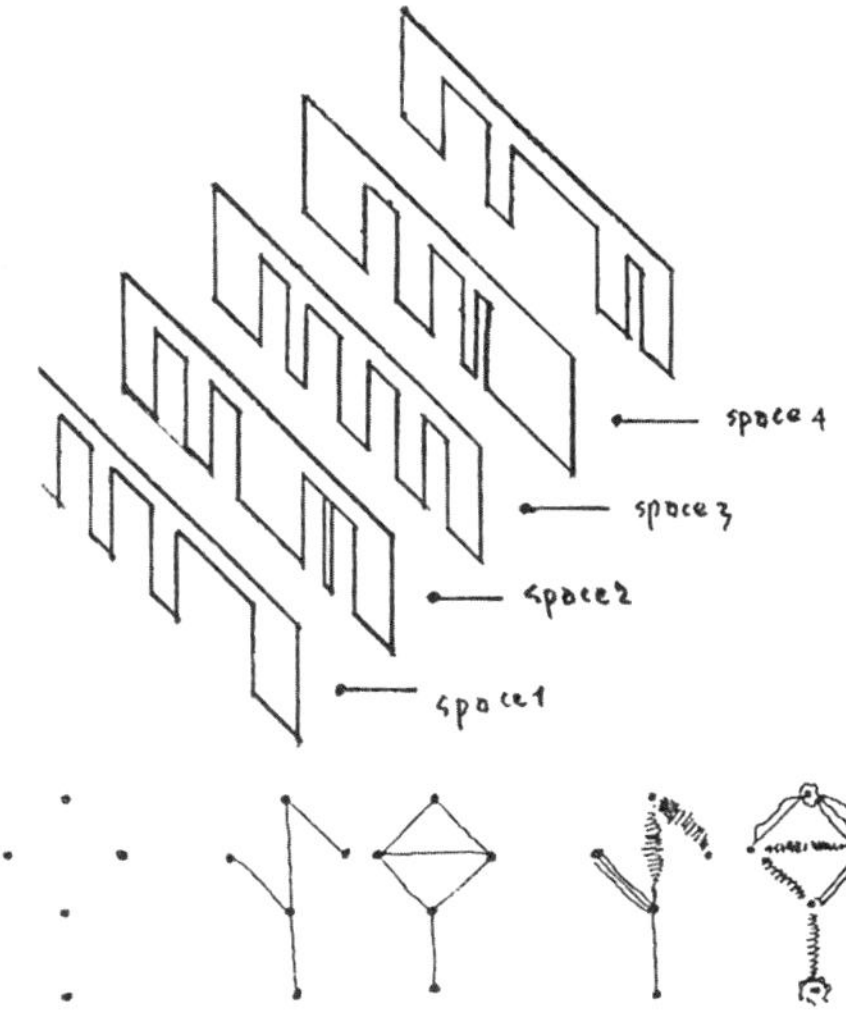

図10　多層構造の基本原理

るであろう。私たちは、たとえばモンドリアンのような調和の構図、慣例化した建築の要素の設定や配列法にあきあきしている。構成しようとする感性の惰性を断ち切らねばならない。そこで、もっとも重要な多層構造に対する期待は「確かな部分（要素となる層、または層の部分）から予想できない全体の表出へ」の回路を探すことにあり、ここで言う全体とは、すべての層からなる現象というばかりでなく、いくつかの層からなる層の部分集合も含まれている。つまり部分集合の集合が不可測である状態。ただし構造というからには「不可測の全体を生成する手続き」は意図されており、その意味では方法の探求なのである。

個人的課題としての多層構造

多層図式への関心をまったく私の個人的な関心として語ることもできる。私の初源的なイメージは「はじめに閉じた空間があった」というテーゼである。閉じた空間は非存在、死を意味する。建築とはこの閉じた空間の境界面に孔（opening）をあけ、外界との交流を図ること、すなわち生きている空間に転化する作業である。

さて、閉曲面を境界とする閉じた空間に孔をあける作業を考えてみよう。閉曲面上の孔は、端的にいえば二次元的な孔である。この作業を opening[2] と書けば、これが「有孔体」である。少し飛躍して空間自体が孔であるような三次元的な孔を opening[3] と書けば、建物は門のような形式をとり、これが「反射性住居」であって、粟津邸（一九七二年）、原邸（一九七四年）、ニラム邸（一九七八年）、倉垣邸（一九七七年）、秋田邸（一九七九年）等々の建物がつくられた。八〇年代になって私は四次元的な孔、opening^{4}の建築をつくってみたいと思うようになった。

四次元的な孔opening^{4}なるものはいったいなんなのか。いまもってそのイメージは定かでない。そこでひとつの仮説的なイメージを立てた。すなわちある領域があって、「いたるところopeningである」という条件が満たされていれば、その領域が四次元的な孔である。建築では「いたるところに窓があいているような建築」をつくれば、それがopening^{4}の建築である。

この仕組みが建築に与える図式が多層図式ではないかと考えられる。というのは、層が重なって見えるのはなにより風景の現象であり、「窓」とは、基本的に室内と屋外のオーバーレイであるからである。こうしてopening^{4}の出発点において――

opening^4－多層構造

と設定し、多層図式の平面計画や立面（室内の立面を含めて）計画を始めたのである。

「いたるところ窓があいている」状態を都市について考えると、どのような状態を言うのであろうか。その様子を図9で説明してある。

チュミが言うように、都市のおもしろさは都市の境界を横断することにあるが、言ってみれば「交差点」に出るたびに街の景観が変わり、新たな都市の雰囲気が展開するところにある。「交差点」は都市の「窓」なのである。すると「いたるところ交差点であるような」街、あるいはそうした街を埋蔵した建築がopening^{4}である、といったイメージを想定することができるのである。

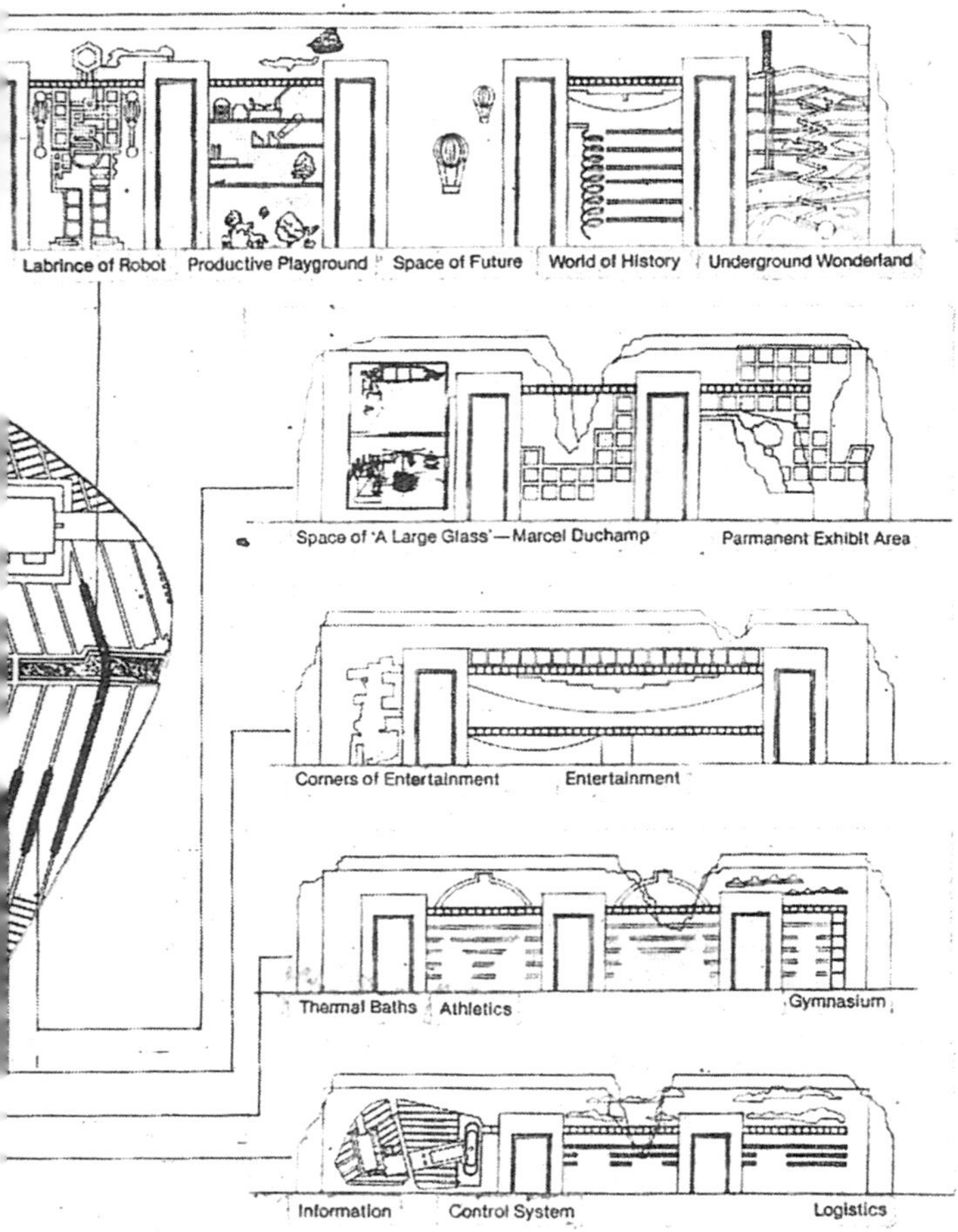

パリ、ラ・ヴィレット公園国際コンペ案（1982年）。オーバーレイされる層のエレメント。「ガラスの盤（スラブ）」による構成

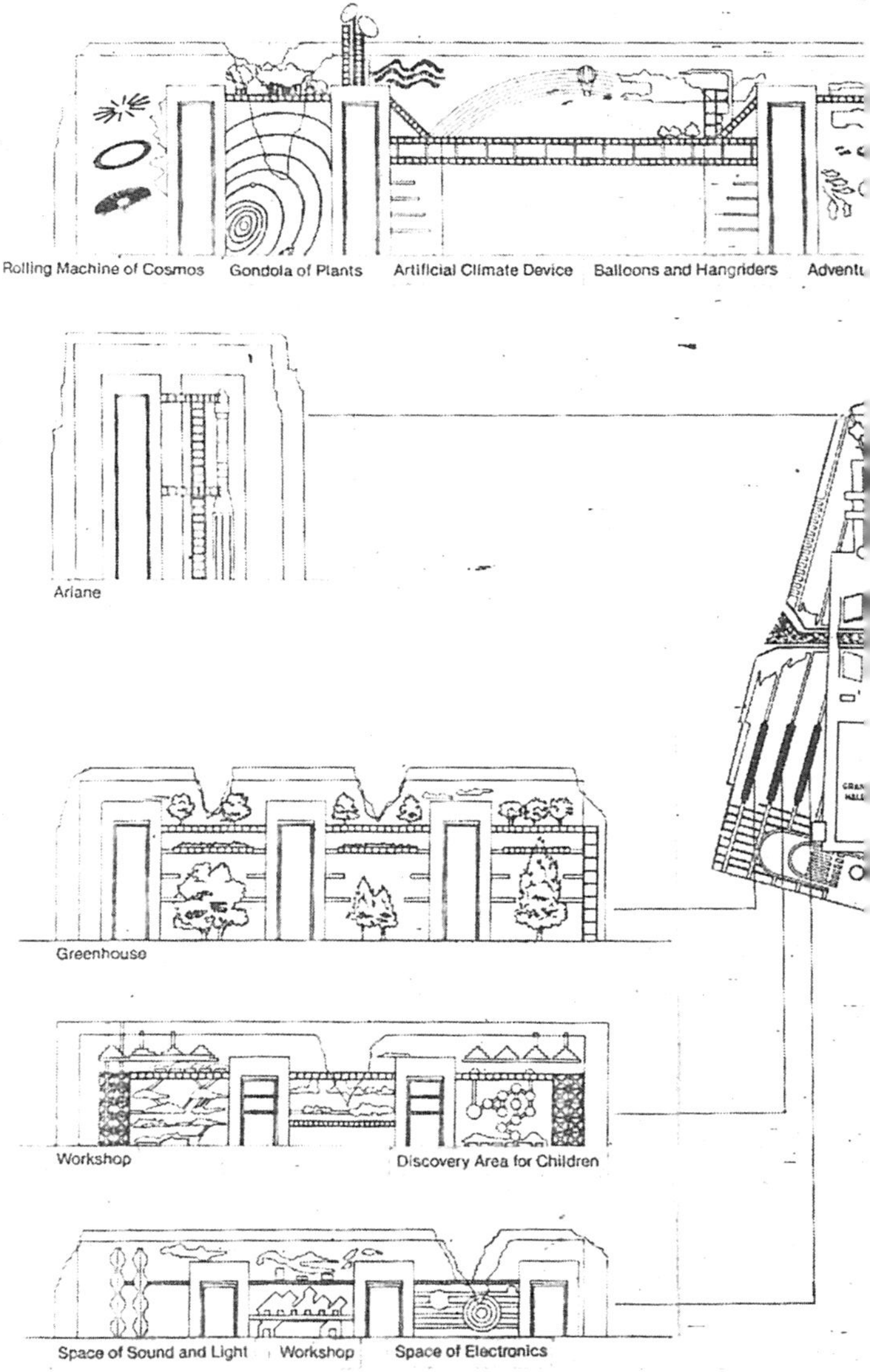

Rolling Machine of Cosmos
Gondola of Plants
Artificial Climate Device
Balloons and Hangriders
Adventu
Ariane
Greenhouse
Workshop
Discovery Area for Children
Space of Sound and Light
Workshop
Space of Electronics

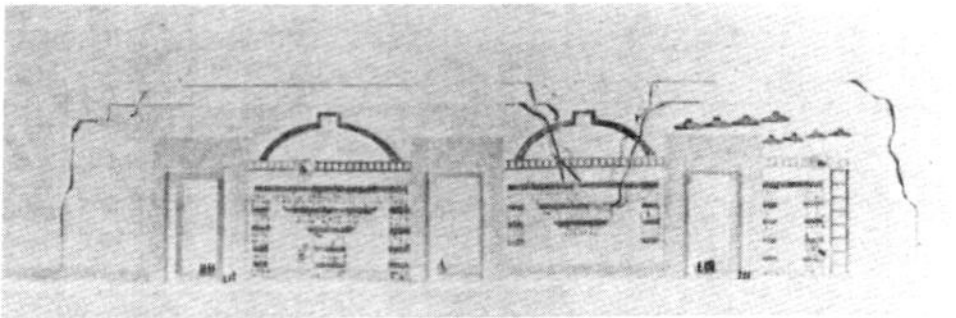
THERMAL BATHS

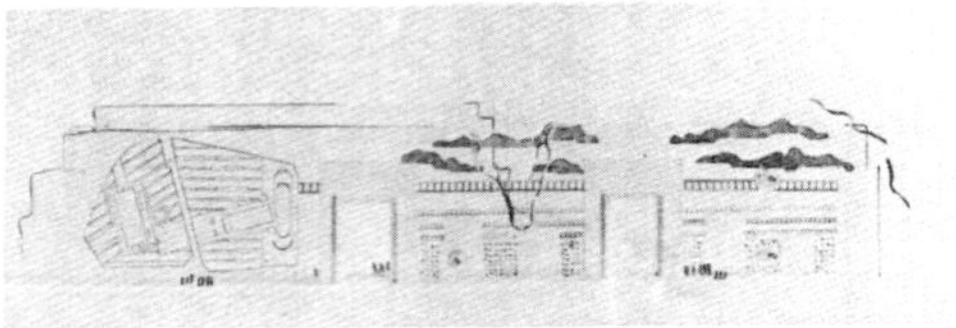
LOGISTICS

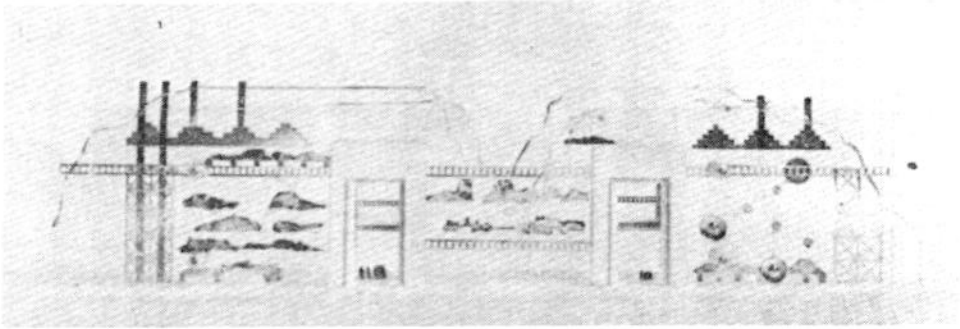
DISCOVERY AREA FOR CHILDREN / WORKSHOPS

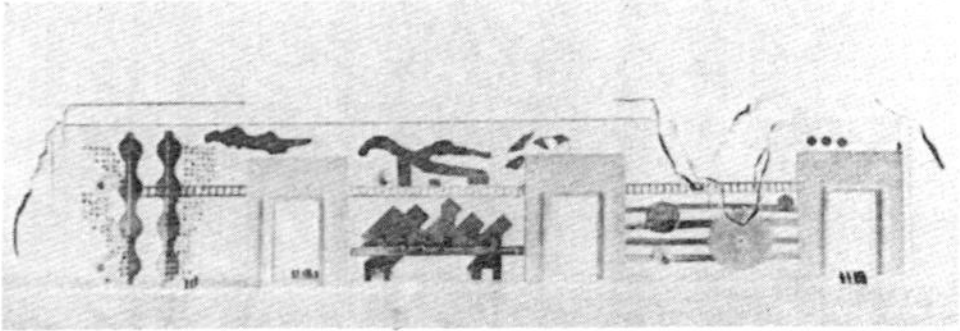
DISCOVERY GARDENS / WORKSHOPS

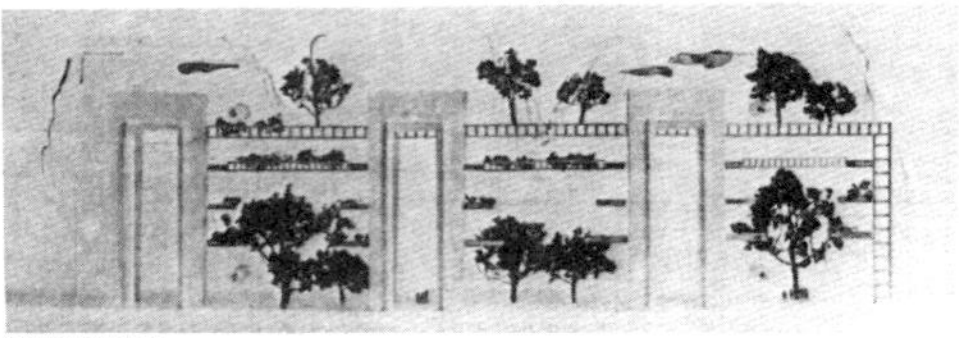
GREEN HOUSES

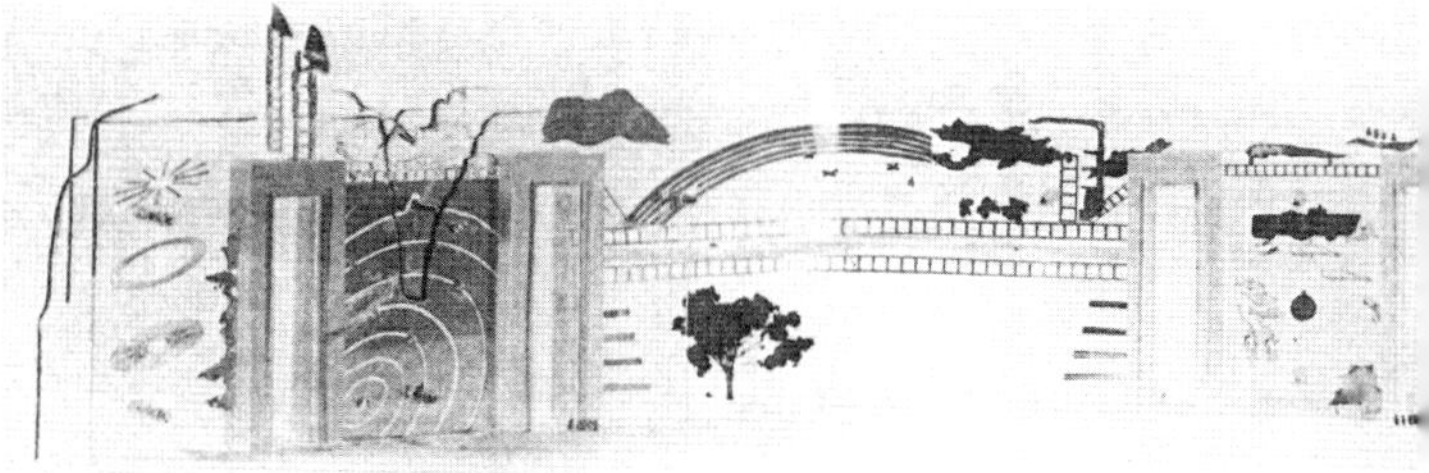

CHILDREN'S PLAYGROUNDS

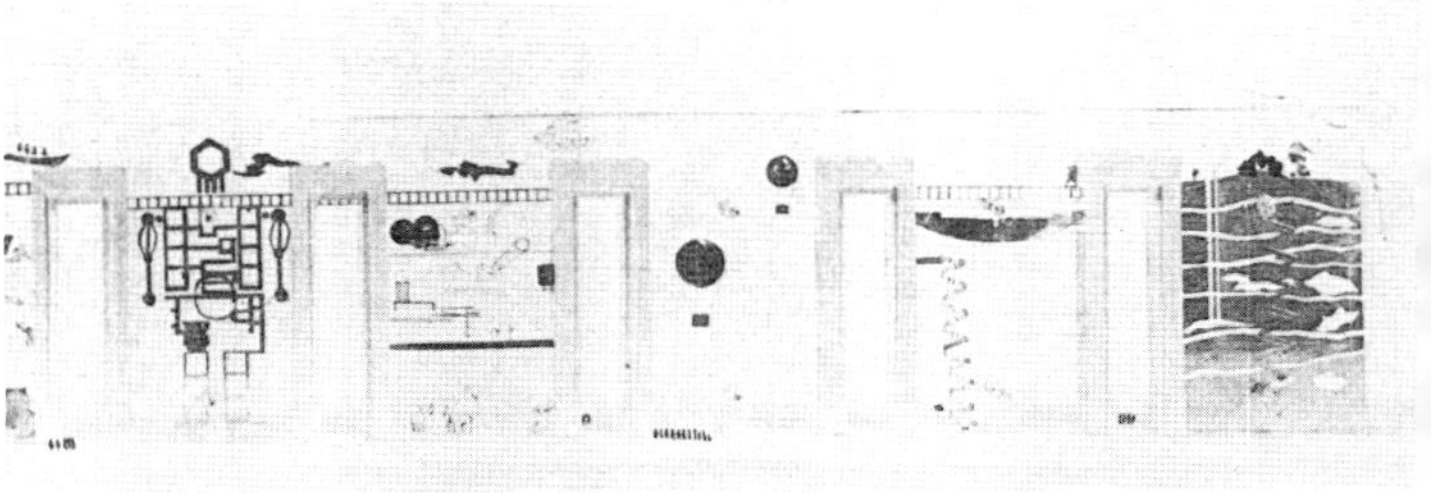

CHILDREN'S PLAYGROUNDS

A LARGE GRLSS / PERMANENT EXHIBIT AREA

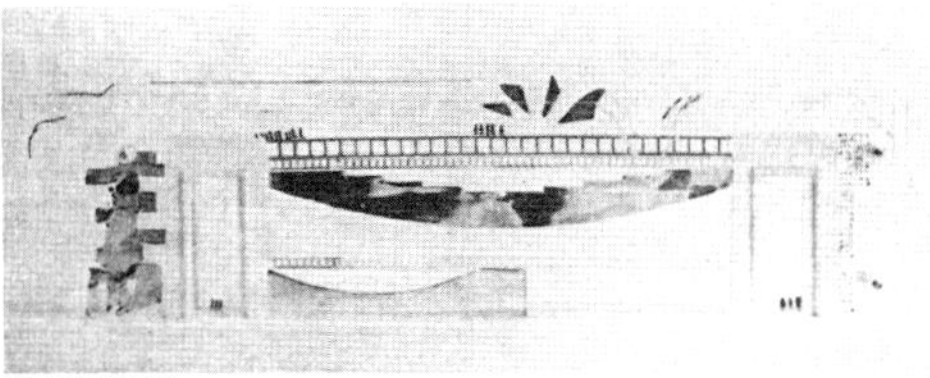

ENTERTAINMENT

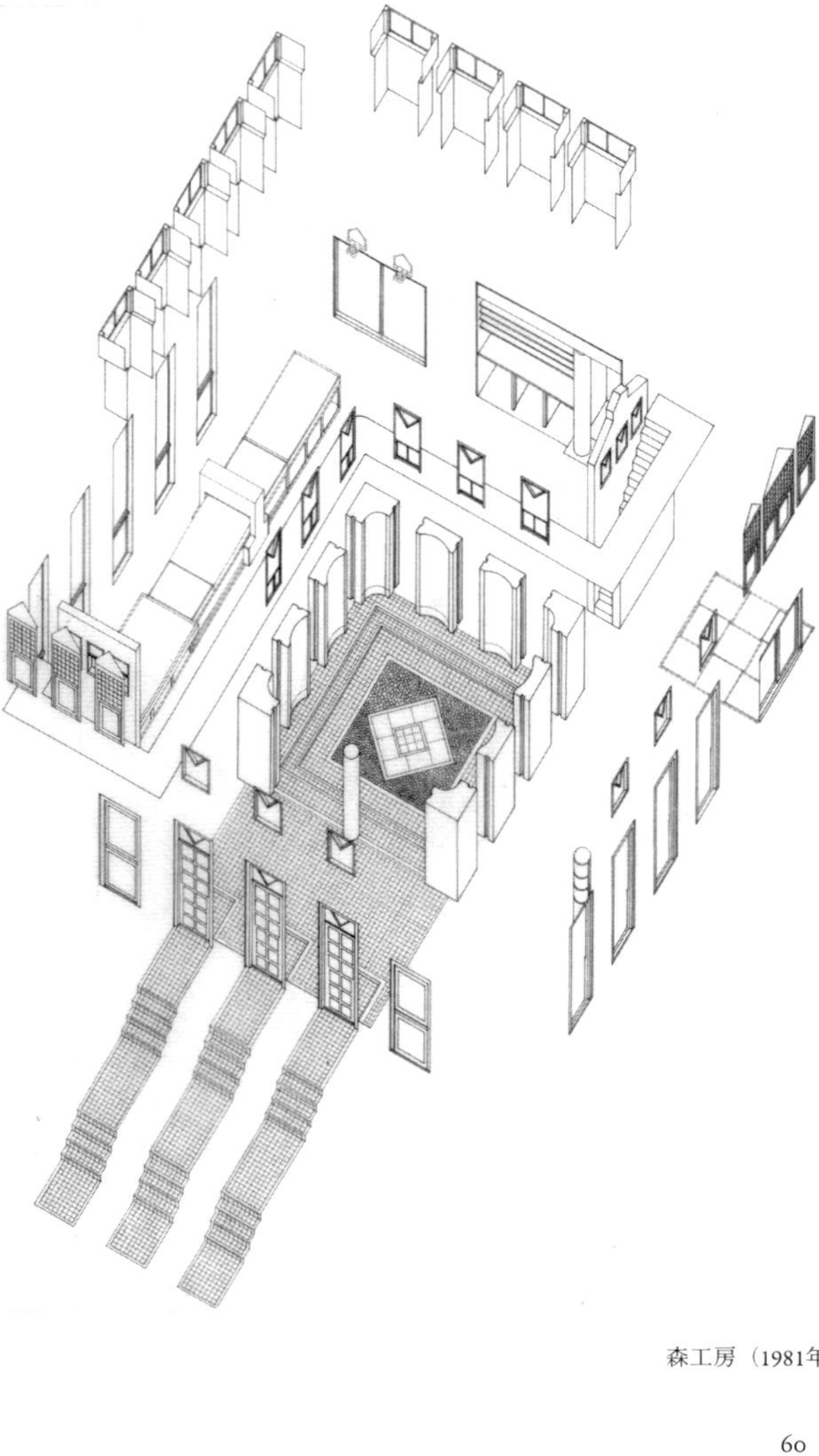

森工房（1981年）

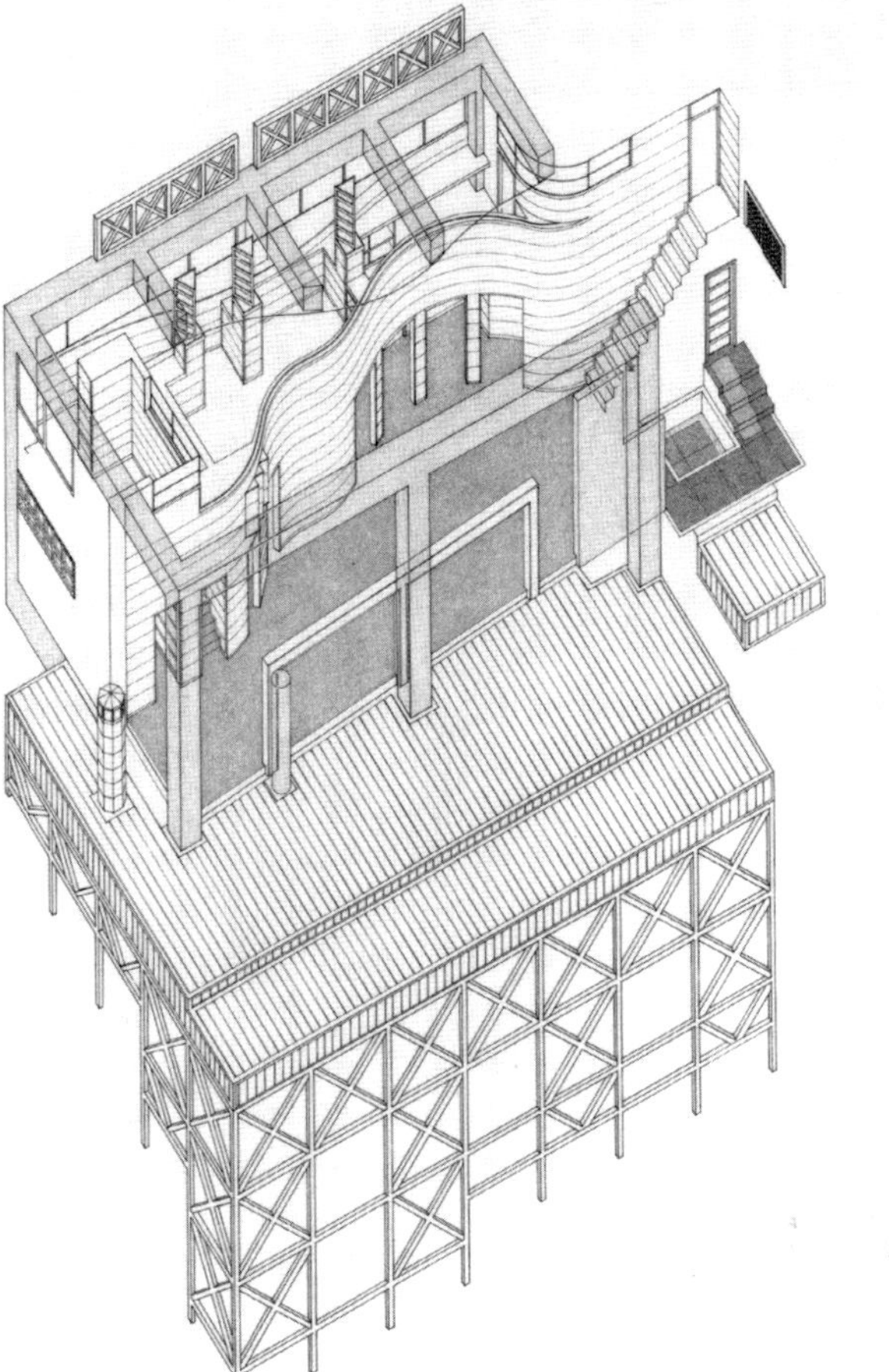

「伊豆・夢舞台」中塚邸（1982年）

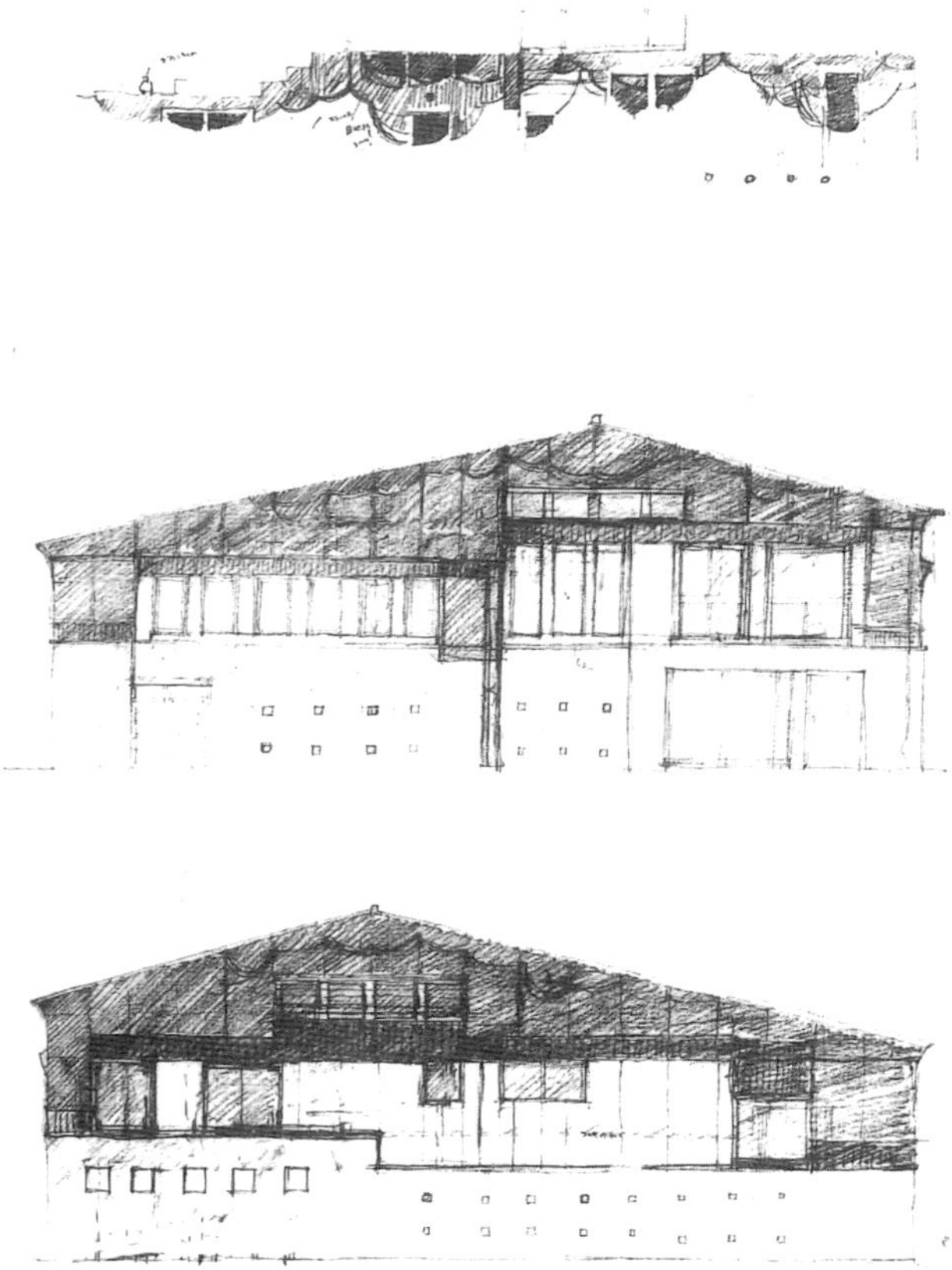

北川邸（1986年）

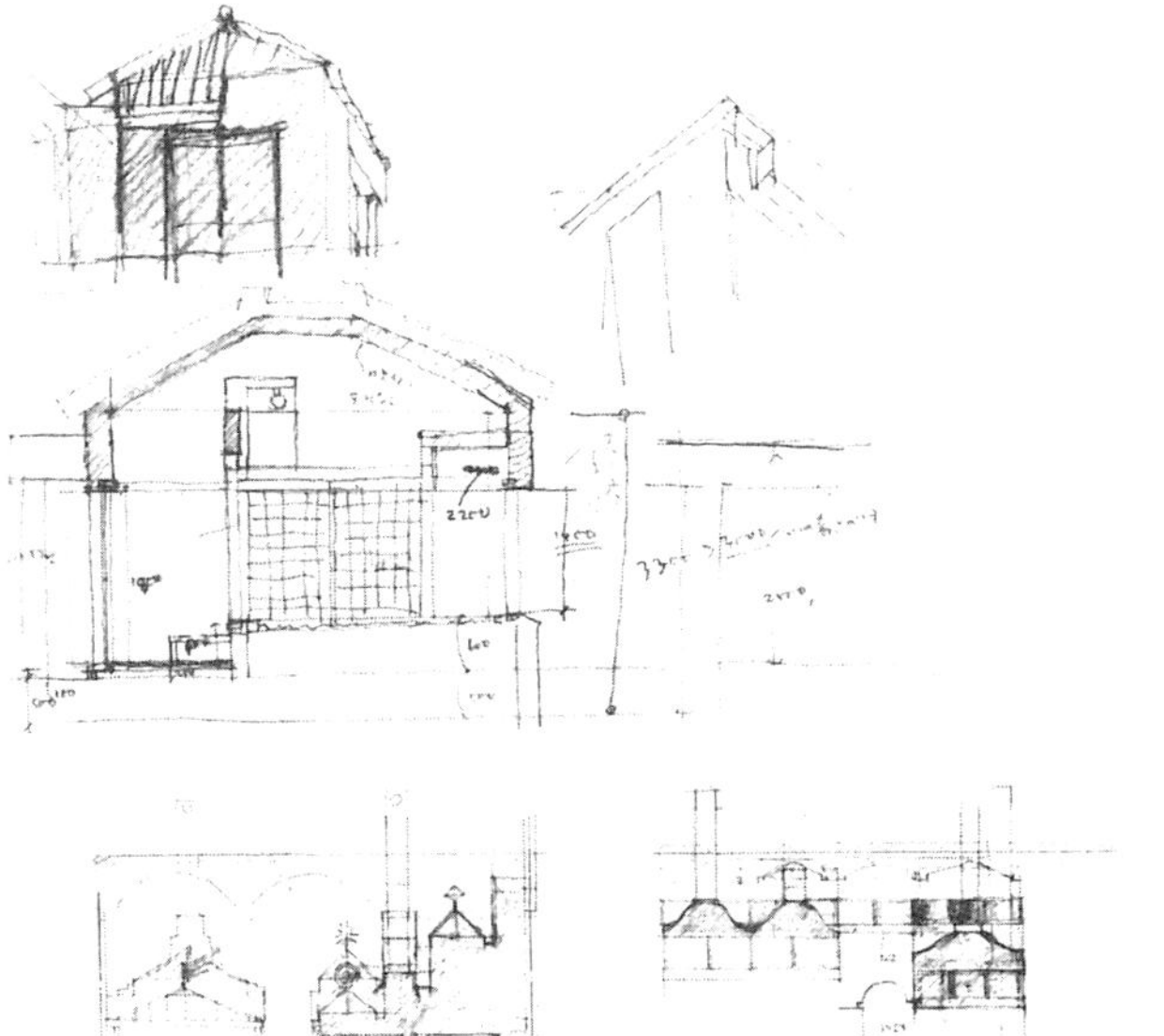

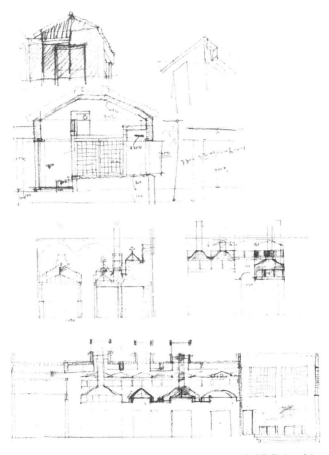

古波蔵邸（1986年）

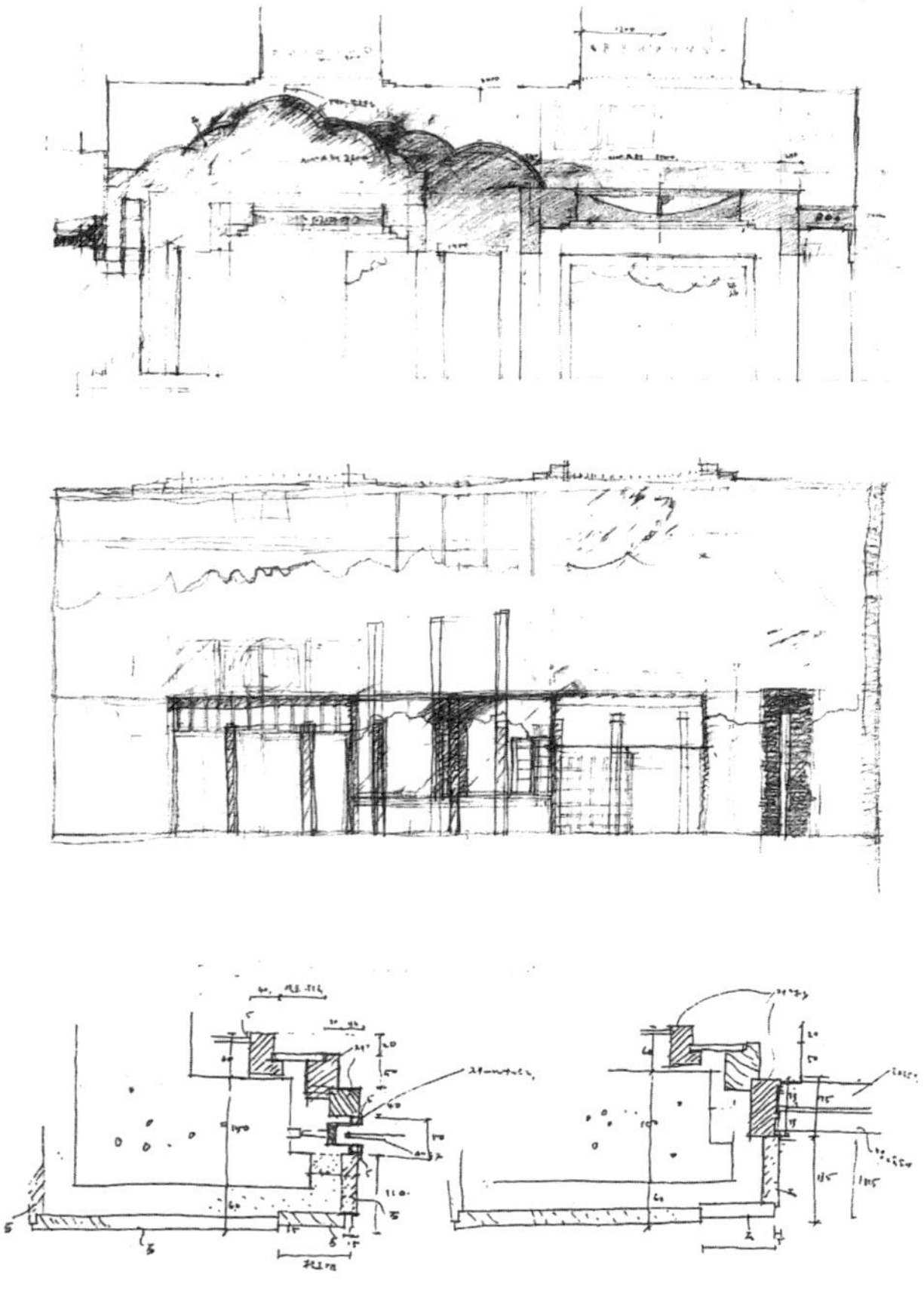

游喜庵（1988年）

図9に示したように、新たに出現する街路だけを重ね合わせた多層図式と、門構えで図示したような立面（都市のファサード）を重ね合わせた多層図式とが得られる。

こうして建築－都市のイメージをたよりに図10の「基本型」が導かれ、このモデルに準じて建築を試みてゆくのが具体的な課題となるのである。

グラーツ・プロジェクトの多層図式

（1）山車の図柄。

山車の形――円柱の上部に掻き落とした半円形状の透明なアクリル板を重ねて置く形態は必ずしも重ね合わせの効果には適当ではないが、透明アクリル板に手が触れないこと、また海外での展覧会でもあるので、日本的な形であることを重んじて決めた。アクリル板の幾重もの重なりを考えれば、視線の高さにアクリル板を置くのが望ましい（口絵2参照）。

さて、アクリル板に描く図版の決め方が問題である。描く図版になんら条件はない。結果として私たちが採用したのは、それぞれの図柄を決めるためのテクストをつくり、その部分を抽出して組み合わせ、それぞれの図をつくる方法である。その手続きについて述べる。

（a）基本図（星の図）――北半球の秋のおもな星の図を、星が極座標の基準線の交点上に来るように計算機で微小の位置変更をして得た点の分布図。

（b）星のグラフ（六枚の基本グラフ）――図の点を適当に結んで得た単純な星座。単純なグラフ

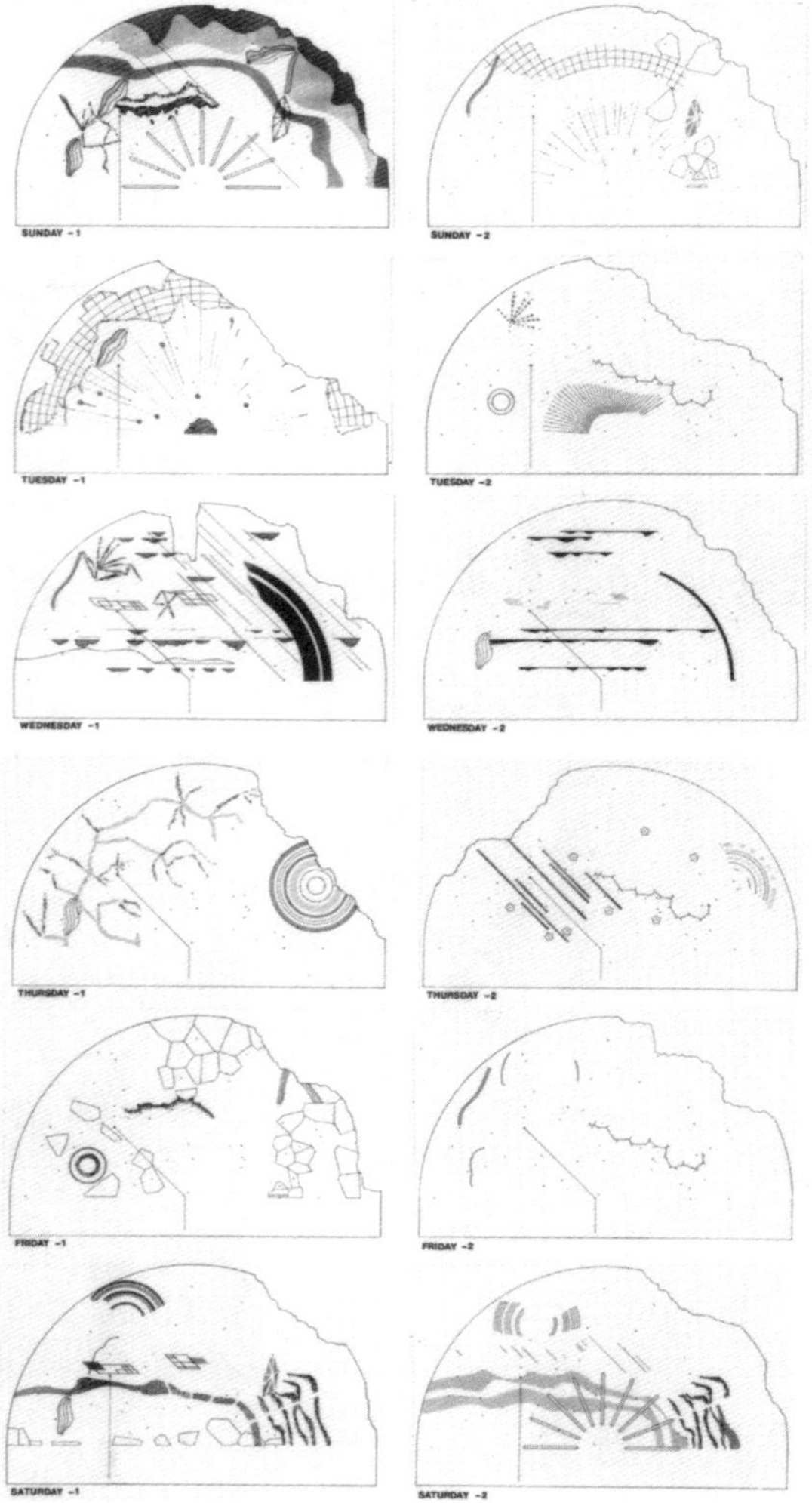

グラーツ・プロジェクトの多層図式（一九八四年）。山車を構成した六組（二枚一組）のアクリル板

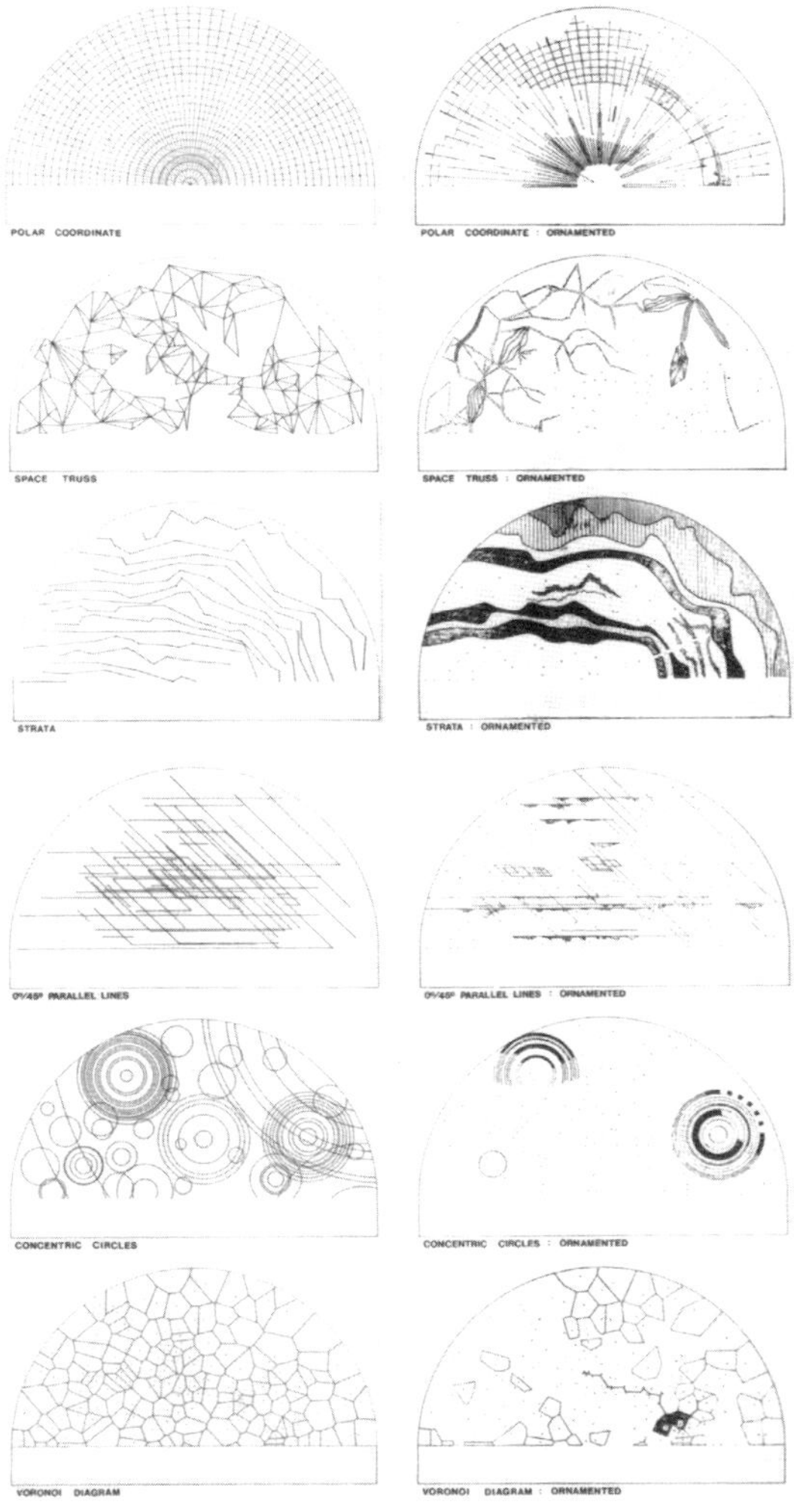

同、六枚の星のグラフと装飾された星のグラフ

としてリニアグラフ、グリッド状のグラフなどを選んでいる。
（c）装飾された星のグラフ（六枚の「オーナメンテッド・グラフ」図）――基本グラフの図から抽出した部分グラフのそれぞれの点、辺を装飾することによって生成された図。
六枚の「オーナメンテッド・グラフ」の図が十四枚のアクリル板の基図になっている（「装飾されたグラフ」は造語である）。この六枚の図から適当な部分を抽出して組み合わせた図が一枚のアクリル板の図柄になっている。

したがって、仮に十四枚のアクリル板のすべてを重ね合わせたとすると、六枚の「装飾された星のグラフ」を同時に得ることになる（六七ページ参照）。

しかし、この場合はそうした視点は準備されていないし、視角によって位置がずれる。そのため、作画上のテキストとなる（a）（b）（c）は、視覚の上では印象的な部分として形を残しているにすぎないであろう。

この図柄をつくる方法はアフリカのサバンナの集落のつくり方とほとんど同じであり、おそらく日本の集落の形成法であるともいえる。すなわち集落を形成する要素（アフリカのサバンナでいえば円形住棟、方形住棟、穀倉などであり、日本でいえば母屋、納屋、倉など）は、ヴォキャブラリーリストから独立され、変質装飾（方言化）され、それぞれの村が成立存続するための条件に合わせて集落全体の図柄が決められる。

層（この場合、アクリル板）の機能から言うと、一般に、（i）仲介者（intervener）、（ii）増幅者

(amplifier)、(.iii) 変換者 (shifter)、(.iv) 破壊者 (destroyer)、(v) 誘導者 (inducer) などが考えられる。山車の場合、円柱上の二枚ないしは四枚のアクリル板相互においては、仲介者(補完者)、増幅者の働きがみられ、ときに破壊者、変換者の働きを意図した。今回は、こうした機能的な働きはどちらかといえば図版にあらわれる要素(特徴ある部分グラフ)のあいだで見いだされよう。

以上のような方法によって非構成的な像、図版が得られるかどうかが表現課題である。星座 (constellation) が壊れたように。

(2) 空間の状態の多層図式

シェルター内部の空間の状態の多層図式は、主として光、色彩、空気の流れ、音の状態、人の分布などによってつくられる。実際には明るさ、光の質、色彩がおもな層の形成因子となるだろう。この多層図式については、現時点では概念的なイメージをもっているにすぎない。

これらの空間の状態は、山車においてもつくりだされるが、主役となるのは屋台や装飾が生みだす家並みである。この家並み、飾りつけの要素は屋台とそこに置かれる伝統的なおもちゃ、花飾り、影絵のような鳥、提灯などである。これらの要素を並べることによってつくられる層は、ある部分では色彩を残し、ある部分では白色ないしは銀色に塗り分けられるであろう。また、屋台にはなんらかの光源が設けられ、空間全体の明るさの時間的変化が計画されるであろう。と同時に、少量の空気の動きを発生させるファンなどがとりつけられると思われる。

多層図式の構造化に向けて

多層図式の構造化を図る作業は今後の課題であるが、構造化の起点となるモデルは、ふたつあると思われる。すなわち、

（a）表出される全体の像があらかじめわかっていて、この全体が要素となる諸層に分解される。

（b）要素となる諸層のそれぞれがわかっていて、全体は諸層の重ね合わせの結果として表出される。

（a）は機械の美学、有機体論などとほぼ同じであり、多層図式の意図するところではない。ただ、次のような効果あるいは応用のためには基礎的なモデルとして有用である。

（a1）多層図式によってさまざまな層の部分集合を可視的にする。

この場合は、多層図式を採択することによって予想されなかった諸部分が出現するところに意味があるのと、諸部分が可視的になるため新たな「全体」が把握されるであろう。この「全体」とは諸要素（層）の部分集合の集合である。建築としての多層図式の基本型についてみると、層を s_i（$i=1\sim n$）とすると $\{s_1, \cdots\cdots, s_k\}$ $\{s_{k+1}, \cdots\cdots, s_n\}$（$i=1\sim n$）といった部分集合と $\{s_1, \cdots\cdots, s_n\}$ とを合わせた集合が「全体」となる。たとえて言えば、この組み立てははじめからも終わりからも読める詩のような組み立てである。

（a2）新たな層の挿入、特定な層の加工によってあらかじめわかっている全体の像を変形する。

この場合は挿入され、加工される層の働きがはっきりしてきて、それらは増幅、調停などの役

割をもつであろう。言葉をかえれば異化、転位（デペイゼ）などの操作の一種である。

多層図式を採用するとすれば、おおむね（b）のモデルが基本となる。あらかじめわかっていない全体を浮上させるという意味でも、先に述べたオーバーレイ法の原理にも一致している。表現活動にあっては多層図式は実際の建築ではたいへんむずかしいと思われるのであるが、（b）のモデルによって見慣れない、予期できない結果を誘導するための図式なのである。部分としては確かな決定ができるが、それらを重ね合わせたときにどうなるかわからないといった事象は数多い。だいたい科学的な分析はすべてそうである。計画した建物と樹木の重ね合わせなども、おおよその見当はつくものの正確には全体はわからない。その結果は、たいていの場合は樹種の選択科学において誤らねば結果は良好になるものなのだ。

建築の方法、あるいは建築的な方法としてのモデル（b）は、慣例化された構成手法、あるいは惰性化した感覚によってつくられる構成を打破する目標をもつとも考えられる。今世紀を通じて培われた造形感覚、あるいは空間形成手法を構成と呼べば、「構成の廃棄」のためのひとつの方法である。

予期できない全体の誘導といっても、出現する全体（この場合、上記の「全体」、つまり部分集合の集合と解しても差し支えない）はおぼろげに推測できる。ひとつのよりどころは、要素となる層がたがいに類似していれば全体は「同類系の秩序」をもつ、という点にある。逆に要素となる層に差異が強ければ、全体は「混成系」の様相を帯びる。この推測は文字どおり推測の域を出ず、空間形成上の安全弁として働くにすぎない。そうした消極性を承知したうえでのことであるが、モデル（b）について類似性にもとづいた形態上の構造が記述可能である。その例を二、三あげてみよう。

（b1）要素となるすべての層が特定の類似性を共有している多層図式。

（b2）いかなるふたつの層からなる組をとっても、両者のあいだになんらかの類似性がみられる多層図式。

（b3）あるひとつの層が他のすべての層に対してそれぞれ異なった類似性をもち、それ以外に類似性がない多層図式。

（b4）隣接するふたつの層のあいだにそれぞれ異なった類似性があり、隣接しない層のあいだには類似性がない多層図式。

これらは類似性による多層図式の構造化の一例となっている。グラーツ・プロジェクトのアクリル板の多層図式を見ると、（i）細部に注意すればすべての層が星座標をもっているから（b1）の図式、（ii）装飾されたグラフの図形を用いているという意味では（b2）の図式、（iii）ある程度の図形上の共通性を類似性と規定すれば（b4）の図式が、おおむね成り立っている。

上記の構造はきわめて初等的であり、実際の空間は複雑であり、高度な構造の記述が可能であろう。しかし一方において、いかに論理を精密化したとしても、それは概念的、抽象的空間の域を出ず、実在する空間、実在する図式の現実は論理的記述をこえてはるかに豊かであることも違いない。

注

（b1）から（b4）において次のような表記ができる。いま多層図式Sを、要素となる層S_i（$i=1, 2, \ldots\ldots, n$）によって$S=\{s_1, s_2, \ldots\ldots, s_n\}$であらわす。層$S_i$はさまざまな要素$e_{iu}$（$u=1, 2, \ldots\ldots, w$）からなり、$S_i=\{e_{i1}, e_{i2}, \ldots\ldots, e_{iw}\}$であるとする。ここで、$S_i$と$s_j$とのあいだに類似性があることを$s_i \cap s_j \neq \phi$と規定する。すると、（b2）から（b3）は次のように表記できる。まず、

（b2）$\forall (s_i, s_j \in S), s_i \cap s_i \neq \phi$ ［$G(S) \in K$］

ここに、$G(S)$とは、多層図式Sの上に規定した類似性の共有関係を示したグラフであり、Kとは完全グラフである。つまり（b2）の図式の共有関係を示すと完全グラフになるという意味である。（b1）は（b2）の特殊な例で、$\bigcap_i^n s_i = e$と書けるような共通項がある図式である。

（b3）$\forall s_i$（$\in S$），$\exists s_a$（$\in S$），$s_i \cap s_a \neq \phi \wedge s_i \cap s_j = \phi$（$j \neq a$）［$G(S) \in s^*$］

ここにS^*は、スターグラフである。s_aのような層は類似性の上では中心的な役割を果たす可能性がある。

隣接しているふたつの層からなる対（S_i, S_j）の集合を$adjS$とすると、

（b4）$(s_i, s_j) \in adjS, s_i \ \ s_j \cap \neq \phi \wedge \forall (s_i, s_j) \notin adj, s_i \cap s_j = \phi$ ［$G(S) \in P$］

ここにPはパスグラフである。

II　反射性住居

住居に都市を埋蔵する

住居の歴史は（十全な生活を可能にする）機能的要素が都市に剝奪される歴史である。人びとはこの剝奪過程を転倒してとらえて、現代ではさまざまな要素が豊富化していると錯覚しがちだ。が、かつては住居は外界へ延長しており、そこで自給自足的生活が可能であった。いま住居は衰弱し、ベッドとテレビと衛生部分とかまどを残すのみであり、このままでゆけばおそらく将来はテレビだけしか残されないだろう。

この剝奪過程は人間の想像力の剝奪、自然の剝奪過程であり、建築家の創意はひとえにこの衰退した住居をもとに戻すこと、つまり都市から住居への逆剝奪に注がれねばならない。これを怠ると環境破壊はますます増大し、住居ばかりでなく都市そのものが危機に瀕する。なぜなら都市は集約された機能のフラグメントの集積となり、そこからはなんら環境形成が要請する全体性を期待することはできないからである。いま環境的な意味で全体性を多少なりとも期待できるのは住居だけであって、残る建築はすべて断片的であり、それが準備するいかなる環境も、たとえ表面は十全に見えていても擬似的な環境にとどまるにちがいない。

思えば、近代における職住分離の理念ほどばかげた発想はなかった。この理念が自然を、これから現象する自然をすでに現象してしまった自然に矮小化した。

しかし、それは建築活動が不可避的にこうむらざるをえなかった社会的必然であり、住居からの機能的な要素の剝奪をうながしたシンボリックな出来事にすぎない。

いま衰退した住居を過去の力ある住居に復元する作業は、まったく経済力に依存している。経済力さえあれば今日でも住居を強化するのは容易である。現在、デザインと実践的な美学はほとんど換金される状態になっており、かろうじて観念だけが換金されないで建築家に残されている。都市に吸収された物的要素を住宅に奪回するには経済力が不可欠であるが、物的な剝奪にともなって都市にもってゆかれたさまざまな住環境の意味と観念をとりもどすことはできる。また都市が自律的に培養してきた空間的な手法を住宅においてより確実に実現することもできる。

スケール自体のもつ空間的特性を無視することはできないが、スケールを捨象したところで成立している空間的な特性に留意すれば、住居に都市を埋蔵するイメージは現実的な建築術的イメージである。たとえば定本で読んだ著作と文庫本で読んだ著作とは、レイアウトや活字の大きさがもつ印象から意味のとり方のちがいは多少あるかもしれないが、まずちがった著作とは思われていない。そうした関係は建物の場合きわめて少ないし、建築にとって本質的であるとはこれまで信じられていなかった。しかし、そうした建築観自体が古い美学にとらわれている。建築はいまやひとつの制度、社会的な規約として考えるべきであり、そうした制度を支える空間化された論理的意味の大系であると考えるべきである。しかしそれはふつうの言語や記号によって表示される論理的な意味ではなく、あくまで物象のレベルでのみイメージされる論理的な意味であって、意味が新しいほど言語変換は不可能に近い。時が経ち建築が創造力の新たな対象にならなくなると、物象化された社会的規約性は言語によって説明可能になる。そうした性格は、しかし建築を論理的に構築してゆく障害にはならない。ただ、出現してくるものと論理的構築とはどこかの段階で分裂してしまうという事実さえ踏まえておけば十分であろう。

建築的作法の出発点で言語表現による、あるいは記号表現による制度をもちだしてきても役に立たない。建築とはあくまで社会化された自然であって、それが建築的に表現された制度である。その意味ではまず第一に自然から発想するべきであって、自然にあらわれた制度的な意味をとらえ、それに対し、いかなる変容をイメージするかが出発点となる。

現代都市は自然を排除した。それはひとつの現代の社会化された自然のあり方であり、現実的にまず光、そして空気と土、わずかばかりの植生が残されている。これら残された要素をめぐる都市の願望を表現するのが手近な都市埋蔵法である。もちろん、生産力が潜在している自然こそ、なにをおいても住居にとりこみたい自然である。しかし、農地や森を奪われた住居で生産にかかわってくる自然をとりもどすことは、もはや建築の枠内ではまず無理である。矮小化された光や空気を相手に自然のあるべき姿を追跡し、また想起できるような住居をつくりたい。その結果、住居は自然に対して敏感な建築となる。従来、住居は空間的に外界へつながってゆく手法がとられた。しかし、いまはそんな土地はない。住宅がやや過敏症的傾向は、よき自然に融合する正常な状態とはいえず、むしろある種の神経的な障害であって、しかしこの障害は悪化した自然のなかでただひとつの保身術となりうるのである。障害は矛盾に苦しむ姿ではなく、むしろ平衡状態を保つ手段である。いくつかの原則的事項。

（イ）光は人の離合集散的原因となる。光は信号である。

（ロ）光の分布や影の時間的変化は、モノクロームの色調によってもっとも正しく受信される。

（ハ）空気の動きは、空間の部分領域の境界の形成を左右する。空気は孔を通じて領域相互の干渉の原因となる（光にもそうした働きはある）。

（ニ）樹木は、もうひとつの建築系統をつくる。その建築系統は、見かけでは住居と相補的であるが、実際には住居の空間の補完作用をする。

生活的な苦痛を誘うほどの敏感な住居はもちろん問題外である。苦痛の原因のほとんどは気温に関係しているから、気温に対する保護策、つまり快適な気温が得られる装置あるいはゾーニングが準備されていなくてはならない。自然は住居内の生活で交わされる言葉を誘いだす。これは都市が育て、いま切り捨てようとしている言葉である。自然に敏感な住居は窓の外の風景ではなく、住居の内から制度としての言葉を誘いだす。都市の復権を住居が代行するであろう。

住居内に呼びこまれた自然の破片は建築的に統合され、ひとつの自然にまとめあげられる。それはいままでも建築術の課題であったが、いま質的に変化した自然を前にしてもっとも興味深い話題となった。人間を含めて衰弱した自然をふるいたたせる建築。

都市はその内部の秩序を維持し、外部からの諸々の作用を制御する空間的な閾《しきい》をもっていた。空間的な閾は境界、内核、住居の配列形式などによってできていた。これらが都市の部分領域である場所の用途、場所における行為の仕方の規定、活動の分布状態などを指定していた。閾は都市を自立させるための空間的な装置であった。そうした閾は物的なものから法文的なものへと変わってきた。都市の空間的な衰退の原因はいつにこの点にある。つまり空間的な想像力とかかわりないようなかたちで制度が成立しているからである。ひとつひとつの住居にも、こうした閾が用意されていた。家族の制度もまた空間的な閾を必要としていたからである。住居からさまざまな機能的要素が抽出されたのは、家族にそうした機能的要素を所在させない制度が敷かれていったからである。今日不可視となった制度を住居の内部でふたたび構築することは意味があるだろうか。それはもちろんである。家族がたんなる経済的な単位とみなされ、にもかかわらず社会的諸矛盾を家族がこうむるような社会において、家族間の言語、意志の交流こそ防衛的な役割を果たす。この事実は、古い家族主義の解体から新しい家族のあり方のイメージのなかであいまいにされてきた。

いま家族間あるいは家族を媒介とした個人の社会的連帯は、家族あるいは個人の強い自立性のうえにのみ成り立つ。住居になんらかの空間的な閾を形成することはその意味でも不可欠であり、これは自然環境の形成とも深くかかわりをもつ。なぜなら、自然とはつねに社会化された自然としてのみあらわれ、社会化はなにも大局的な社会といった大枠をさすのではなく、日常生活的な、具体的な社会がとらえるところの自然であるからである。

住居が自然に対して敏感になるとき、家族はそれに対する感性と言語を用意するだろう。この関係を空間的に保持するのが空間的閾であり、この閾をめぐって家族と個人が自立するひとつの構図が描かれる。したがって住居における閾的構造とは自然を媒介としてのみ想起できるのであって、他の媒介物は考えられない。たとえば観念をめぐっての自立といった構想を住居にもちこんだとしても、それを論理的に解析すれば必ず自然が登場するのであって、本来諸観念は自然との相関のなかにおいてはじめて位置づけられるものなのである。人びとが人間の連帯をのぞみ、逆に近代都市がこれを切断するように空間的な制度として働く現代、都市における空間的な閾が排除される現代にあっては、運動論に代表される地域的な閾の発現にあわせて、日常的な建築活動のなかでも、つまり上部構造の領域での作業がまだかろうじて残されており、その可能性を全面的に放棄するのはおろかしいばかりか、なにごとにも不可欠な想像力の禁止令を一段と強化する方向におもむくであろう。

社会が家族に社会的矛盾の解除を負わせていることは、一方において家族独自の制度的組み替えの余地を残していることを意味する。社会的諸矛盾の責任が家族をこえたところに吸収される仕組みが立てられたときは、家族の廃棄が実現しているであろう。家族内の制度は自然を媒介にして再構築されるが、それは家族というひとつの集団の生活的で感性的な構築である。それはたんに個人と集団の部屋割りの問題ではなく、個人と集団の感性の問題である。このとき、都市のなかで育てられた空地、広場、道路、中心部、場所の意味、ゾーニング、記号性、コンテクスト、移動の制御、土地所有形態、シルエットなど数えきれない諸イメージは、境界や内核の配列の閾的要素とあいまって、そのまま住居にもちかえることができる。が、これらをアナロジカルに、また意味そのままにもちかえるのではない。現代都市がそうした概念あるいは物象を操作して均質空間の現実に有効立てたのとは逆に、これらをもちいて住居を都市空間のなかで異化すること、つまり特異なる点、小さな部分領域として孤立させることを企てる。なぜ都市的な概念やものをもって帰らねばならないか。その理由はすでに述べてきたとおり、都市的な諸相は住居から収奪したものの蓄積によって成熟したのであり、本来なら都市は住居そのものの延長、共存すべき部分であって、住居の外にはないからである。

もしスケールから開放された意識なら、次の空間的転倒に共感してもらえるだろう。住居の空間的閾のひとつの要素である内核は、それがもし十分に強力ならば都市的諸施設を空間的に従属させる。鉄道や超高層建築は住居のほんの小さな内核を成立させている道具立てにすぎない。この天動説的倒錯は、ひとり観念の問題ではなく住みやすさの問題である。

まったく驚嘆すべきことだが、衰弱した自然、制度としての都市といった事実があるにもかかわらず、多くの人びとは住みやすさは都市や自然に従属する住居にあると思いこんでいる。住居内で生活を閉じることができない現実にあっては、住居における住みやすさとは都市を住居に従属させる以外にないではないか。建築家は不可避的とはいえ、この天動説的倒錯の正当性に不感症にすぎる。この倒錯は生活のレベルでは実際に起こりうるし、起こっている。ただ、それが十分に生活的に表現できないのは、住居のつくりが倒錯をはっきり表出できるようになっていないからだ。

ひとつの象徴的な手法を例にあげよう。現在多くの住居は、まるでスペインバロックの教会のようにつくられている。この教会のスタイルの特質は、ファサードは内部の断面そのままを広場にむけて立つ。教会は広場が内接だから成功しているが、現在の住居でこんなつくりをして、広場はどこにあるのだろうか。建築的触手をはらむファサードは住居の内核のためにとっておかなくてはならない。

都市を完全グラフとして理解するのもまた空間をまったく理解しない者、均質空間の提唱者の発想であり、たとえば不完全グラフであるセミラチス構造など主唱するのはえせ自由主義者、操作主義者、管理者の発想である。都市とはそうした空間構造にもってゆくべきではなく、全域が各々の住居つまり点を中心とした総合的なポテンシャルの場を張っており、その場の重畳が都市なのである。人の移動即空間とみなす完全グラフ論者には、およそ空間などわかっていない。空間は感性を包みこんで全体的であり、意識の源泉である。したがって総合的なポテンシャルとは移動の場を意味するのではなく、意識の場である。こうした場を構築するのが住居の建築術でありたい。この空間構造からいえば、住居が物的に密着していようとも空間は離散的であり、実体的であって、ひとつの実体からみれば遠心的である。都市を吸収し、従属させるといっても、遠心的にそうする。これを観念的イメージというなかれ。そうとしか理解できないとしたら、あなたは距離空間の信奉者、スケール論者、つまり金権主義者である。正直なところ、あなたにとって大切なのは新宿に建つ超高層か、あるいは住居にある仏壇か、あるいは小さなベッドか。このあいだに建築家は、衰弱した想像力を全開しなくてはならない。ああ、都市が燃える！

住みやすさは、都市を住居に埋蔵することによって実現される。それは目的でなくて結果である。住みやすさを人の感覚から意識までものを通して経験的に追ってゆくと、おのずと住居に都市が埋蔵されてゆくにちがいない。だから建築的な目標はつねに住みやすさだけにしかない。こうした新しい住居はあまり実現されていないので、経験がとぼしい。その意味からすれば、試行錯誤の道が多少はある。しかし、方法的には豊かな自然に包まれ、しかし当時強力な支配下におかれて住んでいた住居の延長として住みやすさを追ってゆく方法よりはるかに誤りは少ないと考えられる。豊饒な生活が持続できる人びとにとっては、現在とて自然もこれまで以上に豊かであり、自由もあり、あらゆる解放は手中にある。なにもかも収奪されてしまった人間にとって防衛の拠点としての住居をつくりたい。

線対称プランニングの成立条件と手法

線対称形プランは、住居の計画のうえでなんらかの障害を誘起するだろうか。この問題の立て方は、危険であるが魅力的である。

危険性は線対称形プランが復古のきざしを見せることにあり、魅力的なのは近代的なプランニングの自由を拒否する点にある。

したがって線対称形に新たなる意味が付加できないとすれば、そこでまた生活との矛盾が露呈されるとすれば、本質的に線対称形の研究は失敗に終わる。

線対称形プランニングは次の性質をもっている。

（イ）軸性をもつ。したがって端部が二ヵ所ある。

（ロ）軸に対して対称の関係をもつ。

（ハ）軸に沿って並ぶ形体はなんら相互に関係しない。

（二）空間のスケールに関係しない。

そしてこれはきわめて重要なことであるが、また同時にあらゆるプランニングについていえることであるが、線対称形にものを配置したとしても、人や光や空気などはこの形態的特質によっては動かないところにある。いいかえれば対称形やその他のプランニングは建築の仮の表現であって、生活的な意味での建築の表現にはなっていない。不整形なプランニングをしている建物では人や光は自由に動けるように思いこまれているが、それは錯覚にすぎない。その意味でも対称形の導入は過渡期的な自由の探求にすぎない。

対称形は次のような空間的性格を現象する。

（a）軸についての吸収性。線的に内核をつくる。したがって空間はある種の閉鎖性をつくる。それゆえ建物の外観が対称的であるといった意味での対称形はまったくナンセンスな建築的表現である。

（b）空間的な配列の自然からの隔離。また現在では周辺環境からの隔離。

それゆえに対称形プランニングは、周辺の配列との連結のイメージと対立する。むしろ周辺の配列との切断が実際に起こりうる。ただしこの現象は空間的配列についてのみ生起し、その効果としては、たんに意識を拘束するにとどまる。

対称形プランニングは、環境としての補完作業として次の条件を要請している。

（i）なんらかのかたちでの周辺環境との配列上の連結部分を用意する。

(ii) 内核の配列を露出することによって周辺環境の配列を乱さない。つまり抑制された外皮、建物の外観の計画。
(iii) 内部の自然要素の動きを再編するための空間的くふう。
(iv) 建物に内包される集団の秩序の検討と空間化(閉鎖性ゆえに自律的にこの検討が必要となる。外界との干渉のうえで集団を計画する場合と比べればきわめて異質)。

これらについては対称形プランニングの特性ではなく、閉鎖的な方法についてはいずれも共通する性格である。

これらの要請にこたえるためには空間的に次の条件を必要とするようである。

(α) プラン上の長さ(軸の長さ)。これは内核の充実を意味する。
(β) 樹木あるいは敷地のあき。これは外界との連絡と建物の外皮を環境に埋没させるため。立地が斜面であることは土地の広さの代替物となる。
(γ) 周辺に強力な対象物(大きな建物やきわだった自然物)がある場合は、それなりの内核のスケールを必要とする。

これらの条件は外界と内核との関係、内核の自立性を約束するだろう。いいかえれば敷地条件であって、たとえば建物から外界への出口がひとつであるとすれば、もはや対称形プランニングの成立は絶望である。これはふつうに考えると、外界へのアプローチがひとつあるいはふたつであることが対称形プランニングであるかに見える印象とかなりくいちがっている。もし出口が一ヵ所に限定されると、特性（ロ）の鏡面性が著しくそこねられて、対称型なるがゆえの矛盾が露呈することになる。

現在、対称形プランニングは住居に適用するがゆえに意味があるのであって、他の公共的建築あるいは組織に対応する建築にこれを適用することはまったく無意味である。なぜなら現実的に（理想の上ではなく）建築が閉じ、内核をめぐるイメージに意味が与えられるとすれば、それは個人、たかだか家族集団までであるからだ。もし住居以外に対称形プランを建物に導入するとすれば、それはアイロニカルな建築として表現されなくてはならない（現在対称形はひとつの流行となっている。それはふたつの面で説明される。ひとつは幾何的なるものへの憧れ、第二には表現者の内なるファシズムへの憧れである。こうした流行のきざしのひとつとして私の最高裁コンペ案（一九六九年）があった。私がねらったのは徹底した対称形プランニングによるアイロニイである。現在多くの建物が線対称形プランとその表現をもつが、いささかの趣向をも見いだせないというのは、復古の精神を理解せず想像力の衰退を表現するだけだからである）。

線対称形プランニングは本質的に動的である。これは多くの人びとにとって誤解されており、ひとつの表現手法とみなされる原因となっている。このプランニングの本質は動きの誘導であって、動きの固定ではない。それゆえに古来、線対称は都市的なるものに導入されたり、儀式的な建築に好んで用いられたのだ。視覚的にも軸にそってのパースペクティヴはわかりやすい表現になっているが、けっして本質的でなく、むしろそのアングルの動きによる固定した視覚の破壊こそ本質的である。そうでなかったら空間は退屈きわまりない。したがって対称形プランニングには、そうした空間的本質を開示するために次のような手法が用いられる。

（あ）軸にそっての高さの変化と空間的な流れ。これはほぼ絶対的といってよい手法である。移動レベルの変化にかぎらず反射の関係におかれる要素そのもののもつ高さの関係に変化をつくる。

（い）反射関係、鏡面関係におかれる要素の空間的豊富化。つまり、要素が立体的に変化するだけでなく、光や影、音響効果、空気の流れなどにおいて観測者が軸の存在を忘れるだけの豊かさがなくてはならない。

（う）鏡面（反射）的関係におかれない諸要因の制限つき導入。たとえば外の風景や建物にもちこまれる道具類の制限つき露出。

（え）視覚を固定しない空間構成。具体的にはアルコーブ、バルコニー、ピロティなどを準備する。線対称プランニングは文字どおり軸が線であるから、空間は山の尾根あるいは谷筋に類似した構造になる。これは独立した山や窪みの空間ともちがい、平野や斜面の空間とも構造的にちがっている。

内核は、社会的には閾としての働きをもつ。住居としてみた場合、内核は外来者に対し、住み手がもっとも頻繁に交差する場所となる。線対称プランの利点は、全体の面積に比してこの閾を視線がぬけてゆくように長くとることが可能であり、住居の各々の部分の干渉を避けようと思えばそうできるところにある。つまりプランニングの自由度が高い。

形式へのチチェローネ　新しい住居形式を求めて

この特集号（「建築文化」一九七九年十二月号、特集「文化としての住居」）に掲載する一連の住居は、アトリエΦと私とが七〇年代に設計した事例群であり、ひとつの建築的なテーマのもとに系列づけられている。より具体的にいえば、ひとつの住居の形式を実現しようとする意識のもとでつくりだされた。

その形式のもつ意味について、以下設計の経緯に従い順を追って説明したいと思うが、一言であらわせば実現しようとしたのは「内核をもつ住居」の形式であり、住居の内部の状態に即して表現すれば「反射性住居 reflexion house」とでもいえるのであろうか。しかし、こうした呼び方はいずれも抽象的であり、もしこの住居形式が将来さまざまな改良が重ねられると同時に考案が付加され、ひとつの日本の住居の形式として定着するなら、そのときは形式を表示する適当な名がつけられるだろう。

たかが数戸の住居をつくっただけで日本の住居の形式などに言及するのはあまりにもおこがましいのであるが、現在多くの建築家がこの形式のヴァリエーションとして多くの住居を建てており、その意味では私たちがかかわってきた住居も広がりつつある形式のひとつのヴァリエーションにすぎないからである。こうした現在の傾向から判断して、私は将来この形式が適当な位置に定着してゆくにちがいないと思うのである。さて「内核」について、あらかじめ説明しておくのが好都合である。内核は、従来の建物でいうならホールとか中庭とか呼ばれてきた場所に相当する。私たちが建ててきた実例に即していえば透明な屋根が架けられた中庭である。しかし屋根がない例もあり、そのときは中庭そのものになる。内核とはいわば住居にもちこまれた「中心」である。

　中心をもつ住居は世界各地にみられる住居形式である。その典型はイスラム文化圏にみられるロの字型プランの住居である。この住居はほぼ正方形の中庭を囲んで部屋が並んでいる。まわりはほとんど窓がない壁に囲まれているから、中庭が中心となる。都市はすべてこのロの字型プランの住居で埋めつくされるから、すべての家が小さな中心をもつかたちになる。

　この住居形式は、日本の一般的な伝統からするとかなり傾向を異にする。日本の伝統的住居にも中心がある。たとえば床の間のある座敷は住居のなかの中心である。しかし、この座敷はいろいろな部屋を結び合わせるような中心ではなかった。それに先ほどのイスラム文化圏にあるロの字型プランの閉鎖的な住居と比べれば、いうまでもなく日本の住居は開放的であった。

ここに紹介する一連の住居は中心のあり方、閉鎖性などにおいて日本の伝統的住居のもつ一般的な性格とかなりちがっている。むしろ類型のうえではイスラム文化圏でみるロの字型住居に近いのである。したがって、そこには明らかに反伝統的な方針があることを否定できない。なぜ、そのような方針をあえてとらざるをえないのであろうか。

第一に、居住地全体にわたる高密度化の現象をあげなくてはならないだろう。

かつて日本の村落や町家の快適な住居は、十分に広い敷地あるいは周辺の耕地や山林をあいだに挟んで分布していた。またそれほど余裕がないにせよ、隣とはかなりの間隔があった。そのなかで空間の開放性、のび、間《ま》が住居の快適さを保証する方法として確立したと思われる。今日状況が変わり、こうした好適な低密度型の住居を高密度の居住地に採用すると、たちまち奇妙な現象を引き起こす。大きく開いたはずの縁側に隣家の住居や浴室が立ちはだかり、音が侵入し、二階からは隣家の庭がまる見えといった具合である。そうした雰囲気のすべてが不都合というわけではないが、不必要な障害と干渉は取り除く必要がある。その工夫が要請されているだろう。一方、比較的高密度の居住地に建てられていた町家はさまざまな考案をもっていた。その考案する態度に学ぶという意味では、私たちの方向は反伝統的とはいえない。中心、境界の設定において私たちは町家のつくりの延長を試みているとさえいえる。しかし、町家の内部の部屋の多くは相互に開放されており、住居内部の組み立ては、その基本において今日の状態とかなりちがっている。この点については、むしろ次の項目に関係がある。

すなわち第二に、住居での生活様式の変化である。すでにモダンリビングの形式が、つまり個室群とリビングルームを中心とする住居内の公共的領域とからなる住居形式がこの生活様式上の変化をとらえていた。したがってあらためて付加することもないが、この形式をはっきりと発音させる必要が出てきた。モダンリビングの形式が定着しはじめるいまから二十年ほど前と比べると家庭における個人の確立は進められ、住居内にもちこまれる諸道具も多くなってきた。当時の住居の外に生活を依存する度合から比べれば、今日の住居内生活はより高い充実度が要請されている。それは都市に対する人びとの考え方の微妙な変化であると思える。ようやく居間というものの性格を基本的に考えなおさなくてはならない段階になったのである。

第三に、これは高密度の現象と重なる部分が多いが、自然の欠如である。今日私たちは過度にエネルギーを消費しており、自然の欠如を言えた義理ではない。しかし現実として緑や土は稀少になり、かつて生活に変化をもたらしていた自然の力は著しく減衰した。私たちはもし他人に自然の保存を期待するなら、みずからがまず自然と親しむ住居に住まなくてはならないだろう。また、住居のつくり方は自然の保存とおおいに関連する。自然力を共有する形式が望まれている。

第四に、都市やその郊外の景観がある。これは自然の保存と同様に、居住地の景観は小さな景観が蓄積してあらわれる効果である。それゆえ自己点検的な態度の集積しか期待できない。ひとつの景観の要素となる建築がいかに偉容を誇ろうとも、全体としては具合が悪いということも十分にありうる。それでは建築が没個性的、保守的であってよいかといえばそうでないこともまた明白である。すでに景観は荒れ、いまさらなんの保存もないといえば、たしかにそのとおりでもある。こうした撞着の狭間で景観を微視的に立てなおしてゆくためにも、新しい住居の形式が要請されていると思われる。

以上のような諸理由から住居の形式についての時代的要請があり、建築家はこれに応えようとしている。私はいささか大義名分を強調しすぎたようでもあるが。

こうした倫理的アプローチは、今日同意を得ることはむずかしいし、なにも私たち自身が大義名分のために住居を建てているとは思っていない。むしろその場その場の施主の住環境をつくることにしか意は払われないといってよい。しかし、同じ形式の住居によるひとつの系列を結果的にもつくったことは、やはり社会に通じてゆく回路の発見を私たちが期待しているからにほかならないであろう。独立住居と集合住宅の差異を私はあまり考えない。しかし、生産する行為のうえで今日たいへんなちがいが出ていることも承知してはいる。

しかし、形式の大枠は最初に実現した粟津邸（一九七二年）によって決まったが、その後それぞれの住居で変化が生じ、考案が付加された。そのため、形式は一連の住居が結果として表現している形式であって、ひととおりに標準化されるものではない。が、わかりやすさのためにおおかたの住居が共有する性格を列記してみよう。

（1）内核（スカイライトをもち、天井が高い通路と居間部分。その住居固有の造形的景観をもつなかば外の空間）。

(2)対称軸を基準としたものの配列。
(3)慣習的な住居の外観。あるいは、周辺でめだたない外観。
(4)必要以上に開口部をもたない外壁。比較的閉じた住居(しかし自然にむけては大きく開かれた住居)。
(5)内核から採光する小さな個室群。
(6)住居内における季節に対応するゾーニング。そのための日本間。
(7)地形が斜面であれば、斜面に沿った床の高さの設定。
(8)明るい室内。音響的には、ほぼ一室住居。やや長い残響時間。煙突効果にも頼る通風。

このような性格を共有して、そこにひとつの形式があらわれる。私はこの形式を実験的に採用したという意識はまったくない。具体的な住居に合わせて四つの要請と形式とのあいだを説明したいと思うが、粟津邸の長い設計期間のあいだにあれこれと見通しを立て、自分で住居を建てて住んでみて、ある程度確信をもっている。もちろん、慣習的住居に比して欠点が顕在化する。慣習的住居では欠点は潜在したままである。これが新しい形式と古い形式のあいだの決定的なちがいである。もっとも、明らかな失敗もある。住居というものは概してそううまくはゆかないものである。住居は人生と同じようにむずかしい。しかも一度建てれば縁を切ることができない出来事である。住み手から欠点や不都合を指摘されれば、身に針を刺されたように感じる。アマチュアでないなら、欠点しか意識にのぼらないはずである。うまくいってあたりまえである。そこで、できるだけ慣習的手法を採用することを試みる。日本の伝統にある手法は問題がない。他の地域の慣習的手法を採用しようとすれば、もしそれが室内気候を良好に保つための手法であるなら、住居が建つ場所の風土を考えねばならない。建物の中心的テーマが内核であるがために、季節の移り変わりが気になった。

住居は、いくら注意を払い検討したとしても、ひとつの実践である。生まれや育った環境を云々できない人生と同じである。しかし、そうした条件に関心がある人に対して一言付け加えれば、これら一連の住居の工費の水準は、土地を別に考えるとごくふつうの住居の水準にある。それは住居の仕上げを検討すればすぐわかることだと思う。したがって形式という場合、ごく庶民的な住居の形式をさしている。慣習と形式のあいだの調整を図れば、すぐにでも建売住宅で応用可能である。

形式的な変化はおだやかであることが望ましい。住居が慣習と深くかかわり、住み手は他者であるから。私たちはできるだけ細かな点でそうした態度をとったつもりである。ただ、内核のつくり方にはかなり大胆な表現をとった。それは形式というより表現の分野に入る。また、その大胆さがこれら一連の住居を形式のみで語りきれなくしているし、あるいは形式を快適さと結びつける語り口に混乱を与えているかもしれない。が実際は、快適さというものは一種の価値観であり、さまざまな要素の複合である。計量的には定まらないし、人の意識や考えのどこまでも続いているとらえがたい何ものかである。その結果、形式をある程度客観的に説明することも、快適さを論議するにも限界があって、美学的な、あるいは表現の領域へ入ってゆかざるをえないだろう。ある時期における建築的課題、要請に対して形式をもって応じようとすれば、この問いと解答のあいだにはさまざまな見解や判断が挿入され、解答のなかには問いに無関係な表現までもちこまれて、それは結局のところひとつの文化的態度、美学に転化せざるをえない。それが実践の意味であるし、ものをめぐる論理の運びである。

　結局のところ、私たちが設計してきた住居に対応する語りがあるとすれば、それは美学的なことばにならざるをえない。美学的な断面で住居を切ってゆかざるをえないのである。人びとは共有できるのはその断面、いいかえれば文化である。はなはだ漠然とした意味の場、しかし明らかにもののあり方を価値判断によって決定する場を語る以外に、建築を語ることばはない。ことばは決定に先立ってあり、決定のあとにも来る。なぜなら建築する行為は半分のことばと、半分のものからなる混成状態にあるからだ。この奇妙な混成状態に私はたいへん興味をもつ。そこで、住居のある形式がものとしてどんなことばを誘起し、逆にことばがどんなもののあり方を誘導したかを振り返ってみよう。

　これら一連の住居ができあがるうちにほぼ十年の歳月が、私たちがめざした明るく透明な住居の内部に比べるとはるかに光が乏しい鉛色の粘性をもった空間を通りぬけていった。この時期の憂愁は、いまではもう人びとが忘れてしまったか、あるいは忘れてしまいたいと希望している六八年ごろの世界に広く感染した出来事に起因している。当時若者たちはいまの時刻にも拡散しながらも届いている暗い液体を流したのだが、むしろその暗さのために視界が広がり、さまざまな事物が見えてきたのだった。この奇妙な現象が起こった空間は多義的で、誰かがものの輪郭を拭きとらないかぎり事物は見えてこない。そして輪郭づけられるたびに見え方が変わる事象が混在し、せっかちに正当性を主張する必要がない緩慢な空間で、文化と呼ばれている。

十年前の動乱に多少なりとも巻きこまれていた私を、住居の設計をもってこうした文化の空間に誘い出しに来てくれたのが粟津潔だった。彼と私たちが連れだって粟津邸の場所に立ったとき、敷地はなだらかに下向してその向こうに緑の壁が立っていた。それは私が少年時代を過ごした天竜川を挟む山地で馴れ親しんでいたふところのある地形で、やすらぎと帰還する感覚にあふれていた。このあたりはやがて開発によって変容するのはわかっていたのだが、いまでは驚くべきことに緑の壁も失われて人家が建ち、かつての面影もない。日本のごくありふれた民家が伝統的に選んできたのも、粟津邸のような敷地だった。粟津潔はそうした場所の意味を承知したうえで、私たちを連れていった。斜面を下がりと見るか、上がりと見るかはほんの偶然な視点の採り方による。この場所が下がりに見えたのは、おそらくたまたま下りてゆく道筋に私たちが立ったからであろう。この偶然が、やがて手がける一連の住居の形式を決定したのである。

下がってゆく先に粟津潔が立っていた。彼はそこに文化があることを熟知している。地形やあたりの自然が語りかける意味と、表現者としての粟津潔の像とが重なっていた。下がり勾配には高さというより深さがある。文化とは深度が測定される空間である。

栗津潔は何度も私たちと話し合った。といっても彼は住居にはふれることは少なく、いま自分がどんな仕事をし、何を表現しようとしているのかを長時間にわたって話していった。そんなふうにして二年間が過ぎたのだが、その間私たちはさまざまな建築的な想いを練った。一連の住居のスタイルがおおまかな形を見せてきたのもその二年間のスケッチによっている。と同時に、建築を政治や経済の場で語ることを避けて、文化としての空間を語る方向へ転回させようと試みたのもこのころである。その手がかりは、時代がようやく浮きぼりにしてきた管理という概念であった。ミースのユニバーサルスペースが世界中の都市にしだいにその圏域を拡大している様相はまさに管理体制の物象化、空間化、そしてひとつの怪物としてとらえられる。またそれは、ある時代の空間的想像力が支配的な空間概念に吸収されてゆく現象を示している。そうした状況のなかで、私たちは栗津邸のごく微少な、局所的な自然に対していた。小さな場所を検討していたのである。東斜面、ケヤキ、カキ、クヌギの木、敷地のへりとなっている崖、やがて周辺を埋めるであろう家屋等々がもつ影響力を推測し、それらを意味づける仕掛けを考案しようとしていた。そうした作業はアリストテレスの「場所に力がある」という発想をトレースしているようにも思われた。つまり、古い制度が頼っていた空間概念への復帰が感じられた。このあまり快くなく、できることなら新しい意味に転化させてしまいたい帰還の意識がやがて私を集落への旅につかせ、その後も引きつづき場所について考察させることになる。

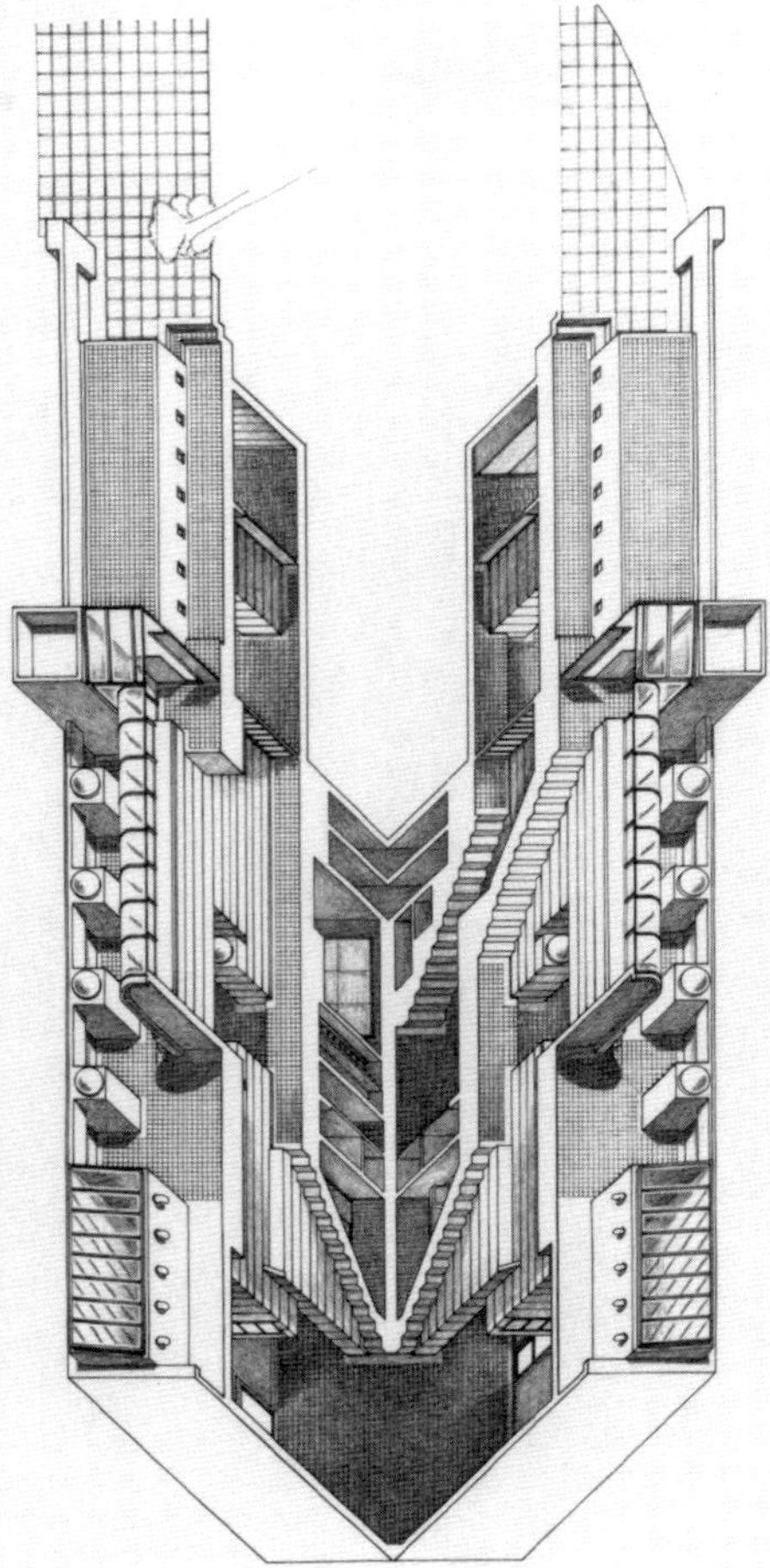

粟津邸（1972年）

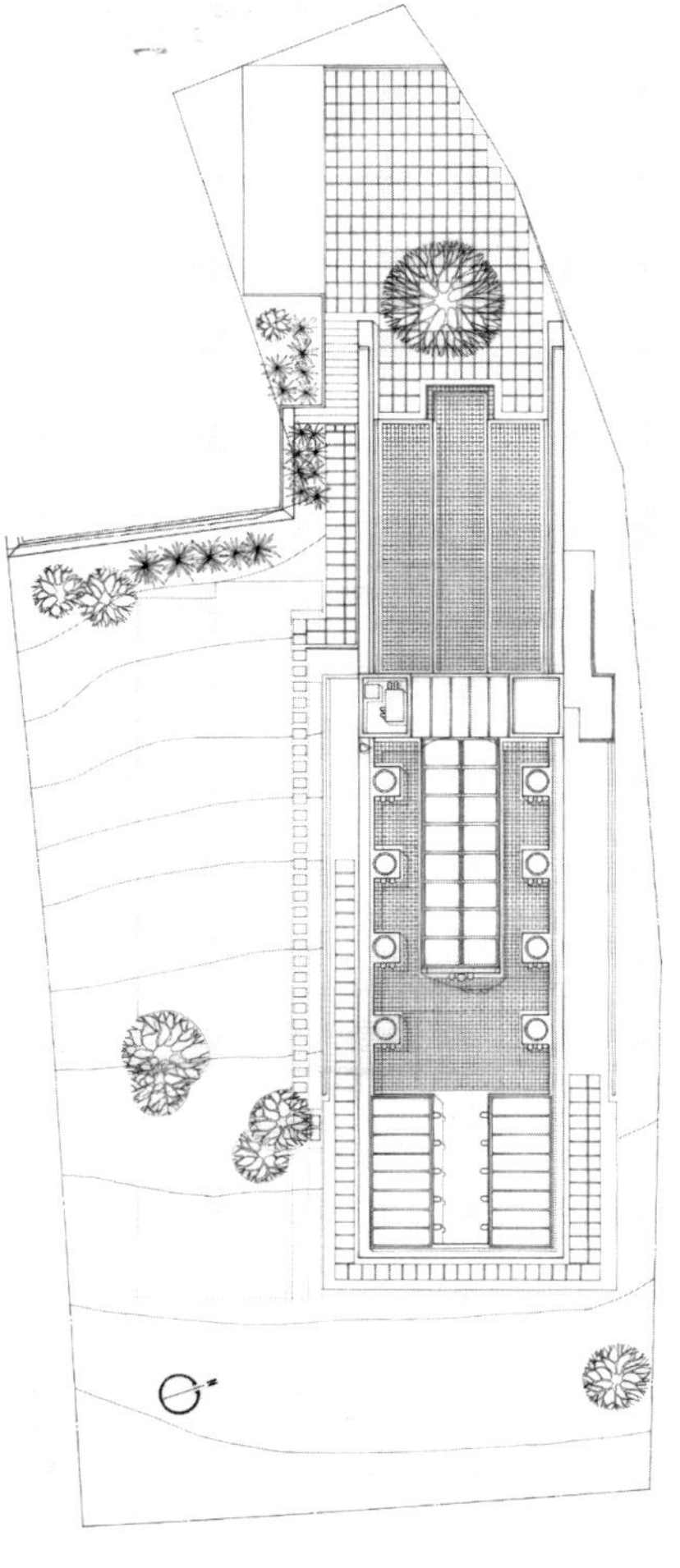

拡大する管理の空間、つまり均質空間の網の目に粟津邸の敷地も覆われている。この意識は、住居としての建築がなんらかのかたちで均質空間から離れる、ずれる、かわすといった仕掛けでなくてはならない。現実は予想よりはるかにきびしかったが、小さな敷地に残される力は地形と光であるように思えた。強い光は均質空間に孔をあけ、ある種の中心化をその場所にもたらすであろう。それはごく局所的な空間の「ハレーション」である。しかし、自然光はかなり広い地域

にわたって同じ状態をもって残されている。それは住居の敷地のような小さな場所に固有な現象ではない。ある地域のなかなら、いずこも同じ現象である。もし光をもって異化する仕掛けをつくろうとするなら、場所はどこでも同じであることになりはしないだろうか。したがって、場所はある種の同型性を保存しつつ、それぞれに異なった状態を現象しているはずであり、観念としての「ハレーション」は、他の自然の諸条件と相関しながらつくられるそれぞれの反射の仕掛けによって具体化する。場所はあらかじめあるのではなく、建築化されてはじめて場所になりきる。それは社会化された自然なのである。

「ハレーション」が起こる住居の中心的部分を「内核」と呼び、そこに室外と室内の明るさが逆転する「反転」の仕組みが準備された。そこで、これら一連の住居であれこれと操作された配列規則「対称性」について簡単にふれておきたい。私はあるコンペティションで、パロディとして対称性を用いた。ひとつには権力の表現として、一方では近代建築でもっとも軽蔑された配列法として。ところが、この配列法にはいろいろとおもしろいゲーム的性格があることに気づいたのである。アトリエΦ《ファイ》の北川（若菜）と小川（朝明）で、対称性のうえに立ってふたつの住居をつくった。それらはなんらかの仕掛けで飛躍できる性格を備えていた。粟津邸以前の試みである。アリストテレスのトポス論を学習しているとき、そのむかしフェニキア人がジブラルタル海峡に立てたと伝えられる「ヘラクレスの柱」に出会った。この双柱は地中海の門であり、イェルサレムはその奥に位置する祭壇であると私には思えた。と同時に、ヘラクレスの柱は世界にあけられた孔であり、そればかりか地中海領域そのものを空間的な孔に仕立てている。古い地図で見ると、オケアノスは天使たちが水を噴いて遊んでいるが茫洋としており、諸大陸も暗い。ただ、地中海だけが明るく開放されている。

有孔体の建築は、はじめに閉じた空間があったという意識から誘導された。建築とはそれゆえひとつの穿孔作業であった。この空間意識はいまも変わらない。ヘラクレスの柱が意味づける対称性は、被覆にあけられる平面的な孔でなく、立体的な孔つまり空間としての孔の所在を暗示してはいないか。当時私が「浮遊領域」と呼んでいた不確定な領域は地中海のような自由な場、すなわち「内核」ではないのか。門は建築の入口ではなく、建築そのものにもなりうることを暗示していないか。その対称性、架空の鏡の存在は反射の世界である。

伊豆に計画した釣り小屋(一九七三年)は、後になって敷地が整備されていない事情が明らかになり、結局建たずじまいだった。私たちにはたいへん記憶に残る建物である。というのは、施主が屋根を切妻にせよとただひとつの条件を示したからである。このデザインのうえでの要請は、住居程度の建物の性格をよくとらえている人がいかにも出しそうな条件ではあったけれども、切妻屋根の建物をいまどき設計するとは想像もしていなかった私たちには、いかにも奇妙な条件であった。そこで、なんとか格好をつける方策を練った結果、後に原邸以下の木造住宅で具体化されるスタイルができあがった。

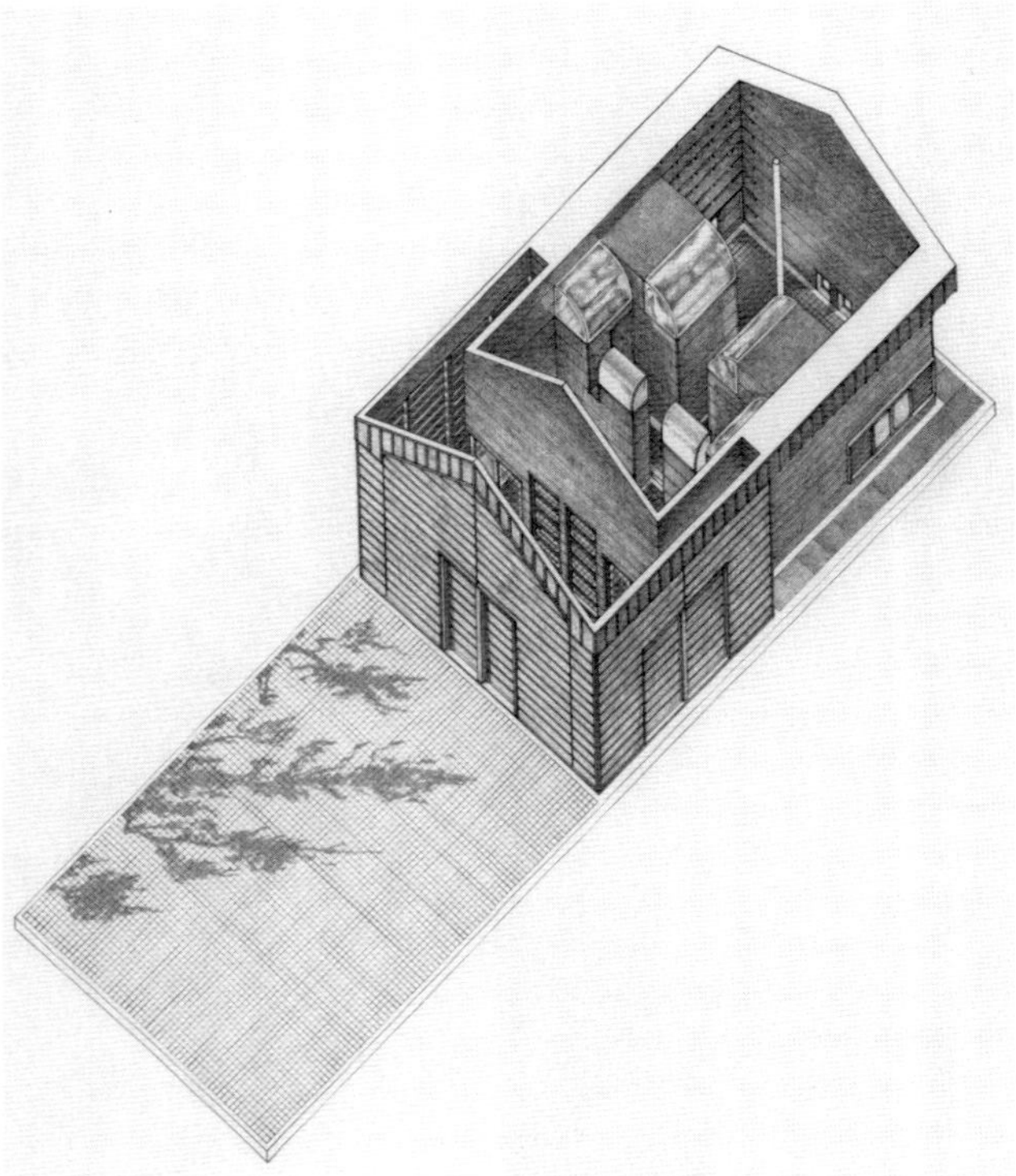

伊豆の釣り小屋（計画案、1973年）

切妻の屋根は、もっとも平凡な習俗を象徴している。もっともデザインから遠のいた屋根である。その点では、配列規則としての対称性と同類である。それが魅力であることに私たちはやがて気づいてゆく。通俗的な形式を蘇生させる作業はおもしろい。それに切妻の屋根は、力学的に平面の対称性とうまく符合する。私たちの意図は、建物が誇る外観を内部に入れこむところにある。それは室内を小細工で飾りつけることとは本質的にちがう。外観は建物の内と外とを「反転」させるための仕掛けである。

これら一連の住居は、そうした仕掛けなくしては、けっして完成されない。その仕掛けの条件のひとつは建物の外観が平凡であることである。凡庸であれば環境のなかに消えてゆく。そこであらためて建物の内部が輝いてくるのだ。風景論的立場。これは七〇年代の建築的方法であり、そこから多様なるものが混成する美学、この言い古されていながら理論化されず、その不在がとくに東洋の地表を混乱におとしいれたありうべき美学は始まらなくてはなるまい。切妻の屋根は、そうした美学へ向かうための惰性的なシェルターのひとつの例、架構であり避難所である。

あるいは人は、七〇年代に起こった内面化といわれる現象にこれら一連の住居形式が相似していることを指摘するだろう。あるいは建築の私小説化ともいうかもしれない。私はこれら一連の住居形式がそうした傾向をもつことを否定しない。それは七〇年代の課題として個体を凝視し、自立させてゆくための模索があったために必然的に通過したであろう経路である。しかし個体的内面は、個体の生命に即した照観と癒着の記述から離れ、硬直した非妥協的結晶体として仕立てられるはずであった。いいかえれば社会の諸現象が、たえず視野に入っている意識の構図を個体の内部に描きだす。個体の内面が周辺のもろもろの事象に有機的に適応するのではなく、プリズムや鏡のようにみずからの機構において分解処理する装置となること。このとき、個体性を保存する境界としての外皮こそ本来なら共有の表現の場、意味の場でなければならない。しかるに、どのような計画性が残されているのであろうか。つつましやかな応対が残されているばかりである。もしこれらたがいに離れた住居が隣接した場所につくられたなら、内的な機構は保存されながら外皮はちがった仕掛けになっていたと思われる。

原邸（一九七四年）は私やアトリエΦ《ファイ》の北川（原）若菜が住んでいる住居である。粟津邸と伊豆の釣り小屋を合成したかたちでこの家ができた。

いろいろの事情が重なってこの家が建ったのだが、とりわけ粟津邸で始めた形式の住居に、みずから住んでみようと思ったのである。敷地条件は粟津邸と同様斜面で、ただ方向が南斜面である。敷地は「まさかこんなところに家は建てないだろうな」と言われて老人に案内された最初の山地で、私はひとめで決定した。その理由は簡単で、敷地が地形上のへり、「エッジ」にあり、まわりがしいのきの自然植生で覆われた森であり、敷地内にはこならが立っていたからである。

私の家を訪れる人は、まず自然の豊かさに驚く。家を出て勤め先の建物がある六本木まで一時間の距離である。

次ページ・原邸内観

原邸断面図a

原邸断面図b

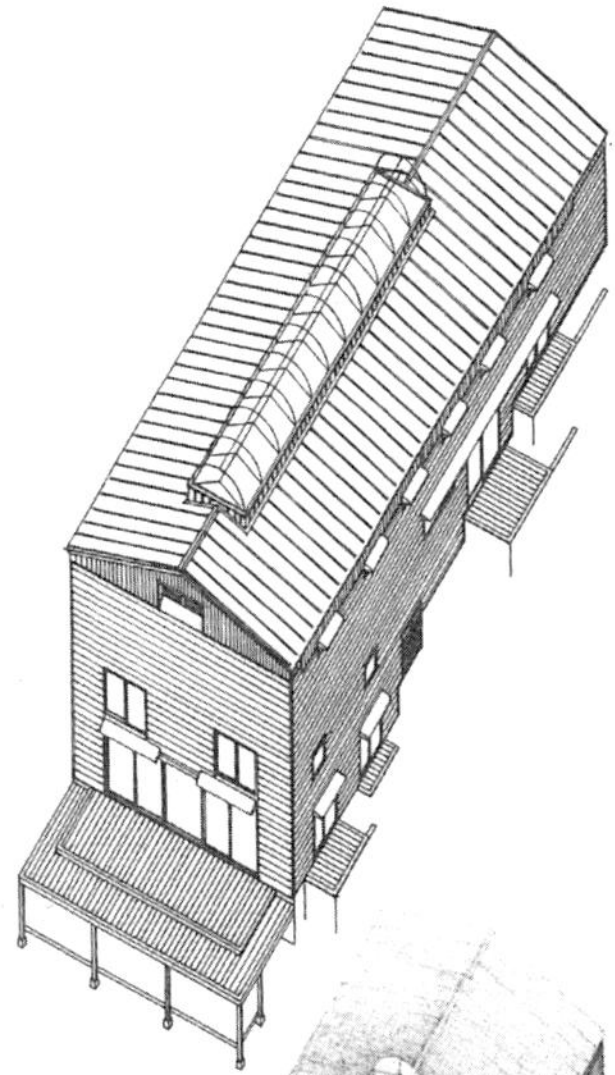

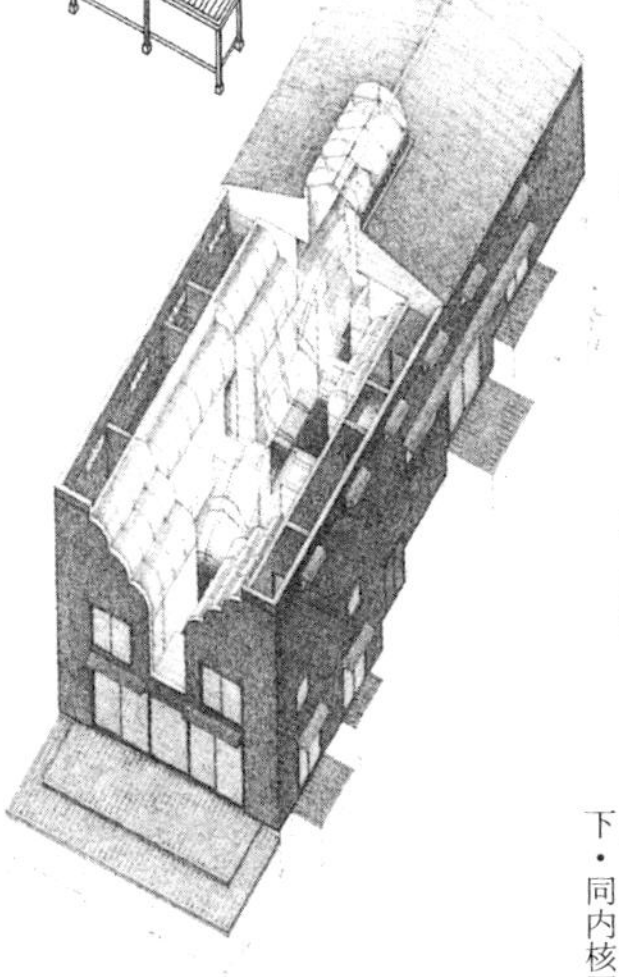

右・原邸アイソメ、上・同外観図
下・同内核図

父が田舎で死のうとしていた。法華経はすべての人が救われるという大乗仏教の教典であり、中世美学の原典ともなったが、そのなかに塔を立てる者はまた救われるという美しいくだりがある。建築はあれやこれや苦しむ人間のために用意された救済であり、あらゆる場所を荘厳《しょうごん》する行為である。私も大きな広い場所を荘厳したい。ましてや極小の場所、住居が荘厳されないはずがない。きわめて個人的な見解だが、私の家には職人として生き、職人として死んだ父の記憶が滲みこんでいる。

それは手である。この住居をはじめ、他の一連の住居は多くの職人たち、私たち設計者をふくめて職人たちの手がつくった。とくに原邸でめだつ半透明のアクリルの〈第二の屋根〉は、菅原賢一氏の手が見えている。私は彼の手を前提にして住居を構想した。彼は町の鉄工所を営んでいる。以前から展覧会の出品物をいっしょにつくったりして彼の腕を知っていた。彼が円弧状のドームをつくり、アクリルを嵌めこんだ。大工諸氏もまた古くから知っている仲だ。この人たちが原邸をはじめ倉垣邸(一九七七年)、ニラム邸(一九七八年)を建てた。原理はただひとつ、労力をおしまないこと。そしてもっとも安い材料、たとえばベニヤ板の透明な結晶体をつくりだすことだ。それが場所を荘厳する建築の意味である。

「建築は谷である」ということが、原邸によってはっきりと自覚できた。それは敷地が下がっていった先に樹木があり、その向こうには森があって、視界をさえぎる住居がなかったから、おのずと谷川のように空間が流れきることができたからである。この地形との符合は、私が育った伊那谷の馴れ親しんだ風景と重なる。谷の下向的建築はピラミッド以来のより高く、より巨大にという山の上向的建築に対する。伊那谷では対称に並ぶ三〇〇〇メートル級のふたつの山脈、南と中央のアルプスは生活する場所の背景にすぎない。

建物の配置は、伝統にさからって南北に軸をとる。敷地が私たちの土地だけでないことからくる当然な処置であったが、高密度の場合の日照を分有する方法でもある。地形に沿っているから、建物はあたりから沈む。おのおのの部屋は、内核のトップライトから落ちる光を「第二の屋根」を通して共有する。もちろん各室に窓があるから日照が得られるが、第二の屋根からくる光のほうが明るい。各室に視線のうえで、あるいは通風のうえでの自立性が与えられて、「家のなかの家」が完成する。

住居は四十坪程度であるが、このくらいになると冬のゾーンと夏のゾーンができる。小さな和室は冬の夜のゾーンである。半分地下に埋まったような内核のもっとも低い位置にあるリビングルームは夏のゾーン。涼しい。もちろん、冬の陽にも最適。でも、夜はきびしい。エネルギー危機を思って小さなサンルームができる仕切り壁やドアなどを天井のなかに仕掛けてあるが、まだ一度も使ったことはない。燃油が手に入らないような事態になったら使うであろうから、からくりである。

概して季節に過感。光の調子は、雪が降りそうな冬の日がいちばんだ。微妙なハレーションがあちこちで起こる。雷が苦手の人には内核の上のガラス屋根は不向き。ハレーションがすごい。

半透明ドームはこれほど大胆にすると掃除が大変で、施主が自分だからやれた。年に一度、私自身が掃除する。第二の屋根の光は時間によって調子が変わる。一日に一度、光と影が建物の対称性と一致する。あとは、対称性は光によって崩される。対称性は人の動きや光によってこわされるためにある。樹木と斜面の力にはいかなる考案もかなわない。夏、落葉樹の葉がしげり、日光をさえぎり、冬、葉は落ちて暖かくなる。常緑樹の森は文字どおり借景で、小鳥たちの遊び場。山鳩、ひよどり、うぐいすなど。もっとも親しいのがひよどりヒッピー。五年も経ってもまだ警戒しているが、餌づけには成功している。こならは虫に喰われて次々と倒れる。かわりに、はんのきが育っている。しらかしなどの自然植生はほんとに強い。頼もしいかぎりである。春の芽がふくほんの三、四日、こならは萌え立つ。秋は壁が黒でなくてはいけない。もみじが死ぬ。黒は塗りむらがめだたない。無彩色は誰にでも塗れるということがわかった。冬の濃い緑のうつりもよい。硬質の庭や手摺りのない小さな階段など幼児には問題なし。むしろ老人に対しては十分な手当が必要であることがニラム邸から要請されている。

自分で設計しているのだから、問題がないのは当然。もっと大胆にやるべきだったたか。

工藤さんは東京に住まわれているが、子息夫妻が軽井沢の近くにいる。計画のうえでは工藤さんに照準を合わせたが、実際には若い人たちが多用しておられる。この住居（工藤山荘、一九七六年）では「内核」が和室である。私には、この建物では人がいないときの風情のほうがより重要に思われた。別荘であるかぎり留守がちであるし、おおむね別荘は閉めきると嫌なたたずまいとなり、景観をたいへん損なう。そこで閉めたときに完結する住居を考えた。この建物は反射でもなく吸収でもなく、透過に近いのかもしれない。風が通り過ぎてゆく感じである。

敷地をはじめて見たとき、庵あるいは小さなお堂がふさわしいと思った。敷地条件はけっして良好とはいえないが、小さな谷のかこまれた空間を活かせばなんとかなる。要請されている建物規模のうえで格律ある建物をつくるためにひとつの和室を想定した。プランには線対称から、や求心プランへの移行がみられる。管理の面から建物の外皮が決められた。外皮は文字どおり目透し張りで、風景と光の効果を生む。これが第一のフィルターである。このフィルターは建物の外壁すべてを覆うようになっている。

板戸類は天井や壁から出てくる仕掛けなのだが、板戸もルーバー状に張ってあって、開けたときも外壁面と板戸のスリットは一致して、室内はスリットに囲まれたかたちになる。板戸類が開けられると、その表面は天井や壁の仕上げ面になるわけである。第二のフィルターはガラス戸で、第一のスリットによって鏡面効果が出る。第三のフィルターは紙障子である。こうして三重に囲まれた和室がテーマである。

軽井沢といっても、ここは風景が整ってはいない。建物を敷地に入れることで外まわりの風景、室内からの風景が格律づけられることが重要である。そのためには建物が単純なマスであることと、三つのフィルターの位置と動きがうまくないといけない。マスやフィルターの動きは、いっ

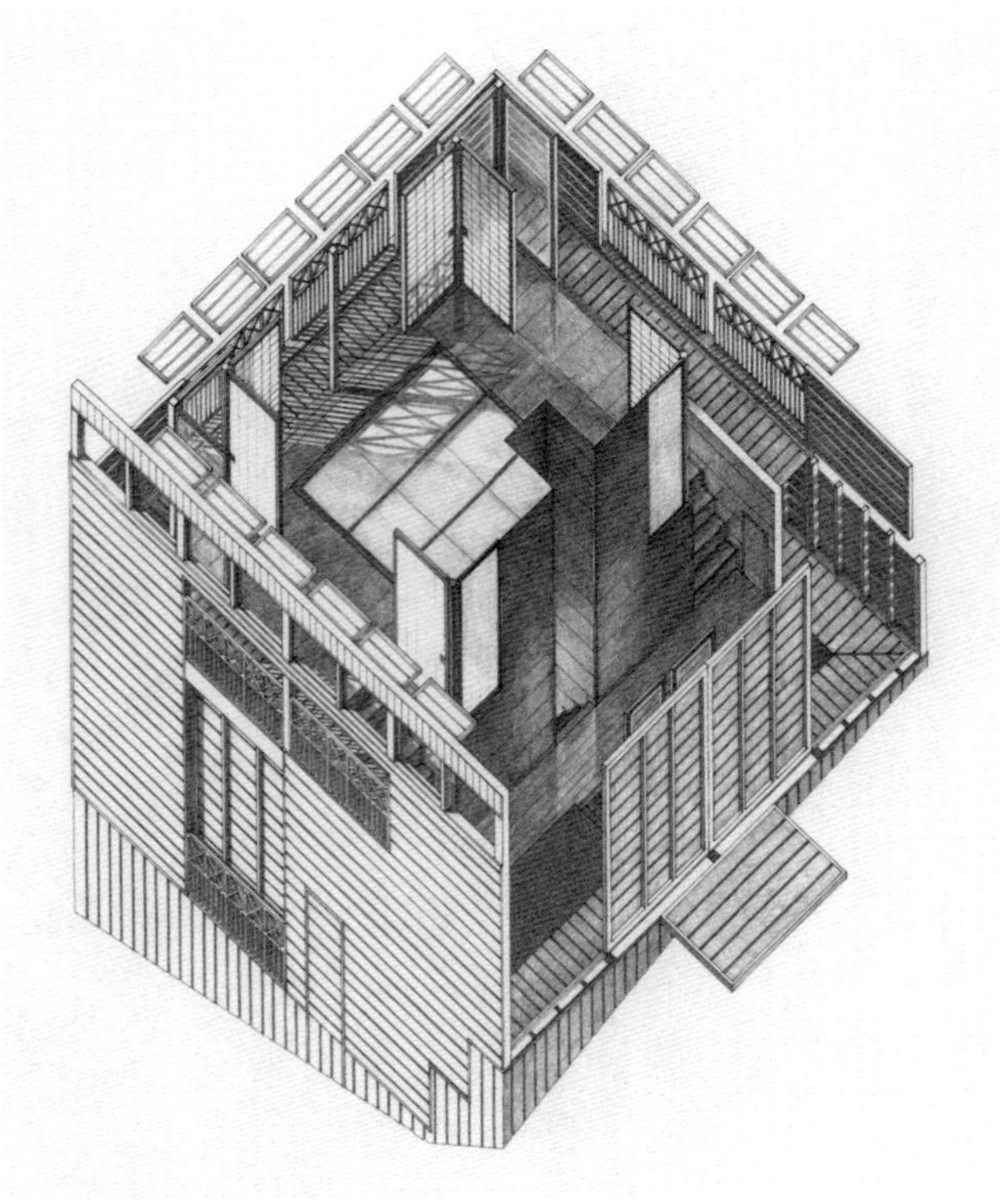

工藤山荘（1976年）

てみれば風景の切りとりゲームである。

だいたい小さな建物では、生活が建物の内部の状態を乱してしまいがちである。混乱を防ぐためには生活領域を区分しておくことである。そのために多少余分と思われるスペースを割いても効果は高い。ひとつの和室を上にもってゆき、生活的な諸要素と切り離した理由である。外まわりは私たちが自分たちの手で整理してみた。まだ十分に手は入りきっていないが、風景を決めてゆく基盤はできている。なにしろ表土が灰なのと、軸となるような樹木がないので苦労した。もともとこういう地柄では「つや」のある風景はできなくて、雑木の質素なおもむきしか頼りにならない。

一滴庵は原邸のかたわらに老人夫婦の住居として建てようかともした住居である（計画一九七六年）。原邸での生活が交錯するので、対照的に暗い内核をつくるつもりだった。暗がりの半球のドームは湯布院の別荘でも計画した（一九七八年）のだが、まだ一度もできたことがない。この第二の屋根は、ふつうの屋根と同じように金属板でつくる。その上の高い位置にスノコの床を架ける予定だから、日本の民家の一部分のようになっただろう。

いま思えばもう少し考案があってよいところだ。古い考案は部分として採用すべきであっても、総体として似ているようではまずい。藤原定家の言うように、たとえことばは古くとも、「情以新為先」（こころは新しきをもって先となし「詠歌大概」）である。世界の民家と日本の民家とを比べるとき、後者の特性をあげれば圧倒的にことばの数が多い。このことばは室内気候を調整するための部分的な仕掛けであって、世界のいたるところの住居と目的、働きなどを共有することばの方言である。この方言は、民家では声を殺してささやかれる。世界語を仮定すれば、りんごやアップルは方言である。りんごは、想像するに意味と音声の体系のなかでなんらかの妥当性があってりんごとなったのであろう。ひとむかしの伝統論はりんごをりんプルと呼ぼうとした。私たち

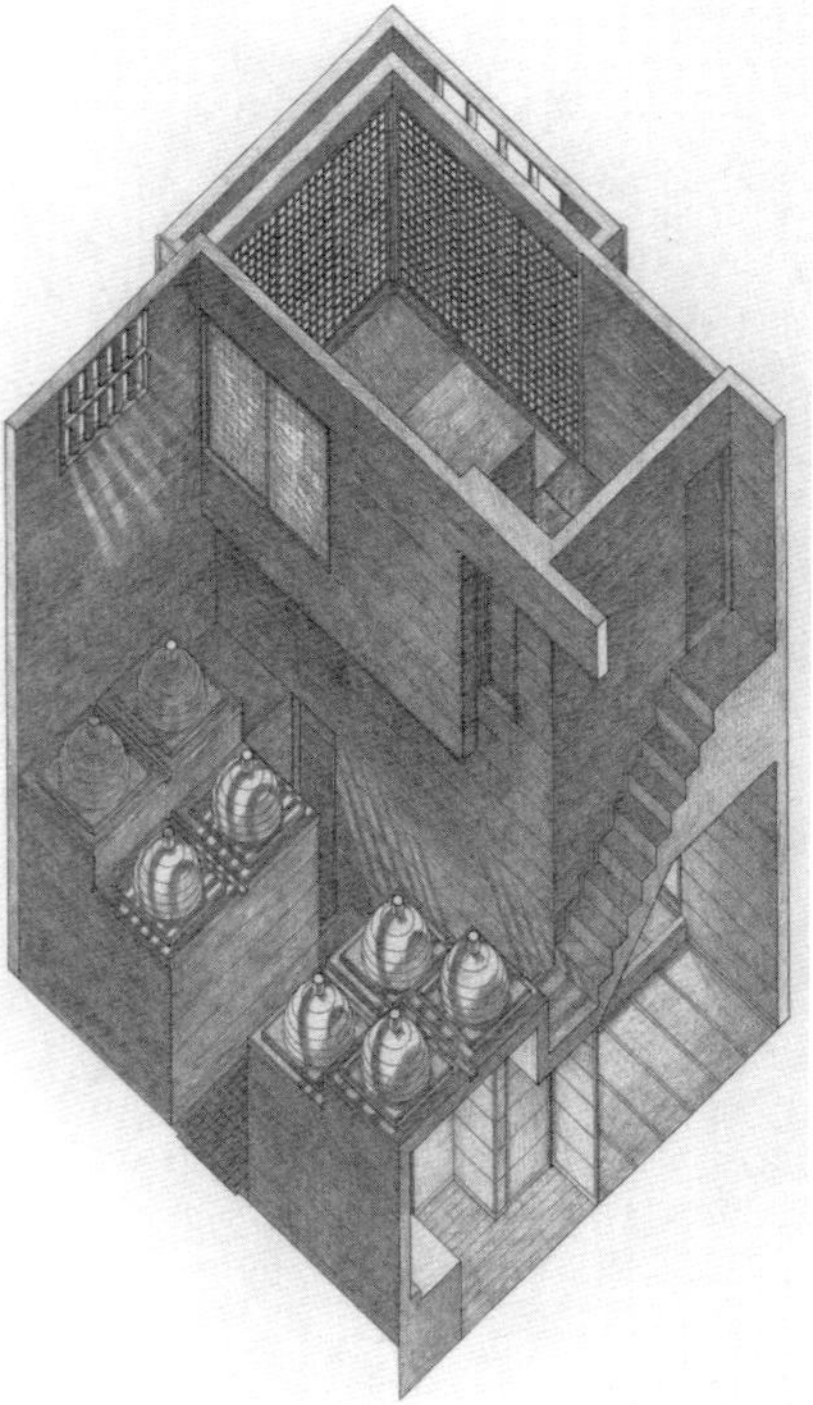

一滴庵（計画案、1976年）

はりんごやオレンジからなる文体を試みている。そうすると音声的に新しい語り口と響きが出てくる。

倉垣さんとはくわしく話し合ったこともないのだが、以前からずっと知り合っている仲であり、彼のことばのはしばしには私が考えているようなことどもがうつしだされる。夫人と幼いひとりのお子さんのこぢんまりとした家庭である。

この建物では、都市ときびしく直面する。敷地は立てこんで、あたりに樹木もなく、間口が五メートルほどのうえに法的制限が不利にきいてくる。このような場合こそ、私たちが考えている住居の方式が力を発揮しなければならないはずなのだが、そう簡単ではない。だいたい内核の両側に部屋をとるための最小寸法は、六メートル強の間口を要する。粟津邸、ニラム邸、原邸ともにその最小寸法を採用しているのだ。でも、倉垣邸の敷地条件は悪いとは思えない。どうやっても、マンションの一戸よりましな住居はできるはずだ。けれども倉垣氏も私たちもみじめな住居をつくるつもりはもともとない。本能的な、あるいは人体寸法的な最小限住居をつくろうとは思わない。私たちは、さまざまな内核のかたちを考え、いろいろ工夫するのだが、感覚として、都市に従属するふうな住居になってしまう。そこで開きなおって、十字に交差する軸を採用した。どうせなら小さな寸法ではありえないような求心的プランを採用しようというわけである。

住居がひしめきあっているような場所では、人と人とのあきを引き伸ばす心理的効果こそ重要

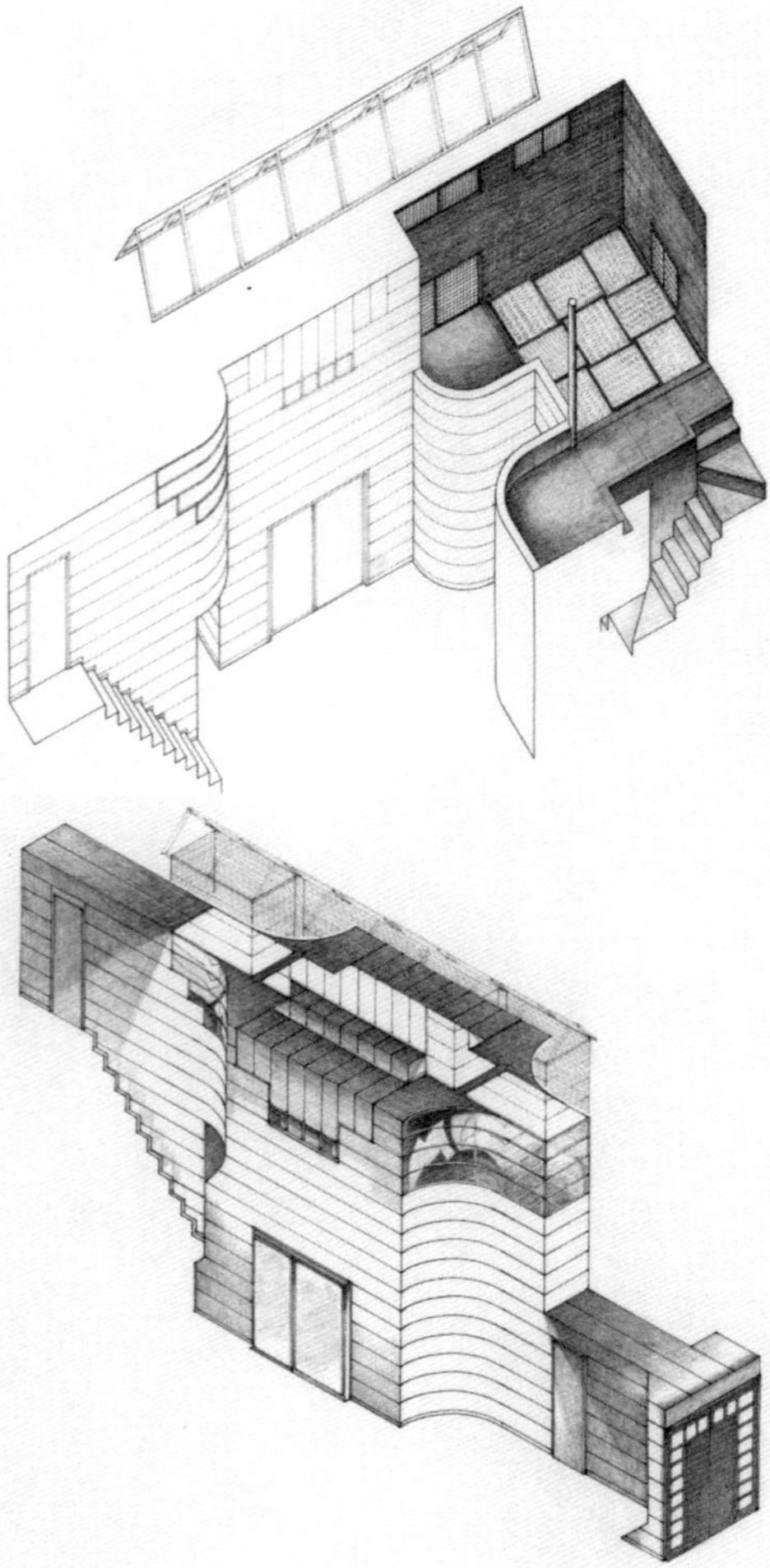

倉垣邸（1977年）

だ。現実に苦しめられる寸法、その寸法からの逸脱、ある種のスケールの捨象。鴨長明は縮小の美学を教える。それは下向、離立、撤退などの概念とも重なる。

彼は新たに住居を構えたとき、以前の住居の十分の一に縮小した。しかし、それでもあまりがあった。そこで彼はさらに十分の一に縮小し、もとの屋敷の百分の一の住居をもって満足した。凝縮された方丈は人里離れた自然のなかに建てられた。そして方丈はその周辺、そのあたりを吸収していたのである。この美学は日本の建築や庭園にみられる「埋蔵」の思想、ときにコスモロジーをも埋蔵しようとする美学的形式を基礎づけると同時に、あたりを形成する空間の性格、「場」としての空間をよく説明している。

空間が容器としてのみ働くなら、その明確な境界が現実をしばりつけるであろう。このとき境界は万能である。建築はたんなる広さ、たんなる経済で終えるであろう。しかし、空間にはあたりを形成する性格がある。長明の方丈は容器としては小さかったが、自然のなかで中心となることによって場を形成したのだった。彼の決意は定められた境界の廃棄、場への出立であった。方丈のまわりには境界が曖昧な、「方丈のあたり」がそのつどできあがる。鳥の声が聞こえれば、その方向にむけてあたりは伸びてゆき、霞がひけばあたりはずっと遠くまで伸びてゆく。意識の動きによってあたり、ことばをかえれば近傍は伸び縮みして、変化する広がりの重なりである近傍系の中心、それが方丈であった。まさに拠点である。内核はこの美学に準拠するであろう。都市が人びとによって意識されるとき、あるときは超高層を中心とした近傍が、あるときはまた皇居を中心とした近傍がとらえられる。住居はそうしたさまざまな近傍にときたま覆われる点ではなく、つねに近傍を形成する点、核でありたい。さまざまな近傍を規定する点であること。この都市に従属しない住居の性格をかろうじて支えることが最小限住居の条件であり、その中心こそ内核である。こうした根拠地の、あるいは自立の、あるいはまた自己権力的な空間意識がひとつの住居の内核を中心とする近傍系を描くだけではなく、それぞれの住居に近傍を形成する力があり、多中心的な近傍の群れができあがること。それが住居の理念であるだろう。とすれば一連の住宅は、それぞれ散在する位置と固有な性格をもちながら、私たちの願望のなかで近傍のネットワークの離れた中心群として結びつき、つまり、それらは別々の建築ではなくて、「ひとつの建築」として存在する。

そうした意識の中心たりうる条件は、きわだった光彩と配列の秩序であろうか。異質なるもの、しかし、きわめて正常なるもの。反転。埋蔵。——設計は、理論でなくものである。理論はくやしさの表明、歯ぎしりなのだ。しかし、それが思想というものではないかとこれら一連の住宅を建てながら考えるようになった。

菊池氏夫妻は若き芸術家たちである。この住居はごく平凡な民間の造成地の一画に計画された(一九七七年)。夫人もここで絵を画き、子供たちに絵を教えるはずであったが、菊池氏がステンドグラスを研究するということで、連れだってヨーロッパへ出かけてしまった。この住居では菊

次ページ・菊池邸

池氏が制作したステンドグラスを使うことが設計に入るまえからわかっていた。私たちは夫妻ともよく知っており、彼らも原邸をより知っている。内核のスカイライトの一部にステンドグラスを使う構想である。ステンドグラスにはふたつの効果がある。ステンドグラスの面自体と、面を透過して落ちる彩色された光である。私たちはおもに壁や床に落ちる光に関心を払った。透明なスカイライトを透過する光は千変万化である。壁や床はたえず変化する光のためのスクリーンである。ステンドグラスを使えば、スクリーンとしての性格がより強調されるだろう。ステンドグラスを垂直に立てて使うこと、壁は彎曲させることが決まった。曲面上では像が歪むと同時にグラデーションが起こる。その効果に期待したのである。

内核に四つのシリンダーを立てた。この住居はいまだ実現していないのだが、この住居ができれば、「家のなかの家」がより鮮明に描きだされるはずであった。もともと住居はひとつの「閾《しきい》」であると考えていたが、もちろん、住居の内部にもいくつかの「閾」がある。集落論で、その「閾」が支配する部分領域を「ルーフ」と私たちは呼んでいる。屋根である。その用語はこの住居から想起した。架構の下に塔を立てる方式は、これら一連の住宅をつくるまえに採用していた手法である。屋根の下にものを置くとすれば塔がいちばん似合っている。塔は上向的な建築のヴォキャブラリーであるが、もし塔を屋根の下に置けば高さは深さに転化するであろう。海の底にいるといった感じである。斜面を下ってゆく住居だと底へ下りてゆくようになる。原邸やニラム邸にはその効果が出ている。平坦な地にあっても、もし建物に垂直な深さがあれば下向感覚は表

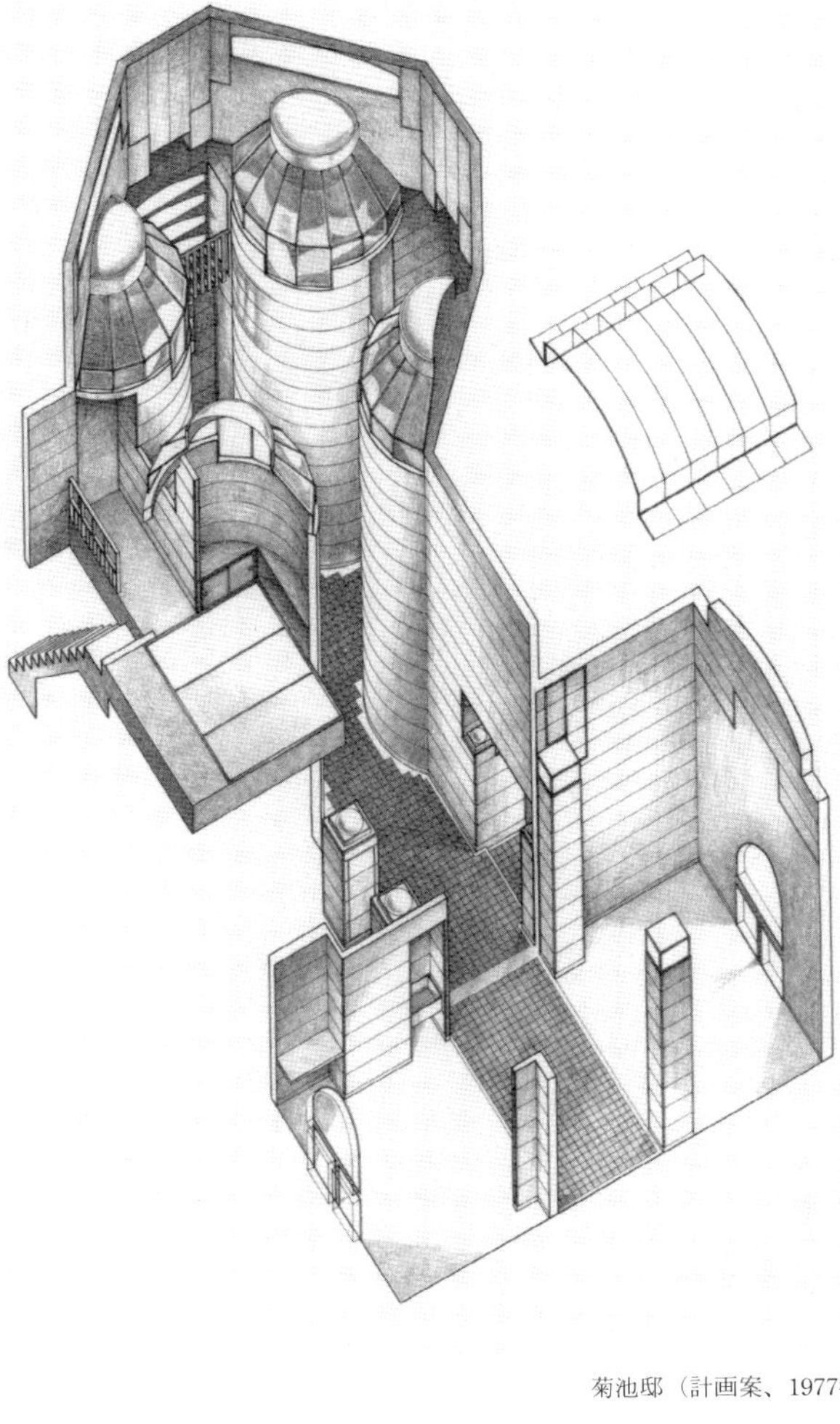

菊池邸（計画案、1977年）

現できるであろう。それは住居に落ち着いた雰囲気を出すための技法である。内核は、たとえ反射的でも、めざすところは静けさである。経験的にいって、吸収的な空間とは別種な静けさがある。ステンドグラスには寒色がよいと思っていた。たとえばあまり複雑でないブルーの線。このとき、ステンドグラスの効果は空間の「深さ」に味方してくれるだろう。

一連の住居で、内核の壁は水平目地のベニヤ板で張ってある。この目地に対して私たちは注意を払ったが、いってみれば海の等深線のようなものを壁に描いてきたのである。菊池邸の四本のシリンダーは深さの測定器のようになってほしかった。菊池邸にはいろいろな部屋が用意されたせいか、室内の建築的な記号の種類が多くなったが、これは子供たちが集まってくることを意識したからでもある。この影響が松欅堂《しょうきょどう》（一九七九年）に出ることになった。人の動きを変えようとすると、どうしても記号の数が多くなる。と同時に、それらがほとんど深さを表示している。内核の天井高はもっとも重要な条件である。いまどきの住居では、水平的な広がりはほとんど経済的に期待できないからである。天井高は解放感をよぶ唯一の要素といってもよいかもしれない。天井の高さがあってはじめて光による変化が生みだされるのだし、ものの秩序が現象するのだろう。つまり場としての性格は、天井の高さが基礎となってはじめて誘起する。採光する高い内核がどうしても必要になるなら、そこには寒さに対してマイナス面が出てきて、冬の夜のための暖かいゾーンが用意されなくてはならなくなる。

有孔体の建築のころ、私は部分にこだわっていた。しかし、そこから全体が表出してこない欠点があり、内核は部分を統御する仕掛けとしてあらわれた。しかし、内核がつくる場に部分が従うという感がぬぐいきれなかった。四本のシリンダーは内核の仕掛けを逆にこわしてゆくような働きをしたのではないかと思うのである。

部分に対する意識は、とくに松欅堂をつくるにあたって引きつがれていった。けれども総じてみれば、部分と全体の論理をめぐる課題は次の住居のシリーズを設計する段階にもちこまれたといえよう。

本田睨《ニラム》は生物学者で、テレビの台本やエッセイを書いているライターでもあり、海の博物館(一九七一年)を鳥羽に建てたときに一緒に仕事をした仲間である。彼が家を建てようと考えているのだが、と訪れてきたときには私はいささか驚かされた。というのは、当時彼は中央線の阿佐ヶ谷駅から二分のところに家を構えて住んでいた。ところが彼は東京を離れ海の近くへ脱出しようと言うのだ。脱出先として彼は伊豆あたりを想定した。彼は伊豆の釣り小屋の計画案を気に入って訪ねてきてくれたのだ。ひとつの障害がある、と彼は言った。この考えに夫人が同意するかどうかである。これは大変なことだと私は思った。まず無理であろう。便利このうえない場所から、おそらく不便きわまりない場所へ動こうというのだ。それが別荘ならともかく生活を移そうとしている。本田睨のただならぬ決心のいくぶんかは私も共有しているところである。しかしその大胆さを、生活を考えれば女性が容易に共存できるとは思えない。それに学校に通うふたりのお子さんもいる。本田睨のような自由な精神と濃やかな自然観をもっている人格を施主にできるチャンスはそうはない。しかし無理である。私たちは初対面の夫人を原邸に迎えた。このときほど私が嬉しかったことは、そうはない。彼女はこのような家ができるなら移ろうと言ってくれたのである。

人には好みがある。しかし原邸は、ふつうの人の眼には奇異に映るのではないかと私はかねがね思っていたし、そういう感想を聞いたりもした。しかし、住んでから六年目にさしかかったいまでも、住居の快適さにおいてかなりの自信をもっている。日本の住居の快適さの初等的な原則は、次のようなものであると私は思っている。

（1）大きな気積があって、室内におおらかな感じがつねにあること。
（2）つゆどきに乾燥していること。
（3）ものが散らからないように容易に納められること。
（4）季節の移り変わりに敏感であり、住居のなかに夏のゾーン（涼しい場所）と冬のゾーンがあること。
（5）多くの部屋あるいはコーナーがあること。

これらの日常生活的条件を整えるために、まず建築を考案すべきだ。そのうえで住居にはなんらかの「華」、たたずまい、ふぜい、美しさがなくてはならないだろう。いまや伝統的な住居の形式を今日の住居にもちこむと、土地の稀少性ゆえにかつては良好な働きをして快適な住居を保証していた仕掛け、考案が歪められ、これら初等的な原則が満足されなくなってしまう。

　夫人が快適さの諸条件となんらかの「華」を感じとってくれたのではないかと、私はいまでも信じたい。

　それから、土地探しが始まった。といってもあてはないから、原邸や後にニラム邸や倉垣邸をつくってくれた和田さんが房総一宮に別荘をもっていることを思い出して、そのあたりを探しまわった。いろいろ候補はあったが、本田睍夫妻はそのなかでもっとも不便で人家を離れて淋しく、けれども広くて美しい場所を選んだ。自分の家をつくったときには積極的に東京から離れようとする意識はなかった。本田家の人びとは意識的に都会から遠のいた。「離れて立つ」であるとか「撤退する建築」といった私にとって重要なイメージは本田家の人びとの大胆な行為から誘導されている。住居はアジール（権力がおよばない場所）、解放区であり、砦である。本田睍は自然と人びととのかかわりを観察するのが専門だから、ニラム邸のあたりが重要であったろうし、歳をとったらまた都心に帰ってくると彼はたびたび繰り返した。私にはたいへんよくわかる考え方だ。

　はじめ住居の形式をまったくちがえるつもりだった。その形式はアルコーブがたくさんあるひとつの空間で、二階にはスノコが全面にめぐらされ、その上にスカイライトがある、という組み立てであったが、快適さにおいて自信がもてなかった。これほど自然にあふれている場所であれば、いっそう強力な中心があってよい。敷地は十分にあまっているのだから、いずれいかようにも増築できる。とすれば、いまでなくてはできない、思いきって強い内核をつくるべきではないだろうか。軽井沢の山荘における自然、原邸の周辺の自然とニラム邸の自然とは、住まうという行為のうえでそれぞれにちがっている。ニラム邸の場合、めずらしく建築はあたりを支配することが許されている場所にある。しかし、風景はこわしたくはない。

アジールという概念は、じつはニラム邸ができてから知った。アジールは体制内の、しかし権力がおよばない場所、空間である。一種の強力な「閾」をもつ部分。集落や都市を調べていても、気がつかなかったのはうかつであった。西欧での修道院、日本でいえば縁切寺のような場所がそれである。一種の解放区であり、そこからほとんどそこからのみ新しい文化が発生した、と日本のアジールについて優れた考察をした網野善彦氏は言っている。古い時代に、権力はみずからの体制をより豊かにするための装置としてアジールを用意していたのだった。今日、「一望監視装置」を徹底したところにあらわれた均質空間はアジールすら許さない。かつては住居がアジールであった事例もあったらしい。いまでは意識的に住居をアジールに仕立てる必要がある。本田睨のねらいのひとつはそれではなかったか。もちろん、文化の相においてである。

「離立」という奇妙なことばは、インディオの散村（私たちは離散型集落と呼んでいる）を解読して見いだしたことばである。たがいに高い自立性を保存しながら緊密に連合した住居の集合で、理想化された離散型では、あらゆる部分集合が意味ある部分となるように「近傍」が規定されているのである。砦にはいろいろな種類がある。都市全体がひとつの砦であるもの、都市の内部に砦を用意するもの、逃亡した人びとが築く砦、等々である。砦はいずれ反撃に打って出る構えをも

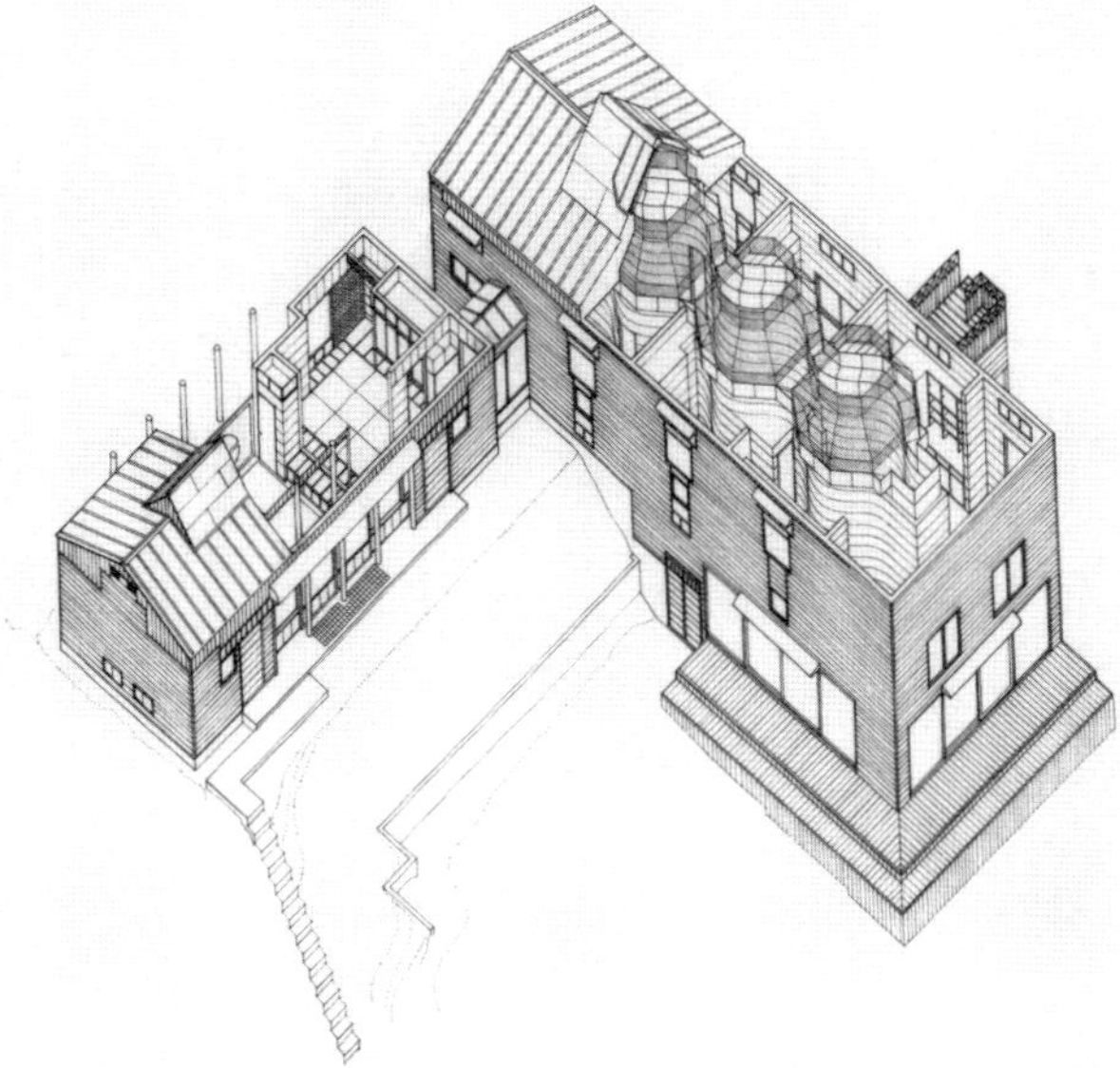

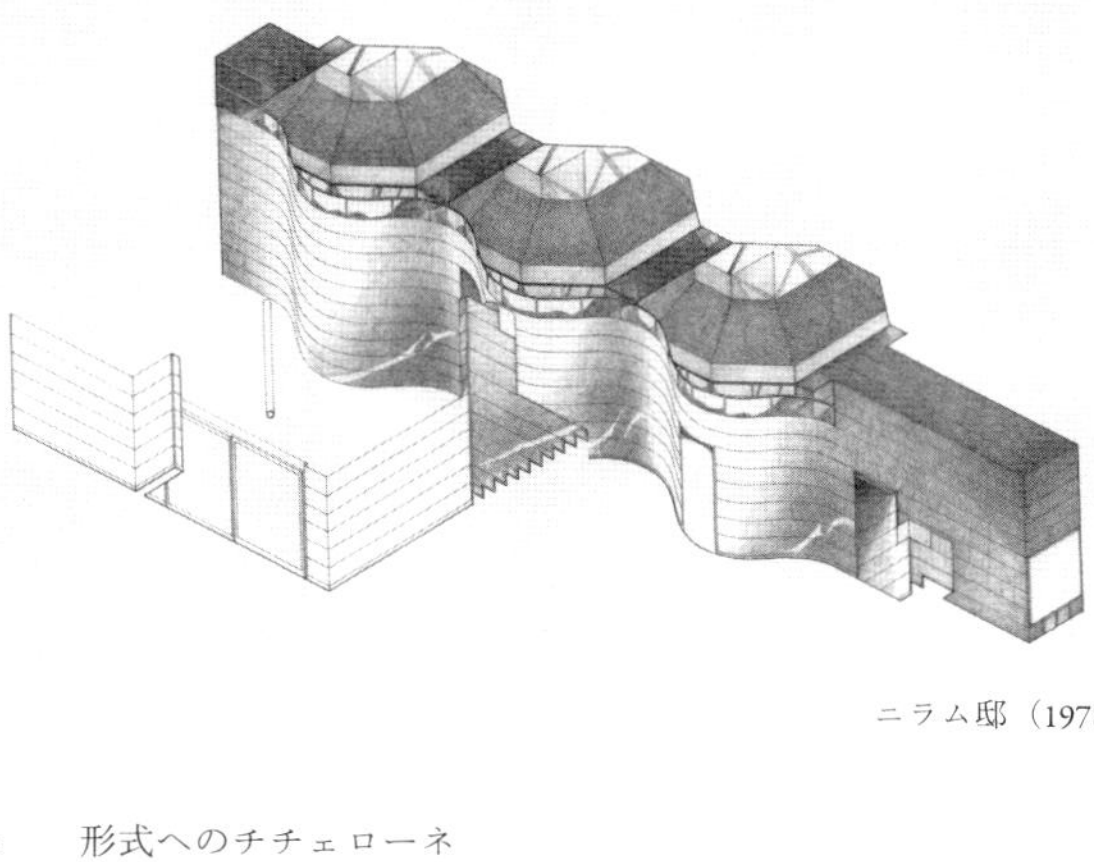

ニラム邸（1978年）

った撤退の場所である。アジール、「離立」「撤退」などは、現代の住居をつくるとき渾然として重なり合うイメージである。

ニラム邸の内核は、一連の住居の内核のなかで極をつくっている。内核の形態として、対向する波形はかなり合理的である。この形態は粟津邸ですでに考えられていた。ただ、波形は曲面でなかった。ベニヤから曲面をつくる施工法が倉垣邸で確かめられたところで、曲面からなる波形が構想できた。波形が曲面となると、合理性より表現が勝つ。それは、呼吸、息――アートマンである。苦労したのは曲面をトップライトの多面体へ移す半透明のアクリル部分である。さすがの菅原氏も仕上がりで多少の乱れをみせてしまった。このやっかいな採光面の裏側の姿が気に入っている。曲面を使えたのも、この住居がふたつの棟をもつゆとりからである。南面した棟は、雨戸かガラス戸を開けば周囲にたいしてはまったく開放される。そうした部分がなかったら、波曲面の内核は逆に圧迫感をもつはずである。住居には緩和の感覚が要請されている。

現代版画センターの綿貫不二夫氏が、豊田市で版画の展示室をもった住居をつくろうとしている人がいるという話をもってきてくれた。がんばって個人美術館の例をつくろうというわけである。施主の小林さん夫妻は鉄工所を経営している堅実な人柄で、お子さんがない。古い家があって住むには差し支えがないが、展示室もさることながら二間続きの和室をつくりたいということだった。美術館といわれても、設計する側にとっては困る話である。しかし、私は集落調査をとおして、そのなかになんでもある住居、つまり「住居に都市を埋蔵する」事例を見てきている。げんに都市は住居からさまざまな要素を剝奪している。だから住居に何があってもよいと思っているし、むしろ都市に対して奪回作戦に出たいくらいである。金属の工場と住まいと展示場がひとつの敷地に混成するのだから、それだけでずいぶん奇妙な敷地になっている。

そこで、まずばらばらにある棟を再構成する庭のとり方を考えた。そのうえで新たにつくる棟のなかに街角を入れこんでみる構想をたてた。小さな版画の展示場であるから、むりに均質な光をつくることはないし、あくまで住居のホールである。ただ照明は必要なので、外燈のように建てた。私の頭の片隅には十二の門がある都市があって、建物はなにやら門だらけになったようだ。平面的にみると対称軸が少なくとも六つはある。スカイライトは三つ立ちあげたが、これはすでにニラム邸でも採用したリズムで、インドのイスラム建築もこのリズムをとるし、長野県の民家にもこの調子の換気孔と明かりとりをもった例がある。

対称型は一種の恒等射像である。この建物では、いくつかの対称軸上では縮小や歪みの射像をしている。その結果、同じ型をした小さな窓が向かいあったり、形が似ているがちがっているアルコーブが向かいあったりする。こうした対称軸に直交する軸の上に「縮小する鏡」や「歪みを生ずる鏡」を立てると建物のなかにはさまざまな鏡があるような感じとなり、対応関係からある種の秩序は保存されるものの、もはや印象としては「乱反射」のような状態になる。こうした鏡は、和室の外に向けての窓とホールに向けての窓のあいだに、あるいは展示のためのアルコーブとアルコーブのあいだに、ときには外壁と内壁のあいだに立てられている。したがって対応するふたつの像は同時に見えないこともある。

住居とはいうものの、他人が訪れてくる頻度は高く、機能的に壁面線を長く必要とするし、またあわせて「乱反射」への意識が他の住居とは多少趣向がちがったかたちに結集させる原因となった。一応いろいろな位置からの視界を考えて、完成された構図を避けもした。それが乱反射の原理でもあり、ひとつの弱点でもあるのかもしれない。

もともと一連の住居の内核をつくるにあたって、これを建築的な記号によって形成するという意識はあまりなかった。粟津邸や原邸をつくるときには人の動きにかかわる信号、動きの変換器を各部屋の門として置くという意識しかなかった。この照明や設備的な小さな塔は、人が部屋に出入りするときの無防備な状態を避けるためにしつらえたものだった。人はおのおのの部屋から出てくるときに、一瞬必ずしもはっきりしない姿を見せる。そのときに姿を整えるための間を与えるのが部屋の門である。私にはおのおのの部屋を自立させ分節することにより、ドアの開閉がものかげでおこなわれることが重要であった。しかし考えてみれば、ものを対称の位置に置くという作業は、ものを記号化している。そうでないと配置されたふたつのものと同じであるとは認識されないからである。とすると内核を構成する諸要素は、それが分節されている場合もどこで区切ったらよいかわからない連続した場合にも記号として扱われている。それら同じである記号の対が、人の動きが挿入されたり、とくに光の状態によって差異を表示する記号の対になってゆ

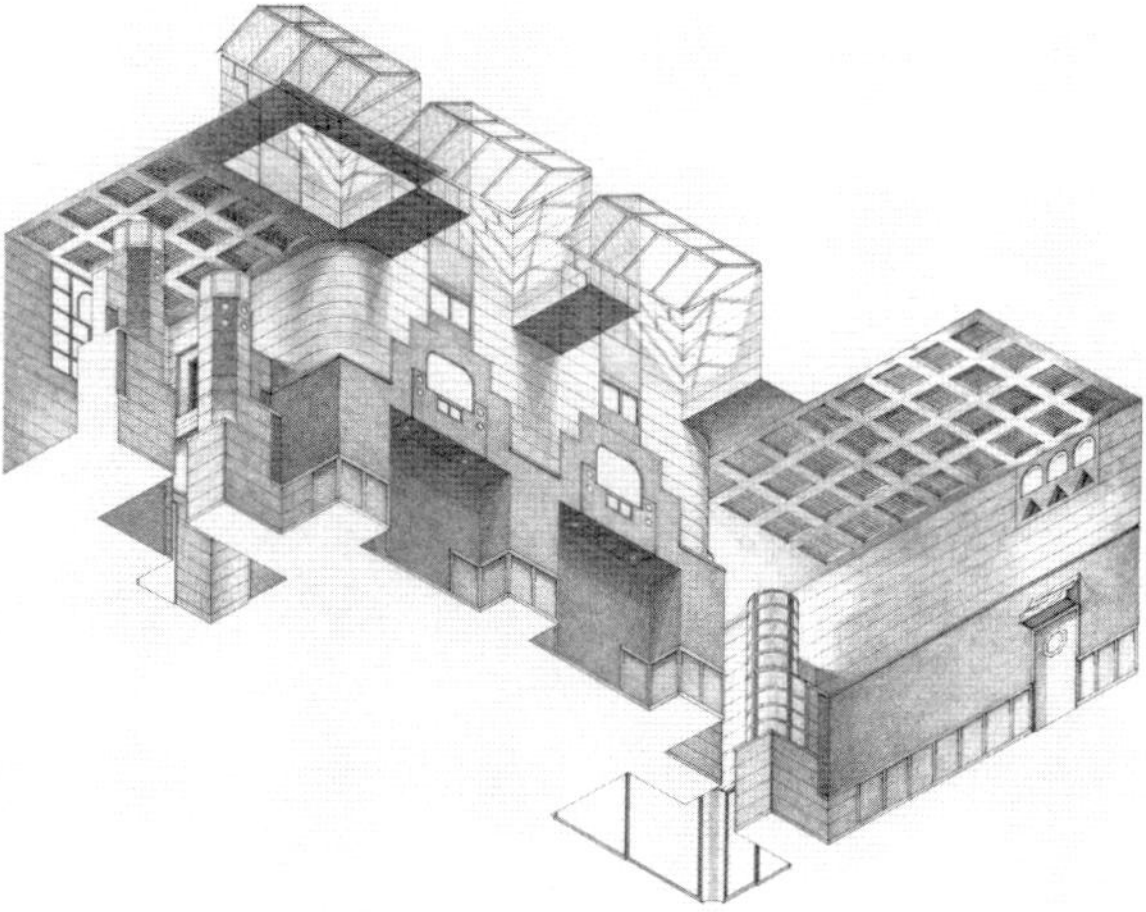

松欅堂（1979年）

く。ただこの場合、記号といっても意味されるもの（シニフィエ）は曖昧であるから、はたして記号といえるのかどうか。ものの場合、意味されるものはそのつど現象してくるのだから。

そうしたものどもをなお記号と呼べば、架構の下に配置される記号群は松欅堂（一九七九年）ではかなり多くなった。それはあちこちに呼応関係をつくる軸、鏡面が交錯してきた結果であるし、ひとつには内核が軽井沢の山荘（工藤山荘）のときのように和室へ延びてゆき、二間続きの畳の部屋も内核としての取り扱いをしたからであろう。そして記号はつねに対として、ときにその対が複数型であらわれて、それゆえに記号らしくなっているのではないかと思われる。対としての配列、つまり反射としての配列は、ものの配列のなかでかなり限定されている。その拘束性が、たまたまものを記号のように見せるのではないだろうか。

建築的な記号の数種が増加したのは、この建物のなかにいわゆる個室がなかったからである。これら一連の住居に内核の面積がとれたのは、ふつう寝室にあてられるべき面積を少しずつけずり、それを中央に集めたからである。個別的にとられる寝室は、広ければ広いにこしたことはない。しかし今日の住宅の一般的標準規模からいえば、個室を並べれば終わりになる。わずかに残されたあきが居間と名づけられて、その結果住居はひどく貧弱になる。個室から先は都市にたよれという方針が、住居を都市に従属させる最大の原因になる。こうした事例を打開するために個室の面積をけずり、内核をつくるわけであるが、この方針は今日において正しい方針であると私は思っている。個室に心理的な広さを与える補完的なからくりが「第二の屋根」であった。

一連の住居をつくってみて、私たちには個室の空間的組み立てについて配慮がおよばなかった。私たちは、どの住居にも必ず用意した小さな和室にはある種のスタイルを与えた。個室は自由につくれる場所であってよいから、その配列規則の拘束性はゆるいはずである。そうした意識が個室のスタイルに意を払わなかった原因のひとつではある。しかし考えてみれば、個室から内核へのより積極的な働きかけがあってよいはずである。それが抑制されているところに反射性住居が成り立ってもいるし、限界でもある。個室から内核への作用は個室の自立的な主張がなくてはならない。その主張の検討が欠けていた。その結果、内核が記号の混成系にならなかったのである。

松欅堂が「全体」というより「部分」が勝っているのは、本来なら個室にあてられるはずの和室や茶室が内核の部分として意識され、そうした領域にも反射にまつわる一連の手法が採用され、記号の数種がふえていったからである。

小林さんの基本的な条件であった二間続きの和室は苦労の種であったが、苦しまぎれの方策がかえって複雑さが高い建物ができ、将来の方法を暗示するふうでもある。それはちょうど伊豆の釣り小屋で、屋根だけはごくふつうの切妻にせよと言われて私たちが内と外で様式が混成する方法を考えだしたいきさつと似ている。二間続きの和室は、その出来栄えはどうであるにせよ記号の複雑化をまねいたし、それ以上に従来小さな和室がもっていた意外性がはっきり発音できて、外皮のなかに異質な内核を埋蔵し、その内核にたいしてさらに異質な部分を埋蔵するという三重の組み立てができた。それは「反転の反転」の手法の存在を暗示している。この探偵小説ではすでに常套になっている手法は、それが密室を舞台にしての埋蔵計画をもくろんでいるからである。もし大きな、そして性格上開かれた空間としての建築における表現であるならば、さまざまな手法の発見の自由度がある。

そこではスケールを複雑さに転化する余地があるからである。しかし、住居のような極小の空間ではスケールを捨象する幾何学を立てねばならない。それが「埋蔵」の手法である。その方法を支える手法群のひとつに反転があり、無限反転機械としての住居も夢ではないはずだ。もちろん、すぐれて巧妙なからくりの考案が要請されているだろうが。

この住居の「反転の反転」は技法として巧妙とはいえず、それが実現されているとは思えない理由は、初期的な住居が原理的にもっていた全体性をここでは消失しているからである。全体もまた有力な「意味ある部分」でありたい。反転はつねに全体を有力な部分として保存するはずである。こうした妙に美学めいた言いまわしは適当ではないかもしれない。実際にはこの建物でも、二間続きの和室と版画の展示室をどうやって、それぞれに居心地のよい快適な部屋にするかを広さもなく工費もないところで建築的に想案せよ、という問題に対しているだけなのである。からくり、仕掛けは遊びごとではなく、ただひたすらなにやら判然としない「快適さ」のために考案される。私が集落や民家に意味を見いだすのは、快適さを得るためには稀薄な自然力を最大限かつ持続的に発揮する仕掛けを考案せざるをえない欠如態としての建築だからである。今日、自然は貨幣に射像されている。したがって狭さや工費が足りない状態は、そのまま自然の欠如に結びつく。そこで仕掛けがいるのであり、集落や民家とまさに仕掛けの考案という点で問題を共有する。ただ居心地のよさ、快適さというものは判然としないのだが、それが個人的に偏向しているという以上に状況に即しているからである。ひとたびそのような立場に立つと、伝統とは仕掛け、からくりの系列である。しかし、ある文化の類型、地域によって特殊な考案の系列があるわけではなく、歴史のうえでいかなる欠如態に直面し、どのような問題を立ててこれに対処しようとしたかという、むしろ課題別の考案の総リストがある。たとえばいま日本の住居をめぐる状況は過去のそれから一変した。それは高密度になったという説明で尽きる。たとえ局所的であったかもしれないが、高密度のなかで快適さを保持するという問題についてのからくりの考案が、世界史のリストから抽出できる。この考案は部分的に、ときには全面的に引用可能になる。こうした仕組みが文化の現象のなかにみられる。しかし、仕掛けやからくりは快適さをめぐる構成要素や部分的解決の方法にとどまらない。それらは、手法の集合と建築的内容としての部分（全体もひとつの部分）の集合の関係を規定する構造的な仕掛けやからくりとして働く。それがこの一連の住居ではたして巧妙であったかどうかはわからないし、また快適さは表現された建築以外に規定しようもないのであるが、「反射」であるとか「反転」という仕掛けなのである。いいかえれば建築に「形相」をあたえる手法なのである。このとき形相をあたえる手法は、諸手法を統御するうえに立つものではなく、手法群が共存する関係、共有構造を示すであろう。音、光、風、かたち、動き、広さの配分、位置、近代と古典、もろもろの地域的デザイン等々がこれらを取り扱う部分的な仕掛けやからくりに対応し、それら仕掛けやからくりは「反射」「反転」などの継ぎ手のもとに組み立てられる。

　おそらく「反射」や「反転」に比べればより巧妙な仕掛けがあるにちがいない。いいかえれば、より快適な住居の形相である。住居なる場所は、子供のおむつが早く乾くとか勝手口でうまくごみが処理できるとか、そういう条件の積み重ねである。と同時に、おれはなんてだめな人間だろうとなげいたり、突然歌をうたいだすような奇妙な場所でもあるのだ。そのいくつかを拾いだし、あとは形相とものがもつ力にゆだねてしまうのだから、もともと住居がうまくゆくはずがない。

けれども、より多くの出来事にたえうる形相を与えてゆくことが考案の道であるし、より好ましい出来事の系列の方向をしぼってゆくような働きが形相にはあるように思える。この形相は、シンタックスといわれる全体統御の原理であるともいえる。したがって形相を論理にゆだねるか、感性にゆだねるかはまさに建築の岐路である。

そうした意味で、松欅堂の展示室が今後どのように使われてゆくか気がかりでもある。音を天井で吸収させたり壁面処理を変えたりして、「反射」ではおおえない処置もした。現代版画センターや針生一郎や北川フラムがこれを支えてくれるし、小林さん夫妻がうまい発想をしてくれるといいと思う。私たちとしては版画が展示してあっても、そうでなくとも、住居の内核として快適であってくれればよい。ただ、それが版画の展示場になるというのがたいへんおもしろいのである。

九州の湯布院の別荘は退官した高名な教授とその家族の生活に合わせて計画したものだが、これも残念なことに実現しなかった。かたちのうえではこの建物も反射的であるが、光や音に対しては吸収的に仕上がるはずであった。静けさが要請されているように思えたからである。色調にしても、建物の内外にわたって黒くなるはずであった。敷地に立ったとき、それは冬であったが、あたりは冷えこんで風があった。すでに別荘がいくつも並んでいて、木立もなく思い思いのかたちがわびしく露呈されていた。このような場所に建物を建てるほどむずかしいことはない。コン

次ページ・湯布院別荘

クリートで地形に合わせながら新たな地形をつくりなおし、その上に木造の住居を置く方針を採った。植物が育ちそうもない場所で住居が心理的な安定さをもつためには、せめて土形を型取らねばならない。この分譲地には奇妙な約束があって、塀を立ててはいけないというのだからしかたがない。

建物の内部に引きこもるとき、ここはいかにも風の音が聞こえそうな場所であった。風の音を聞くための住まいとなるときがある。一連の住居の敷地のなかでそうした印象をあたえられたのは、この敷地だけであった。「反射」という概念は音にも当てはまる。粟津邸、原邸、ニラム邸などで室内の残響時間を長めにしておいた。それはあくまで外に聞くべき音がないからでもある。この敷地の外には風景のほかに音がある。住居は音の観測点である。軽井沢の場合やニラム邸では周囲に他の住居がないから、同じ見る、聞くがあるにしても直接的に自然と接触できる。この場合には外界を抽象化する仕掛けが必要であるように思えた。長年山に親しんできた施主は、はじめから山小屋というイメージを示されていた。私は敷地と施主のイメージとをうまく重ね合わせようとした。そんなこともあって、かたちのうえでの反射性を基礎として、現象のうえでは「吸収」の概念に近いかたちであたりを観測する場としての仕掛けを考えていった。

現実の音響的性状と、空間がもつ美学的な音響状態とはたいへんまぎらわしい。巧妙に仕立てられた建築には雰囲気としての音響状態がある。たとえば静かだというとき、現実の音響状態と視覚的な効果とが重なって静かなのである。こうした感覚の働きは温度についてより著しい。日

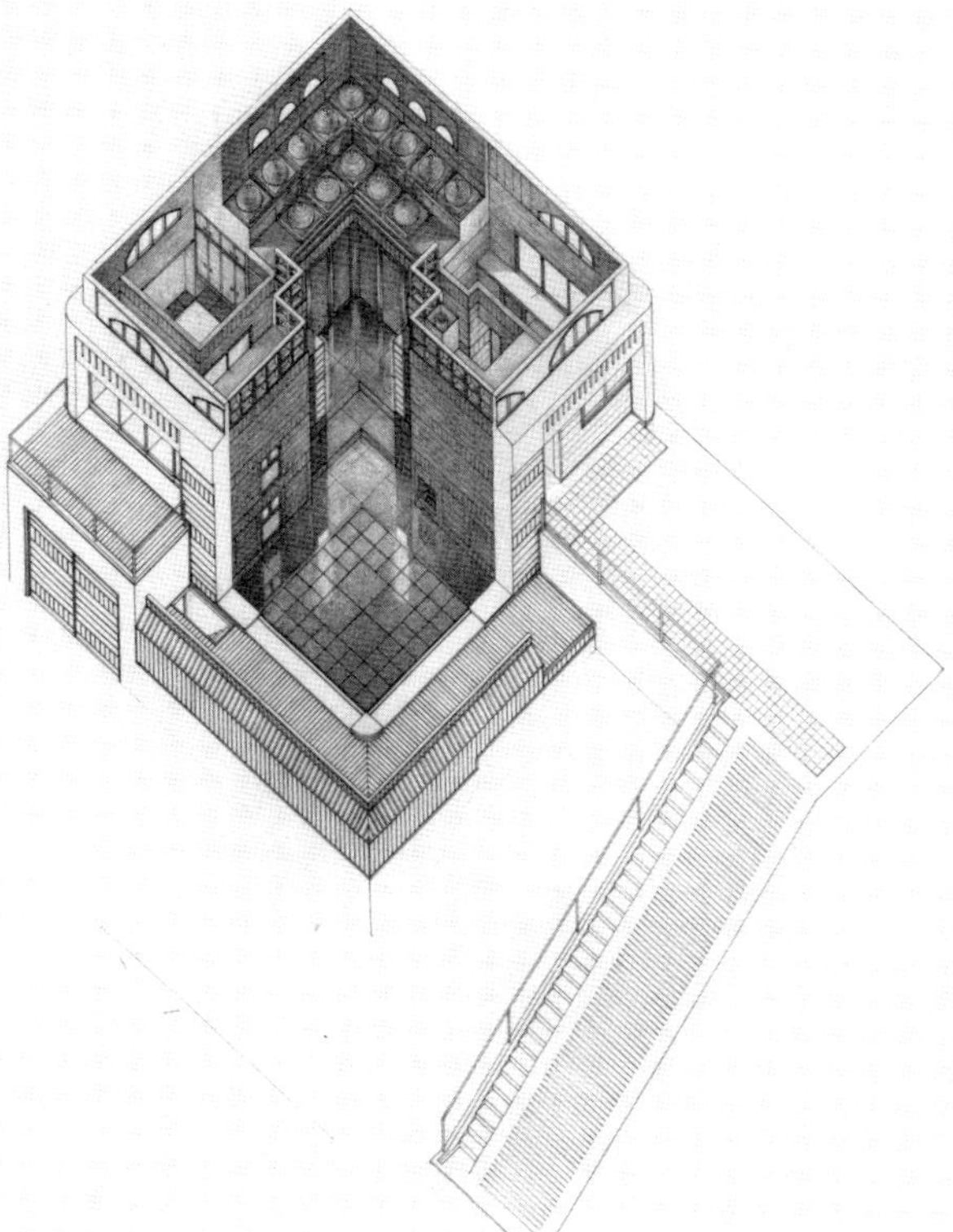

湯布院別荘（計画案、1978年）

本では連歌や茶の世界で「冷える」「冷えかかる」「枯れかじけて寒かれ」などと言われてきた。日本の場合だと冷える——無音という連結が一般的であった。その無音状態のなかで、たとえば風が聞こえてくる。しかしここでは冷えるというまでに、つまり体温を呼吸するまでの空間効果を考えはしなかった。それは別な建築の仕掛けの系列から入ってゆかないと実現できないはずである。

それは、たとえば『摩訶止観』をテキストにするなら、A・非A・非A非非Aといった論述の物的表現、仕掛けの考案から入ってゆかねばならない。日本中世の美学は、この経路上に展開された。その頂点に立つのが連歌の美学、連歌の定式化であって、指合、嫌物などといわれ、とくに鮮明な例をあげれば、体用《たいゆう》がある。それは連歌において、無限の展開をはばむ輪廻をさけるための定式化である。いいかえればAであり、Aではなく、Aでないと同時にAでなくもない状態。これが連歌の場で体用という約束の姿になってあらわれた。私は七〇年代になってようやく日本の空間概念について考えるようになったから、こうした美学的なことどもを知らなかった。しかし、たとえば茶室において対称性が避けられるといった程度は知識があり、それは粟津邸をつくるころから意識していた。茶室がたとえばテクスチュアにおいて輪廻をさけようとしたことが対称性と光の相関で表現できるのではないかと考えて、私は対称性を保存しつづけた。しかし、もののの配列をめぐる意味を思えば対称性は彼岸の領域、荘厳された領域に所属している。いいかえれば、もともと対称性は、AはAであるといった断定の意味をもつ代表的な配置形式である。そのため、曼陀羅が対称性を採用しても、茶室はこれを避けた。茶室は此岸の位置を守ったのである。日本的サンボリズムの基礎。

「さまざまな日本的な美的理念が暗示する全否定の空間は、もののなかに〈滲透する〉〈漂う〉〈入滅する〉〈潜む〉〈晒す〉〈消え入る〉〈陰れる〉等々の一連の動詞群によって想念され、それは去りゆく空間として私たちのなかに印象づけられている。ものが消え、情景が残る——そんな感覚がある。やはり私たちは、全否定の空間と荘厳された空間とは同時にとらえることはできず、交替として、つまり去りゆく空間と出現する空間とを置換の関係におかざるをえないのだろうか」（拙文「空間的想像力の境界——ふたつの涌点」、「建築文化」一九七八年四月号）

この計画案にも使われているイスラム的モチーフ（ドーム群）は、外界の音に対する内的な建築的な音の断片を捨て切れないでいる。私は出現する空間をとっているのだ。

秋田さんは私たちにとってどことなくミステリアスな人である。本田晥のように少なからず生き方を変えようと決意し、身のまわりを整備するひとつの表現として住居を建てるといったふうだった。そうした気分の高揚にいつも立ち会っているのが住居を設計する者の幸せでもある。住居を建てるという行為は、程度の差こそあれ人の生き方の節にあらわれて希望の側を表現する役割を演じる。住居はたとえ渋味に染めぬかれていようと、また寂滅するばかりに冷えていようと、そこには祭りの晴れがましさが残るはずである。秋田さんは住居のもつそうした性格を私たちに想起させた。秋田さん夫妻にはニラム邸を見ていただいた。三人のお子さんがいて、まだいずれも幼児である。夫人がお茶を教えるための部屋が設計の条件であった。都内の広い敷地に秋田邸（一九七九年）は建っているが、場合によっては半分を処分することもありうるというお話で、それに備えて計画した。秋田さんから周辺の環境を損ねないように配慮せよとの要請もあり、将来半分の敷地に対する牽制の意味もあって、平屋でゆくことにした。

計画のうえでもっとも気にしたのは、前の道路からの騒音である。そこで外皮はコンクリートの壁をめぐらすことにした。しかし、平屋でコンクリート造というのではあまりにも芸がないし、工費との関係もあって壁と柱をコンクリートにし、あとを木造にして構造的な「混成系」にした。この方式は粟津邸以来考えていた形式である。粟津邸の場合はコンクリート造の箱のなかに木造の建物を入れこむ方式であったが、秋田邸のようにコンクリートを外皮の部分に使う方式も考えていた。住居の規模だと、コンクリート造のもつ重さはなかなか消せないし、住居が要請する込み入った細工には不向きである。が一方では、住居にとって、とくに住居がひしめくような場所ではコンクリートがもつ騒音や災害に対する隔離機能や安定性が必要でもある。この方式については多くの検討の余地がある、と構造計画をしてもらった同僚の岡田恒男助教授とも意見が一致している。岡田氏には粟津邸の構造計画をはじめ松欅堂やこの建物の構造について指導を受けたが、壁を力学的な核にすえる氏の構造理論に私は全幅の信頼と同意をよせている。防災のうえでも、また良好な室内環境を得るうえでも今後こうした構造の「混成系」が研究されてよいのではないだろうか。

　岡田氏の影響もあり、もともと建築を被覆としてとらえていたせいもあって、気づいてみると、これら一連の住居で私は壁と対していた。壁は柱に対して不活性で、防御と幽閑の感覚がある。いずれの内核も壁がテーマになっている。秋田邸が他の住居とちがう点は、内核に当たる部分が外になっているところである。つまりコートハウスである。反射性住居ではコートにグラスの屋根を架けて室内にするところからその形式が導かれているとも考えられるから、秋田邸ではもとに戻っている。もとに戻ったところで中庭を内核に仕立てるつもりであった。はじめ他の住居の内核と同様な壁面のインターフェイス（さまざまな働きをもった要素をつなぎあわせる調整面）を考えていたが、室内気候や工費からそうはゆかないことがわかり、ちがった手法で対処しなければならなかった。その結果、コンクリートの柱がヴォキャブラリーに入ってきた。対称性のうえでは平行な二重の対称軸をとっている。住居の主軸と、柱の配列を決める副次的な軸である。副次的な軸は、コートに面するガラス面の位置とほぼ一致している。

　他の住居の内核が室外のような室内であれば、秋田邸の内核は室内のような室外を意識した。使用のうえでもそうなるはずである。その結果、和室と夫妻の部屋を除くと意外に見透しがよくなり、他の住居の内核の壁を見る仕組みとはかなり性格を異にする状態となった。

　めずらしく立面を考えねばならない敷地である。一連の住居では立面は消えるはずである。この住居も原理的には同じであるが、住居が建てこんでいながら意外に姿が見えるし、まわりはか

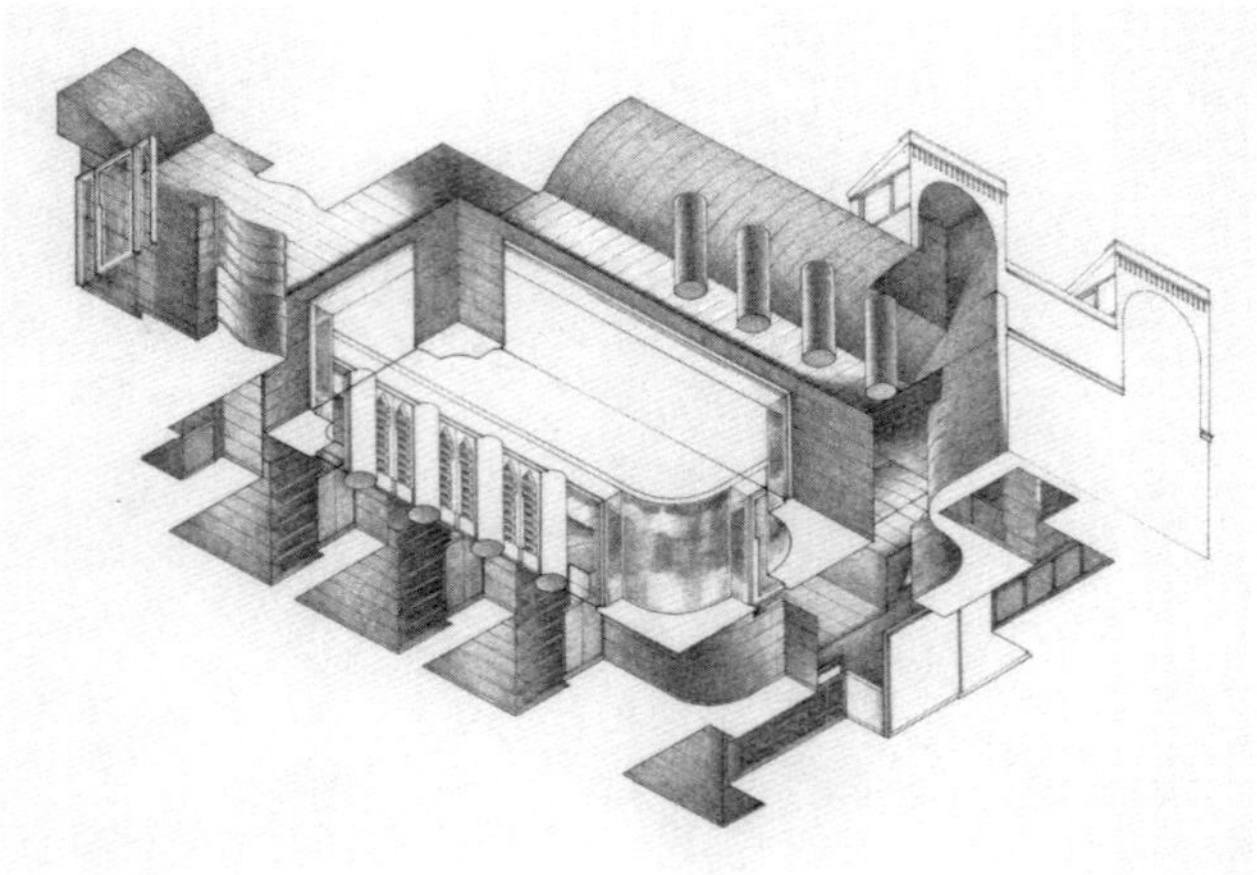

秋田邸（1979年）

なり雑然として立面を合わせる規模がない。とにかく浮き立った姿でなく、沈んだ姿にはしたつもりである。換気と採光の塔は砂漠のイスラムの手法を借りた。塔だけでなく住居の形式そのものがイスラムのそれに似ている。もちろん、おおがかりな翻訳があるが。

内核となる中庭は、かたちに頼らず微妙な光やガラス面にうつる像の効果に頼ることにした。四本の柱がガラスにうつり、外壁の四本の柱にダブる仕組みである。中庭の寸法は敷地から決定された。イスラムの住居では、概して中庭はもっと大きい。秋田邸の場合は、中庭は室内として考えられるほど小さい。敷地から寸法が決まったとはいうものの、この中庭をもっと大きくとることもできたのであるが、駐車場をふくむ前と後のサービスヤードがあったほうが実際には住居は使いよいと考えた結果でもある。秋田さんはもともと農学が専門であるから、いずれ樹木をここに育てるだろう。イスラムの古い都市メディナでは住居は原子論的にとらえられる。空間概念のうえではカラームの考え方で、ライプニッツのモナドへと移る空間のとらえ方である。一連の住居は内核をもっていることから、こうしたものの考え方の系譜上にあるようにも思える。埋蔵というときにはウパニシャッドを思う。

秋田邸の屋根の形は中庭にたいして降りている。屋根の働きを思えば避けたい形であるが、ここではこの形以外にない。採光や通風のうえでの働きに合わせて中庭に凝縮力をもたせるためである。いいかえれば下向感覚かもしれない。円形劇場から、ドブロフニクのような都市がもっている反転した空間にある下向感覚は、ここでは必ずしも直接感性にうったえないかもしれないが、周壁と呼応して隠れた効果を生むだろうと考えた。負のいらか。ここでも建築は谷であり、アジールである。

こうして一連の住居ができた。わずか数戸の住居を建てるのに十年をかけたといえば、ふつうの設計者からは笑われるのがおちであろうが仕方がない。先述のとおり私たちはこれらの住居をひとつの建築であると考えてきた。おそらく私たちは将来も住居をつくりつづけるだろう。それらはやはり、ひとつの建築の一部としてつくられるにちがいない。私たちは住居にある種の格律、儀式、場面をもちこもうとした。近代が失いがちな住居の意味をとりもどそうとした。いつの世にも住居は下位に置かれる建築であった。しかし私が住居をつくりながら、一方で訪れてきた世界の集落で、多くの住居はたいへんな貧しさのなかでも格調を誇っていたのだった。そうした格調は、まず長い年月にわたって推考されつくした形式をもつところから生まれている。その形式は共同体のなかで意味づけられ、社会化された自然に対応していた。また自然の力は稀薄で、それにたいする諸々の仕掛けを考案し、形式と一体化している。加うるに宗教の力が大きかった。宗教が住居の意味を担って住居の美学と精神とを裏打ちしていた。ときにそれはコスモロジーまで高められて、住居は宇宙的構図を表出していたのである。

今日、住居が格律をとりもどすとすれば、かつての諸因子にかわって都市にたいする批判のみがその契機になるのではないだろうか。私たちは力およばずながら、その点を表現してきたのではないかと思う。

多くの職方には迷惑をかけ、仲間うちとはいえアトリエΦ《ファイ》のメンバーにはいろいろな工事までやってもらい、たいへん申し訳なかった。

次につくる住居は、ある転換が図られていると思う。もちろん、その転換は「部分と全体の論理」の経路上にあり、閉じた空間、死んだ空間に対する穿孔作業の、もうひとつ次数を上げた表現でありたい。

Ⅲ　未触の空間

埋蔵

私が勤めている研究所の建物（旧歩兵第三連隊兵舎、解体二〇〇一年）は昭和のはじめに建てられた鉄筋コンクリート造の巨大な建物で、そのなかには外からでは想像もつかないような実験装置の数々がところ狭しとひしめいている。レーザー光線装置、船舶実験水槽、各種応力測定や破壊測定装置、化学実験室等々、ざっと数百のしかも類を異にする装置群である。五年ほど前、この建物の建てなおし計画案をつくっていたころは、とてもじゃないが改築などは無理だとさじを投げた。だいたいがこの建物から実験装置を運びだして一時的に他に移すにしても、莫大な費用と土地の広さがいる。かといって建物を分断して壊すとしても、壊していない部分で実験を続けるには騒音や震動がひどすぎる。建物が完成するまで実験休みなどとはまちがっても研究の鬼たちに向かって言うわけにもいかず、さりとて他に適当な敷地をと文部省に要求しようものなら、筑波へでもどうぞとなるのがおち。

苦しんでいたある日、研究所全体が静かにそのまま地下に沈んでゆくイメージを見た。と同時に、東京が地下に埋蔵された跡の広漠たる風景と、これから先幾世紀をもかけて次々と建築される都市が時代の順序に従って地下にそのままの姿が重なって沈んでゆき、いわば都市の地層ともいうべき埋蔵の断面図が見えたのだった。

考えてみれば、これはごく自然な都市建設法である。大地はこれまでの歴史と記憶を埋蔵しており、なかにはポンペイのような都市がそのまま埋まってしまった例もある。都市を改造するときの困難さは、私たちの研究所の建てなおしと同じような理由によっている。壊すことを前提とした改造はむずかしい。いまでも地下室を地上で建設しておいて沈める工法があるが、もし埋蔵計画が本気に考えられたら、都市の変革にリアリティが出てくる。それ以上に、地下の幾層にも重ねられた都市には興味がある。数世紀前の都市はそのまま地下にあり、いつでも降りていける。そこに生活することだってできる。アンダーグラウンドシティ。

そのころ私はデザイナーの粟津潔氏の住居を設計していた。その住居は家族の生活の場であり、仕事場であったが、ミホとケンはもうすぐ大人になるという状態で、「家」が入る建物ではなく、家族というコミュニティが入る建物をイメージしていた。この建物ができたとき、多木浩二氏がこの点を適確に指摘してくれたのは嬉しかった。私は住宅にコミュニティを埋蔵したかった。

粟津氏の住居（一九七二年）は光の濃さ、つまり明るさの分布によって住居内の場所の社会性を決めてある。もっとも明るい場所が仕事に来る人、来訪者、家族の出会う場所であり、もっとも暗い場所に茶室や便所がある。そうした光の分布をつくるために細長い建物の中央部を引きさいて透明のドームで覆ったが、このドームは東京には空しかないという判断にもとづいている。自然はかろうじていま光を残している。光とコミュニティが呼応するのはいまに始まった関係ではないのだが、かつては生産力ある総体としての自然とコミュニティが対応していたのが、いまでは矮小化された自然としての光だけしか残されていない。だから小さなコミュニティの場をつくろうとすれば、建築的には光の埋蔵計画しか手がかりがない。

いまや巨大な建物は堕落してしまった。というより、想像力の対象にならない。大きな建物に

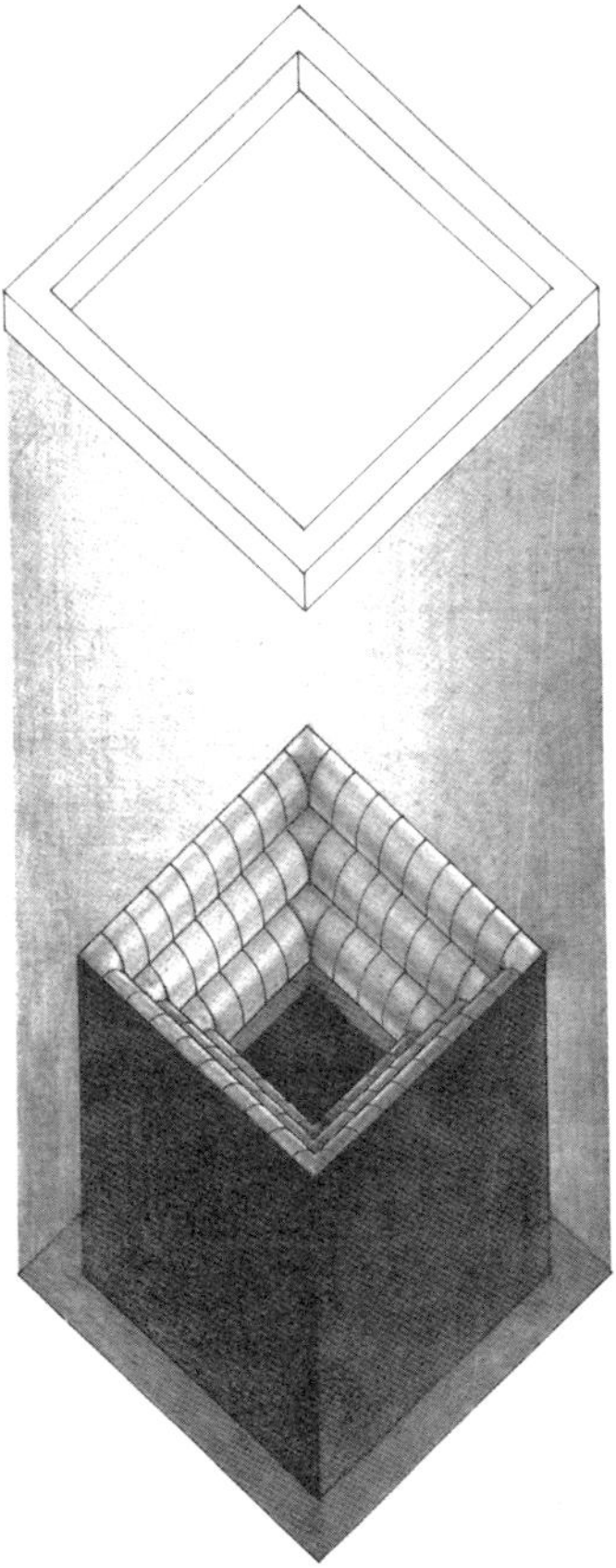

ついてのさまざまなイメージは社会の枠のなかに封じこまれてしまって出口がない。小さな領域にはまだ枠をこえる可能性は残されている。生産あるいは制作の過程が個人的なイメージと対応できるからである。社会の枠をこえるには共同のイメージがなくてはならないが、現在人びとの想像力は、いまの建物以上の空間を呼びこんでいない。超高層のような巨大な建物に限らず、大きな組織に対応する建物にもりこむべき集団的なイメージはないと言ってよい。だから小さな建物に私は夢をたくす。そこで空間的なあらたなイメージを開く回路を探ってゆく。

粟津氏の住居をつくり、自分の家（一九七四年）をつくるようになって、私にはひとつのイメージがしだいに鮮明になってきた。それは、住居に都市を埋蔵することである。

建築家のあいだで都市計画が強く意識されるようになったのは社会的にも必然的な過程ではあるが、ひとつには都市の要素である建物をよくするためには総体を性格づけるインフラストラクチャー（基礎構造）をよくしなくてはならないと考えたからである。都市を意識することで都市総体に位置づけられた要素としての建築という発想があたりまえになってきている。だいたい「構成」という概念あるいは作業が総体と要素との関係を同様な手続きでとらえようとする。建築のもっとも小さな要素である住宅は都市のなかの住宅であり、要素としての住宅とみなされる。この想定を反転あるいは倒立させて住宅に都市を埋蔵させることをイメージする。

この埋蔵のイメージは観念として鮮明化してきたが、ものの領域ではたしてうまくいっているかどうかはあやしいし、むしろこれからの課題である。しかし都市的な装置である中心、境界、交通ネットワーク、複雑さ、ランドマーク、広場といったからくりをものの領域で実際に住宅に埋蔵させることはできるし、にぎわい、活動性、隠れられる構造あるいは見張る構造なども埋蔵できる。埋蔵のイメージは観念から手法へと下降してくる兆しが見えてきた。

反転されたイメージは都市と住宅についての見解をも示唆している。それはもともと住宅とは自立し、自給自足する空間であり、そこは生産地から遊び場、いってみれば全自然が枠どられていた閉じた領域ではなかったかという発想である。それがしだいに分業によって外に出てゆき、寝床と全自然の写し絵としてのテレビだけが残って現在の住居となった。住居が形骸化の危機に見舞われ、そして都市自体が危うくなってきた最大の原因はいうまでもなく、住居から生産が剝奪されたところにある。その結果としての職住分離、一時代前では近代化のモットーであったこの形式こそいま都市を危うくしている。単純な話が畑のない都市、森のない都市、海のない都市が悪環境の元凶である。現在の都市といえども、もし農耕地が都市の内部に入りこんでいたらどれほど快適かしれない。住居に生産地や他の生産手段を入れこむことはもはやそう簡単ではない。でも住居とは本来、畑や森や海や川を実際に囲いのなかにもっていたのであり、言ってみれば自然が埋蔵されていたとするイメージはいま大事にしておいて意味ないとはいえないだろう。これは私が世界の田舎を旅して実際にみつけたイメージでもあり、少なくとも集落のレベルでは自然の埋蔵計画が意図されている例を見てきた。

いわば自立した個体の理念の前提条件は周辺からの関係を切断することであり、極端に切断を進めると死の空間になる。現実にはそれゆえ完全な外界との切断はないが、社会的には閉じた領域に自然が対位して、その個体の内部に自然が社会化されたかたちで埋蔵されることで自立性が備わってくる。多くの集落では他の集落や都市との関係を切断するのではなく、関係を結んだり切ったりする空間的な装置が工夫されているとみてよいだろう。現実的に埋蔵計画を進めるには、何をどの程度切断するかを見定める技術がいる。

いま話のいきがかりで個体を住居－家族にとってきたが、何が個体として適当であるかがいまうまくイメージできない。近代は支配的な層が残りの部分を分離器にかけて個体を個人として仕立てた。この分離状態の救済に乗りだしたのが階級概念であったが、空間的にはそれがよく見えていない。分離器としての空間は見えているし、現実の空間を階級的に理解することも見えているが、対抗手段としての階級概念を空間化することはできない。たとえば被支配階級のインターナショナリズムとは、空間的に何を意味するだろうか。こうしたある意味では究極的なイメージの前に、空間的に個体となりうる集団のイメージがあってもよさそうである。早い話が雨を共有するに適当な個体としての集団はどんな集団なのか。緑を共有するに適当な個体とは、といった笑い話風の問いが実際には大切であって、そうしたところがじつは文化の基底となっていて、見えてこないうちは新しい文化は出てこないから、いってみれば変革は遠いように思える。

表現行為はすべて埋蔵計画である。私の知るもっともみごとな埋蔵の表現はアガサ・クリスティのミス・マープルものである。彼女は村を一歩も出たことがない。けれども彼女は村に世界が埋蔵されていると信じているから、遠い町の事件でもむかし村で起こった出来事の記憶をたよりにかるがると解決してしまう。犯罪についてはミス・マープルの村は自立した個体であった。

建築とは、ある場面が実現することを待ちつづける空間であると私は思っている。そうした場面にあわせて設立する以外に手はない、といったほうが正しいかもしれない。建築はおそらく厳密には絶対に実現することのない場面の出現を待ちつづけている存在でしかない。その意味では建築は場面のイメージの埋蔵計画であって、もともとはかない試みなのである。どうせはかない行為ならば、こっそりとだいそれた場面を埋めこんでやろうと私はねらっている。

場面

　場面といえば演劇的なひびきがあるが、私は儀式にとぶ。演劇の発生について知るところまったくないが、演劇は必ずや儀式の代替物であると信じている。もしそうでなかったら演劇の発生をどう説明するのか想像できない。後に演劇が支配的な文化の一画を占めるようになったものの、私のイメージのなかでは儀式は支配的な文化であり、演劇はそのアンチテーゼである。

　私がそうであるように、たいていの人がそうだろうと思うのだが、想起する場面たるやことごとく演劇的である。これはいまの文化の想像力の射程の短さをさらけだしているし、いってみれば新しい文化としての儀式は手許からかなり離れているのだろう。たとえば近ごろの文学に力ないのは儀式をイメージできる作家がいないからである。ドフトエフスキーやカフカが心打つのは、彼らが儀式を書けたからである。カラマーゾフやヨーゼフ・Kには、プロセニアムがしつらえてあるのではなく、伽藍の列柱がパースペクティヴに見えている。日本でも古くは「枯れかじけて寒かれ」などと言えた人がいて、これを読めば秘められた儀式の緊張に眼が射ぬかれる。

だいたい私には儀式の直接的な体験がない。おそらく儀式とは、参列する集団への帰属感に涙するような出来事であるにちがいない。ときとしてこうした感覚を身に覚えることがまったくないでもないが、どこかに違和感が残っていた。感激や興奮のさなかにやがてくるであろう裏切りがかいま見えて、儀式は成就せず演劇に落ちこんでいった。それだけに儀式的な場面は私にとってますます憧れとなっていく。

ある懸賞論文の審査で、少女趣味的な死の空間といったような大江健三郎の引用がばかに多い論文に出合った。審査員のひとりがかつて死に直面した人で、私が日ごろ敬愛しているものだから、彼が評価したことについてはあえて反対はしなかったが、死を死にゆく人の側からとらえるような眼の視点は本来ならいちばん嫌らしい論文で、人間の死とは死にゆく人の死ではなくて、残された人間のための死なのである。それを死んでいく人間の死としてとらえて、ああだこうだといっても戯言でしかない。もちろん死にゆく人は苦しむ。と同時に、さまざまの美しいイメージが地球の生成から終末にわたって

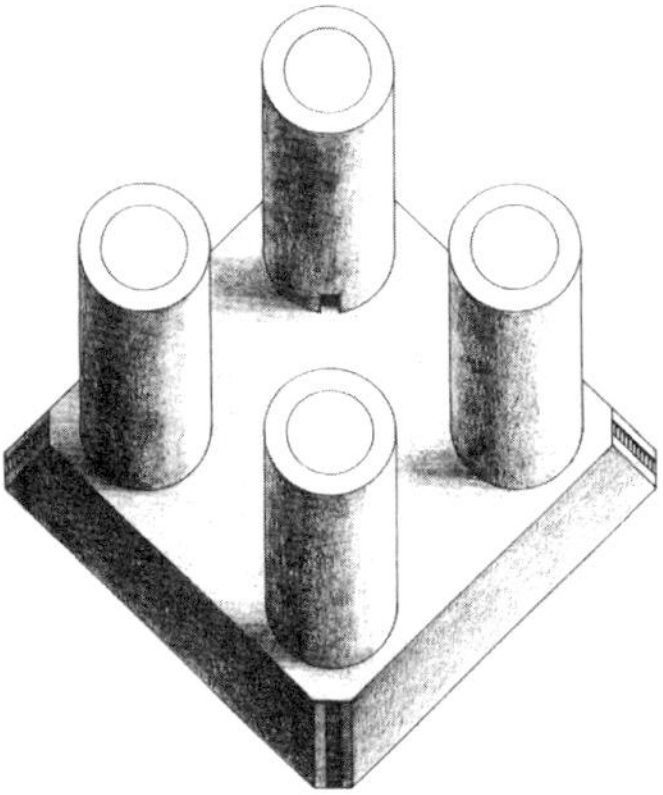

走りぬけるだろう。死にゆく人が母を想えば、それは天地を想ったと同じだ。その想像力を荘厳するために私たちは儀式を準備しなくてはならないはずである。そして私の部分がいま死にゆき、儀式をしつらえる大勢の人びとがまた私の部分であって、かように私は連綿たる時空に横たわっている。この場面に直面するのが死の儀式の役割であろう。
　もちろん、私は父の死に対してもそうした儀式をしつらえることができなかった。それは私の責任というのではなく、文化の責任である。そのわずかなつぐないとして、私は自分の家を設計して建てた。もし私の建築がいずれ儀式が実現する文化を誘いだす呼び水の一滴になっていないとすると、一生洋服を縫いつづけてきた父をまたもや裏切ることになろう。それを想えば、からだに一条の冷水が流れる。
　場面というといかにも具体的な映像を想ったりするが、映像が先行してそれにあわせて空間を組み立てていくといったものではない。建物に場面を埋めこもうとしても、それを他人に伝えられるどころか、自分でもはっきりとイメージできない。場面のために光の分布を考えたり、ディテールを納めたりするのではなく、実際には逆の作業である。住み勝手のよさや経済性を配慮していく技術的な丹誠が、うまくいけばある場面を形成してくる。父の死をふと想いながら図面を描くからといって、早い話が空間が暗くなるわけでもなく、私の家はとてつもなく明るい陽ざしに萌えている。というよりハレーションを起こしている。父の死は、なんといっても私たちが快適に生きるための死である。日本の寺のあの快適さはどうだろう。

危惧は、塗りこめられた場面が演劇的であるかもしれないところにある。つまり場面は他者にとっても、そして下手をすれば私にとっても外にあるかもしれない。この危惧はおそらく現実そのものであって、さらに現代の病根をあからさまにいえば、私たちが想像力をとぎすますほどに場面は私たちから外化され、もっともたあいない日常的な出来事、たとえば満員電車に乗っているときとか家庭の団欒《だんらん》だとか、そうした場面が優れて儀式的であるのだ。つまり機械化された日常的出来事は注視すれば現代の儀式の幕がたれこめていて、本来なら毎日毎時涙しなくてはならないところを私たちは居眠りに誘われる。日常的な出来事は冷徹に普遍性を誇示し、もはや説明するまでもなく完結性をもっている。それらは想像力が無効であることを繰り返し予告してくる。こんなにばかげたことが連続するには途方もない秘儀の魔力が不可欠であって、祭司たちの力量に感嘆したくなるくらいだ。正確に言うなら現代に儀式が欠落することを嘆くのではなく、逆に儀式が蔓延する状況にふるえるべきなのである。現代ではおそらく長く歴史はそうであったように、日常的な出来事はそのつど人間とは、お前たちは、と規定しつづけている。それはいかなる哲学より明快に、つまり場面として人間を決めつけてきている。現代の儀式は巧緻を極めて完成されてしまっている。にもかかわらず、いやこんな場面もあった、次にもありそうだ、新しい空間へといった語り口こそ隠微きわまりない。

不可避的な現代の儀式の重圧から想像力をとぎすまそうとするとき、その場面は演劇的にならざるをえない宿命をもっており、それは次の儀式にむけての代替物である。儀式的な場面に憧れるほどに、場面は優れて演劇的になる。

演劇的な場面が個人的な想念に対応するなら、儀式的な場面は共同性にねざす。建築の儀式などがもっぱら狭義の技術によって説明されるが、それはまったくのでっちあげであって、その文化の儀式的な場面の埋蔵に成功した空間の謂である。よく推敲された様式的な建築には不思議と儀式の場面が見えてくるのである。千年も続いた集落を歩いていると、建物と人びとの行為とのアイデンティティに思わずぞっとする。みすぼらしい小屋の入口あたりで、半身でこちらをうかがっている少女の姿など、この風情は少女の祖先にあたる少女がそのむかしスペイン人に見せた姿かたちとまったく同じだろうし、さらにむかしジャングルをかきわけてやってきた異部族の男たちが見た少女と同じであろう。この少女は集落のどの住居にも半身で立っていて、少女はもう千年も立ちつづけている。

だからといって、少女が窓口に立つ住居を礼讃することはできない。少女は、不可避的に立ちつづけたのであって、なにやら社訓めいた標語を背に、ふと笑う超高層のパーティションの少女とさして変わるものではない。ただ、ふたりの少女が儀式的な場面のなかに立つとき、ちがいは宿命の自覚の程度にあるのかもしれない。そしてこのちがいの原因は、おそらく誤りはないと思うが、自然と生活の結びつき方の差にある。かたや場面の背景は生産力ある自然であり、一方の場面の背景は物資が輸送されてくる空間である。生産力ある自然はただひたすら過酷であって、空間は限りなく豊かである。

自然は憧れとしての儀式に対し、空間は憧れとしての演劇に対する。不幸にもいま倒錯が起こって、空間に儀式が対している。もしいにしえの場面に傾注する意味があるとすれば、それは単純な過去への讃美ではなく、この倒錯のメカニズムを見やぶっていくためであろうか。かくて論理のゲーム、遊技的な操作の終わりにひとつの方針、つまり自然に対応する演劇的な場面を建築に埋めこむ倒錯的な手続きが誘導されるであろう。それは建築が自然から空間へと移行してきた過程の遡行である。

場面なる言葉は、普通名詞の枠から出て方法を呼びさます記号となった。もっとも建築的な自然は人間である。近代のもっとも得意とするところは、もともと全体的である自然から特定な関係を分断する作業である。科学の法則や分業がそうであったし、人間を個体として切断するのもこの自然観の延長上にあった。科学の法則が自然を写せなかったと同様、近代的な個人は自然としての人間を写せなかった。建築もいつのまにか自然を相手どるのではなく、物理的な自然条件に対置された人間の構図から脱出できなくなってしまった。たしかに、私たちの身のまわりから自然は欠け落ちてきている。けれども建築や都市にはいつまでももっとも豊かな自然である人間がいる。古典的な儀式にあっては、自然としての人間の秩序を確認しあう場面が用意されていたのだった。

あなたはいまどんな場面のリアライゼーションをのぞむことができるだろうか。もしその場面のリアライゼーションに途方もない魔力がいるようだったら、あなたは芸術家として成功することまちがいない。でも、キリコのような絵描きもいた。彼は場面を描きはしなかったが、ただならぬ場面のリアライゼーションが絵から予告されている。建築はキリコの絵に近い。場面そのものは、ふつう建築化されていないものなのだ。が、場面が実現されないではすまされないようなたたずまいが建築化される。場面を予知する力、兆しのはらみ、場面に近づこうとする凝縮力、それが建築の本質であるといってよいだろうか。共同性とは、あなたも私も同じ場面を画くような土壌の所在をいう。そして場面は社会的な規約そのものであった。演劇が支配的になったころ、その舞台はやはり社会的な規約としての役割を果たしていた。建築が場面を予告したりする力があるのも、じつは建築が古くから伝説や諺と同様に社会の約束事を物象化しているからである。いま約束事は巷にあふれている。だから空間的にも場面は制度化されてあちこちに見えている。それだけに新しい場面を描くことは容易でない。

あなたが想起するおぼろげな場面、もしその場面が心はずむほどに鋭く危険だったら、黙ってのみこんでおくことだ。やがてその場面の電位は高まり、誰かの心象に向けて放電するだろう。その男がまた沈黙して耐えていると、やがてもうひとりの誰かにその場面は射像される。第三の男は第四の男へ、そしてかなりの数の男の胸からフィルムをとりだすと同じ場面が写っている。もともと人間はさしてちがったことは想像していないものなのだ。惜しむらくいまの世には、高電位に耐える肉体が不足している。場面はそれがどんなに破壊的であろうと、秩序と同義語である。それだけにある場面を体内に埋蔵しておくのは苦痛なのだ。

離立

建物の基礎の下は長径一五センチほどの玉石を敷き並べる。これを割栗石《わりぐりいし》というが、自分の家を建てるとき、はじめて自分の手で割栗石を並べてみた。素朴な感じがあってなかなかよいものだ。建物の玄関まわりをこの手法で仕上げてみようと思い、みなに手伝ってもらったものの、およそ重さにすれば少なく見積もって三〇トン、数にしたらどうだろう万の台には軽く達している愛すべき河原石を一年がかりでひまを見つけては並べてみた。この石の並べ方には原則がある。石を立てて並べるのだ。こば積みという言葉がある。これは石の長手を奥行きにして壁を積むときの表示であるが、それに合わせて言うならこば敷きとでも表示できそうだ。要するに石はたがいにひしめきあって直立している状態に並べる。石を並べては眺めていると、ときどきおかしな石があるのに気づく。それは寝そべっている石だ。みんな直立して緊張しているあいだで寝そべっているからたいへん気になる。いつしか石を並べるときには、カミュの人間は直立していなくてはならないといったような言葉を頭のなかで繰り返す習癖が身についた。小さな石でさえ直立していなくてはならないのだ。まして人間は、といった意味あいのことを考えているだろう。こんな石にも並べ方がある。身を入れて並べると美しくなるし、いい加減にやると群立の美しさは欠ける。

むかしから塔を立てるのは人間が直立したことを記念し、それを忘れないためだろうとそのとき思った。樹木が林立した森はいつもイメージを喚起したが、なかんずく中世の寺院の列柱の美学を支えた。イタリアのサン・ジミニアーノは細く高い石の塔が林立する不思議な町だし、ユカタン半島のジャングルのなかのテイカルの遺蹟では、群立する樹木をかきわけてピラミッドが対峙して立っている。テイカルのピラミッドは、およそ他のピラミッドとはちがって塔のイメージに近い。こんな特殊な例をあげずとも、もともと建築のおもしろみは、いずれの場合も寝そべったり埋まっていた物質がいろいろに組み合わさって直立した複合となるからだろう。

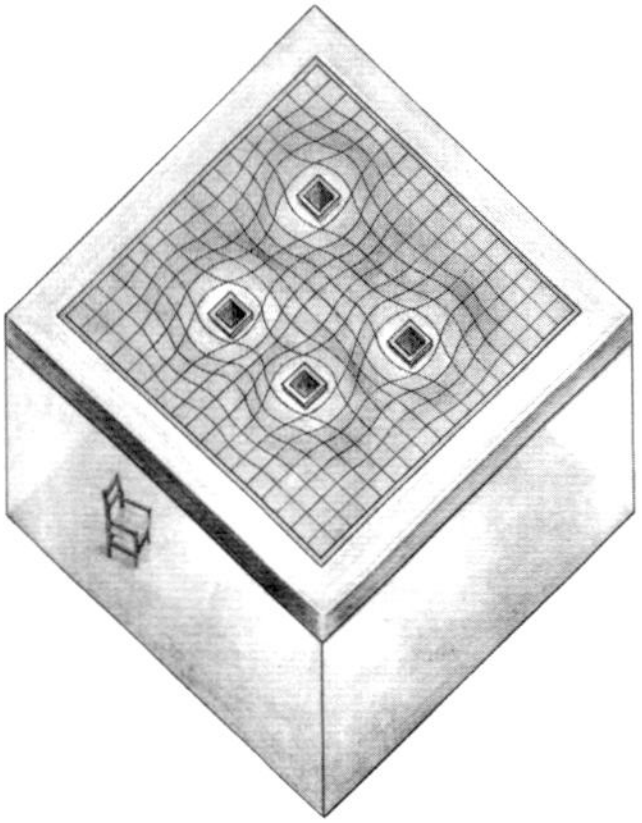

離れて立つ。このイメージは中南米のインディオの集落を眺めて歩いているときにはっきりしてきた。

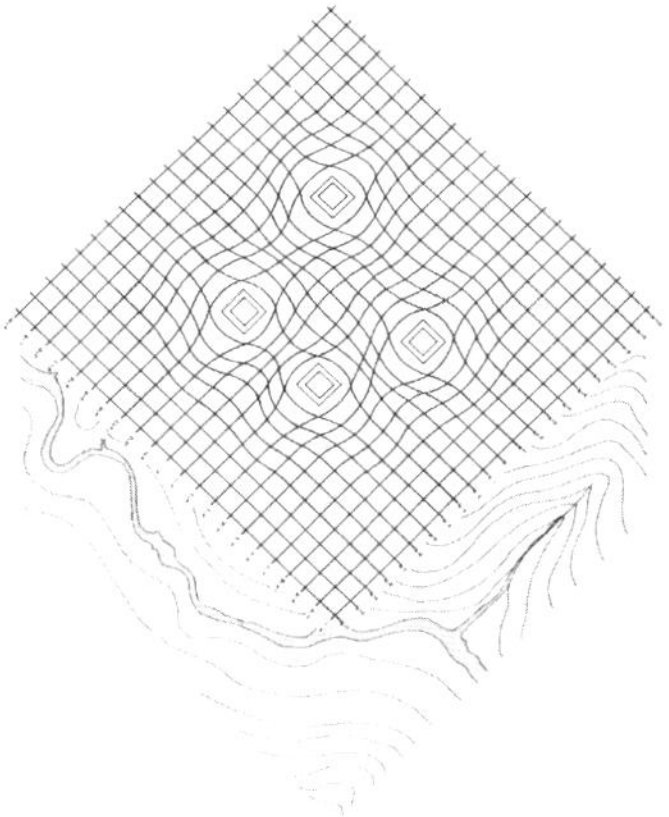

それまで私は、集落といえば割栗石のように密着して立つ状態をただちに想起していたし、散村といえば孤立した民家の集合のように思いこんでいた。インディオの集落はこのいずれともちがう。たがいに離れて立っていながら群立しているのである。日本の集落にも、たがいに数十メートルの間隔をおきながら集まっている例がないでもない。しかし、おのおのの住居は樹木や塀や小屋などでなんとなくつながった雰囲気になる。インディオの住居は、休耕地と耕作地のあいだに相互になんのかかわりもなく裸で立っている。それは農村でありながら荒涼とした都市の情景を思わせる。

ふつう離れて立つといえば傍観者、隠遁者を想う。群立する集団から遠く離れて自立する人間像を想ってしまう。が、インディオたちはちがう。すぐ隣の住居に手をさしのべることなく、群れて立っている。住居のあきのスケールが住居のスケールとうまく一体となって、離れて立つさまがかもしだされる。多くの場合、住居は母屋と厨房のふたつからできている。このふたつの棟の対峙が、いっそう他の住居との関係を絶つかに見せているのだろうか。こんな集落にありながら、インディオは共同作業で農耕にあたる。相手は厳しい自然だ。とうもろこしは休耕しないと収穫があがらないほど土地はやせ、日は照りつける。住居も共同で建てるから、スタイルはほとんど同じ。でも、たがいにわずかずつちがい、ずんぐりしたインディオの背丈にあわせてか住居のスケールは一段と小さい。隠遁者は東洋的な感じがする。ひとり離れて生の自然に対する。瞑想と黙示、感情移入と無常、結晶的あるいは幾何学的でなく、溶融的であり化学的である。豊かさからすると隠遁者にも二派あって、樹木鬱蒼として岩高く清流おちて鳥がとぶといった画面におさまっていると、かすみを喰う仙人まがいでもなんとなく豊かさを感じる。たいするに見渡せば花ももみじもなかりけりというのは芸の領域にしかない画面かもしれないが、荒涼としたさまがあって、貧しいがゆえに豊かであるといった反語の世界である。だいたい隠遁者は結局のところ豊かであって、術を身につけ、悟りを開き、美学を定立する。音響的には静かであって、蟬の声を鉱物に滲透させて音響を消すあたり、音に関してはおそるべき熟達の域を示す。そんなわけだから滝は落ちていても音はけっして聞こえてこない。が、沈黙と同化に表現の活路をひらくようでいて、ゆっくりと言葉少なげに、じつは饒舌に語るのがつねであって、そのための演出として音が消されている。インディオの住居のたたずまいは基本的に貧しい。だいたいかげりはあっても陰がない。樹木なく清流なく、地表はなめらかでなく傾いており、音が消えているが日が照りつけていて、ゴッホの絵のように音響的であるが、色彩があるわけではない。幽玄でないからといって欠如態なるがゆえの豊饒というでもない。欠如態そのものである。貧相なくせに、いやに力強くて、けっして語らず、しかし静かに笑ってもいない。悟りだとか感覚なんかまったく寄せつけず、何を考え何を感じているのかさっぱりわからず数千年経っている。かといって石のように反射的でなく、砂漠のように黙示的でない。風景は全体として懐疑的で、しかし懐疑的であることに気づいていない。不感症なのだが意志だけあって、狂気になるわけでもなく、抑えるわけでもなく、それが何に向けられているのかわかってもいない意志で、否定するのでもなく肯定するのでもなく、しかしどちらかといえば拒否であって、これでは侵略者スペインはほとほと困りぬいたであろうと妙な同情さえしたくなる。

だいたい離れることは考えることとほとんど同義であって、そのよい例がH・D・ソローで、彼は森のなかで考えた。ボストンの近くでソローがこもった森を訪れたことがあるが、予想外に浅い森であった。彼は離れているといっても、ときどき村に出た。そのせいか生活をめぐってなんとなく工夫してしまい、好奇心をもってしまう。池と池がつながっていないかと調べたり、地球に孔があいていることを想ったりしたのは森が明るかったせいかもしれない。怖ろしくない森を選んだのは、いかにもアメリカ気質が見えている。サハラ砂漠などでジュラバをかぶりひとりうずくまっているベルベル人やアラブ系の顔を見ると、何を思い何を待っているのか知るよしもないが、深く考えこんでいるふうでひとり残らず哲人のように見える。彼らには星座がどう見えるか、いつか尋ねてみたい。

エウヘーニオ・ドールス『バロック論』によると屋根裏部屋というのは精神障害者のためにとってある部屋だそうで、隔離はしておくのだが、精神障害者の神的な表現が大切にされた。獄中にある人の思想はよくふれることができるが、村八分にされた人の抑圧された思想はあまり知らない。村八分にされて考えた人は、どちらかといえばジョルダーノ・ブルーノのように意識は反転していて、逆に迫害者たちを彼のほうで村八分にしているから意気軒昂たるもので、およそ同情に値しない。

あれこれ建ち方を考えるのも、建築という職業柄かもしれないが、建つことは支えを失うことで、基本的には関係の切断であろう。私がこれまで設計した建物は、その意味からするとうまく建っていないのであろうか、なんとなく土にへばりついている。寝そべっているとは言われたくないが、器用には建てないでいることはたしかである。日常生活でかなり注意しているつもりなのだが、関係の糸がたちきれずに土にへばりつかされてしまう自分の像を見るようで、憧れは離れることに集中する。そうすればうまく建てるのではないかと思ったりしたが、インディオの集落を見て離れ方もさまざまであることを教えられた。だいたい日本人はおしなべて感覚が露出し、理解力があり、状況を見通すに敏である。ここでひとつの思想、美学をたてるためには旅に出たり隠遁したりしなくてはならない。今日のような過密状態になると、このふたつの手法自体有効でなくなっていて、あらたに日本的なるものの醸造を企てるなら、露出した感覚を内部にしまいこみ、不活性な理解力を養い、隣の人に言葉をかける気安さをまず切り捨てなくてはならないだろう。みんな勝手にしゃべるのだが、誰の発言にも耳を貸さず、他人についてはけっして言及することなく、同情せず非難せず、有機体を想わず結晶に想いをはせ、山を憧れず谷を懐かしみ、そしてこれが矛盾するようだが求心的でなく遠心的でなくてはならない。

ここで求心的になるようでは日本的隠遁をならうに似て、群立しながら離れて立つことおぼつかない。遠く離れたものを近づけるのが近代の関係をめぐる技術であり、そんな空間ばかりがめだって、都市は乱れ村は荒れた。手許にあるものどもを遠方に運び、ますます遠のかせる空間がひとつのめやすであって、それはどうしたら実現できるのか。斥力の世界は関係の切断のように甘くない。拡大する宇宙は美しい。

下向

上向に対するに下向である。おそらく多くの建築家がそうであるように、私も建築は上向的空間であると思いこんでいた。上向のシンボルは祭壇である。祭壇に向かうこと、すなわち上向であり、建築的精神は、この神聖なる場へ向かおうとする衝動に対する大多数の人々の共有と支持をうけて有史以来疑われることがなかったのである。

そのため建築は山であると考えられていたふしがある。山としての建築は必ずしも権力の表象としての建築にとられた空間の仕組みだけとは限らない。多くの集落といえども共同体を組みあげるときには山型の空間をとっていたのである。上向的建築精神は、山ではあきたらず塔を立てた。塔に対する憧れは、今日たりとて絶えるどころかますます強くなり、より高く立てることが好まれる気風は続いている。

一方、下向は下ること、言ってみれば俗へ帰ることを意味している。それは上向に対して空間的には複雑さをもっていて、俗界においては精神的な支柱を見いだすことがたいへん困難であると同様に、建築は人びとの共感を単純にかちえる空間的仕組みを発見することなく今日にいたっている。

上向あるいは下向を空間的な比喩としてとらえるなら、下向的空間の事例は数多い。たとえば茶室などは比喩的にまちがいなく下向的空間である。しかし裏をかえせば、そうした比喩としての空間には下向こそ上向であるというからくりがある。ここで言う下向とは物理的に下ってゆく空間であって、たとえばカタコンベのような空間である。物的な空間であれば、上向であれば必ず下向の過程があって、早い話が階段は上るときもあるし、下りるときもあるではないかと思われるかもしれない。が、そういうものではないのである。建築的空間にはほとんどの場合、方向性を消すことはできないといってよい。

中世の町の教会はひときわ高くそびえる。このそびえる頂きにたいするに深い穴を掘ったという例はまずないといってよいし、あっても例外である。

私が建築は谷であると考えはじめたのは、具体的には粟津潔の住宅の敷地を見に行ったときである。この敷地はどう考えても上向的建築を誘起してはいなかった。高い位置からアプローチして生活する場所へ下りてゆかねばならない。それ以前、幼稚園（慶松幼稚園、一九六八年）をつくるとき、一度子供たちを屋上へ上げて部屋へ下ろしたことがある。考えてみればこのころから下向する空間に興味を覚えていたのかもしれない。だが当時は、建築は谷であるとは思っていなかった。栗津潔の住宅をつくったところは、私は場面の概念にとらわれていた。この敷地を見たとたん、下向による儀式の場面を着想したのだった。

下向する空間の代表は、ギリシャなどで見る円形劇場である。この劇場の形式は観衆が相互に観察しあう俗界の空間の仕組みをもっていて、場面の構築に複雑さが生じる。先年、東欧の集落を調べに行ってユーゴスラビアのアドリア海岸に美しい集落が並ぶのを見た。その多くは峠を建物が埋めて地形的な頂点に教会が建ち、海面からは城壁が建って集落を囲む。この海面パターンがアドリア海沿岸に繰り返される。ドブロフニクはそのなかの例外である。この町は港と続く谷

すじに細長い広場を配して、谷底に教会を置く。城壁は集落のいちばん高いところをめぐっている。まさに円形劇場の原理をそのまま町にした仕組みである。つまり、町は劇場なのである。この名高い町のつくりはまさに下向的空間の数少ない例であり、その構築力は惜しみない感嘆をうけるに値する。

日本には古来微地形を活かした空間があり、またそうした空間しかないと言ってもよいのだが、なかでも谷は里のイメージとつながって、住むに好適な場所とされてきた。それはのどかで、ある種の境地を実現しており、漠然とはしているが精神的な意味あいをもっている。この場合、建物は地形と一体化していて、建築とは農家のひとつひとつを指すのではなくて、谷そのものであると言ってよい。

つまり、上向的建築が自然の補完項としての意味あいをもつにたいして、下向的建築は自然がこれを誘導する。下りるということはまずないと言ってよい。しかし、もし上向的建築にたいするに下向的建築をあてようとするなら、決然として山を下りるといった気概というか決断をもりこみたい。自然にさからうことなく、しかも劇的に下りたい。枯れていない、なまなましい欲望はあえて否定することもなかろう。

しかし、だいたい下りというのはむずかしい。山に登った人なら知っているだろうが、登りより下りがたいへんなのだ。登りは目標がはっきりしていてメカニカルな行動である。下りはひざに疲れがくる。雑念が入りこんで判断力がにぶる。私は南アルプスを毎日眺めて育ったので、あそこは庭だといった感覚がある。幼な友だちもみんなそんな感覚だ。が、あるとき仙丈、北岳をめぐって沢下りしたとき、まったく判断力がにぶって、全身びしょぬれで堂々めぐりした経験がある。沢でぶっ倒れたのがさいわいして帰ることができたが、その夜私ははじめて来し方ゆく末を想った。家に着いたときには新品の靴の底が抜け、十日間ほどはって歩かねばならなかった。下りは恐ろしいと知ったのはこのときである。

山頂で迎える朝日ほどしらじらしい光景はない。それに比して日没の美しさは空間的に比類がないと断言できる。色彩が刻々と変わり、そのさまは音響的である。有機的でなく結晶に似て鉱物的で、ピタゴラス派のひびきがある。建築はそうありたい。どこか冷えびえとした感覚が空間には大切なのだ。自然に合わすというだけではつくる指針たりえない。やはり私たちには、自然のなかで構築的精神が弛緩してゆく方向ではなく、自然によって自然である私たちの構築力が喚起される、そうした自然が必要なのだ。

死に向かって生きているといった構えは、いまは流行らないかもしれないが、それは厳然たる事実であって、これこそ下向する空間を支える本質である。上向的建築はこの不可避のプロセスにたいする救済を意味するがゆえに、じつは普遍性をかちえているのである。しかし、そこからは結晶のたてる透明な音は聞こえてこない不満が残る。現代の日常を支配する文化に即した自然観が欠如しているふうに思える。現代においては上向的空間では、死へのプロセスは語れない。人間が自然であるという認識が欠落している。死を音響的に構築するための自然観、それを培養できるとすれば、下向的空間ではないだろうか。

つまり、近代の壁はいろいろな方向から破られるとしても、死に向かう自然としての人間は壁をつきぬけるための重要な鍵なのである。

反転

反転はかなり以前から私の関心事であった。十数年前、植田実がいまでは廃刊になった「建築」誌にいたころ、「プトレミーの弁明」という文章を書いた。プトレミーとは天動説論者のことで、たしか植田実がこの言葉を教えてくれたと記憶している。この文章では、それでも地球はまわっていると言わねばならなかった地動説論者と天動説論者を入れかえることによって建築の方針を描きだそうとした。つまり、近代建築が社会にたいする倫理性と大義名分をもって人びとのために建築をつくろうとするのにたいして、建築は私のためにつくらざるをえないことを主張した。いまなら近代建築、すなわち均質空間というはっきりした規定があるから、必ずしも天動説論者になりさがらなくてもすむ。コペルニクス的転回にはほど遠いが、当時はおおかたのところは近代建築の大義名分が公認されていたのである。

けれども、私の思考と感覚のなかでプトレミーの弁明は続いて、反転が方法やイメージのなかで具体的になってきても、近代の方法そのものの反転になっていないところから錬金術とか擬似的と言わざるをえない。つまり、均質空間そのものを転回させるのが本物の反転なのである。本物の反転には時間がかかり、それを「一枚のスケッチ」として未来に委譲しようというわけである。

私がいう反転の手法では、ラグナル・エストベリのストックホルム市庁舎（一九二三年）やH・P・ベルラーヘのアムステルダム証券取引所（一九〇三年）において室内を室外の表現でまとめる手法が参照されている。そうした表現になれていなかった私は、はじめてヨーロッパへ行ってたいへん意外な印象をうけた。反転のおもしろさは、なんといってもその意外性にある。つまり、それは一種のからくり、仕掛けなのである。ルネ・マグリットの絵はまさに反転の絵画であり、スケールの反転、昼と夜の反転、重力の反転等々を題材にしてその専門家となっている。空襲の照明弾であたりが昼間のように明るくなったときの私の記憶が、マグリットの絵と重なる。しかし、もっとも巧妙な反転の仕掛けはマルセル・デュシャンに所属しているように思える。

物語の意外性を支える手法のひとつに反転があり、とくに探偵小説、最近ではSFがこの手法をもっぱら使っている。というより、この反転がなかったら物語が成立しない。だから読者は、あらかじめ反転を予測してもっとも犯人でなさそうな人間を読みあてるようにつとめる。そうなると作家のほうでも用心して、さらにそれをひっくりかえすようなプロットを組む。反転の反転である。なぜそのような反転が起こるかというと、探偵小説では作家はあたかも精緻な記述で状況を塗りこめ、完全な論理で事件の周辺を閉じこめているように見せかけるが、そこに抜け道をつくっておく。その抜け道とはひとつの孔であって、その孔があることによって、ちょうど孔のあいたゴムまりの裏と表がひっくりかえるように、やがて事件の周辺は裏側を示すのである。クラインの壺は、孔がなくてもいつのまにか表と裏とが連続的に反転してしまう閉曲面で、もちろんそのような立体は実在しないが、いかにもありそうに思える壺だ。この壺は、立体としての孔よりもう一次元高いような仕掛けであって、うまくすれば建築的なからくりに仕立てることができるように思える。

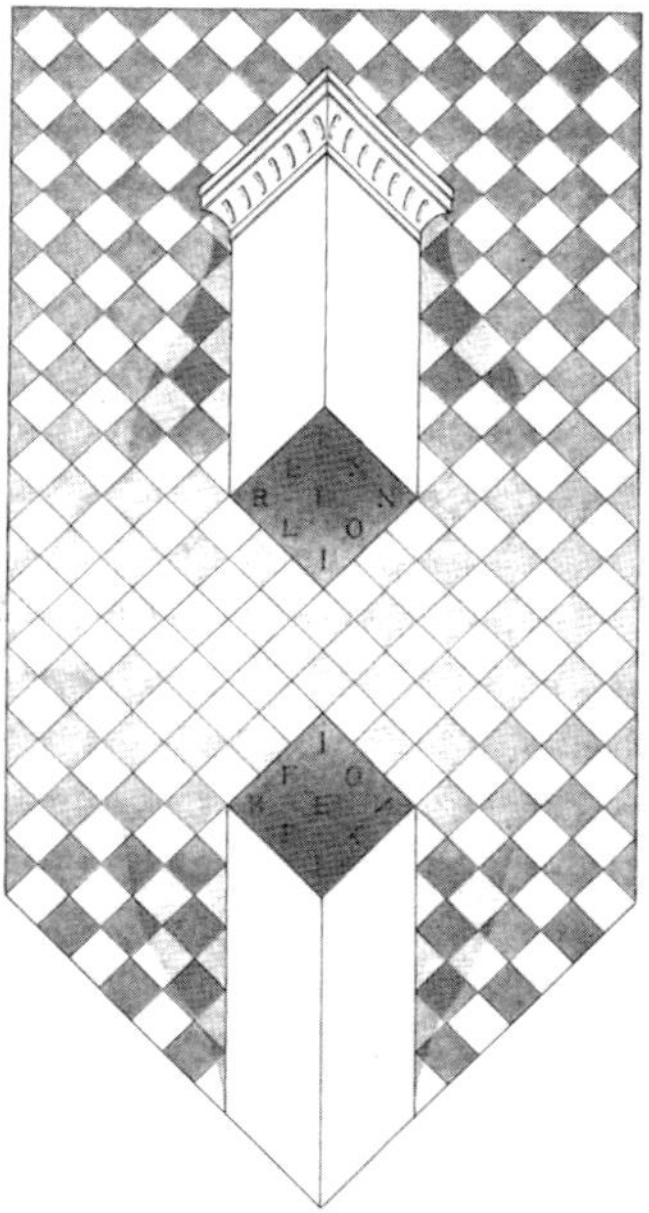

ことばのうえで一口に反転と言っても、いろいろなレベルがある。反射も一種の反転といえるし、カバラの宇宙シンボル、倒立樹のようなものも反転の一種である。こうしたさかさまの関係は、たとえば山としての建築にたいする谷としての建築というようにいくらでもあるだろう。しかし、ことばの忠実なひびきからすると表と裏がひっくりかえるのが反転であろう。この現象は都市にときたま見うけられて、それまではなやかな通りのかげで裏通りだと思われていた街が、しばらくすると建物がたちならび、いつのまにか表通りになってしまう。ただ、ここにはあたりまえの仕掛けしかないから、人びとは反転が起こったとは思わない。均質空間は、その象徴とし

て超高層建築をしたがえ、都市の表になっている。これを裏に反転させる想像力が、今日ただひとつ問われている空間的想像力である。

ローレンス・ダレルのアレキサンドリア四部作は、文学における方法というばかりか建築的な方法をまでを提起しえたすばらしい作品である。ダレルの文学はすべてのことばが光彩を放っている驚くべき作品で、そのため表面からは方法が消えている。全篇、魅力ある解放された箴言集といってよいだろう。しかし、私たちをもっとも驚かせるのは、やはり登場人物間の意識の組み立て方である。四つの物語があたかも四面の鏡のようになっている。仕掛けは、作者にとってまず軽いからくりである。ダレルはほんのわずかな登場人物の、ほんのわずかな動きしか記述の対象にしていない。その動きがそれぞれの鏡に角度をちがえてうつされる。したがって、とある小さな出来事もそれぞれに異なった像をつくる。ところが、ときに角度がちがうだけでは終わらない。反転して、うつされることがある。たとえば『ジュスティーヌ』でダーリーは、彼女に愛された記憶を綴る。ところが『バルタザール』では、ジュスティーヌにとってダーリーはおとりにすぎない。この四部作は小説のなかの都市を描きだし、それがたいへんうまく描けていて、多くの人びとに都市を感じさせるのだが、私がまさに都市だと感嘆せざるをえないのは、四枚の鏡というかスクリーンを使った仕掛けであり、四部作を通じて話題となる仮想の小説『風俗』が浮きださせる「小説のなかの小説」の仕掛けである。この小説にあらわれる結社はカバラを研究している。実際は小説自体がカバラの研究に近い。

ダレルの小説でも、反転は埋蔵と並行して同時的に使われる。この種の手法の近親関係を示す一例となっている。たとえば反射がまわりをうつすだけで使われるとき、それは一時期の高層建築のカーテンウォールの鏡面効果として、しげく用いられた手法であるが、たいへん退屈な効果でしかないだろう。手法はつねに複合されたかたちで用いられるべきであり、その複合がじつは手法ではないだろうか。

弁証法は、もしそれが劇的であれば反転の反転である。二重の反転の後に生成する現象は、原像と反転像のいずれでもないとされる。それに対して、東洋的な空の論理はまず反転をする。次に二回目の反転をする。そのいずれでもないから、反転と二重の反転とあわせてさらに反転してみる。これは事実上無限の反転と同じで、ある絶対的な像が生じることを教えている。ここでは否定の操作を反転と読みかえたにすぎないのだが、場合によっては否定というより反転に近いように思われる現象が起こっている点に注意したいのである。反転してみると裏側には、Aでないものの全部が書きつらねてある。さらにもう一度ひっくりかえしてみると、Aか無かあるいは空間（集合）の解体かが書いてある。弁証法は、その三つのうち最後の項目をとる。空の論理は、Aでもなく無でもなく解体でもない状態をよしとする。両者に共通しているのは、ある程度反転を繰り返すといつのまにか原像からは予測されない像があらわれてきてしまうところである。いいかえれば魔法のようなものなのだ。その魔法の過程があるからこそ実践が入る余地が出てくる。表現の領域もまた然りである。

つまり、反転とは本来対立関係を逆転するのではなく、それらを消し去ってあらたな体系（空間）をつくりだすことを意味することばであるはずである。逆転の操作がときたま体系を破壊することも起こりうることを、地動説のような事例が示している。

私たちはあらゆるものを反転機械にかけてみるわけにはゆかない。そこで何をかければよいかを問わなくてはならない。一種の魔法であれば、反転によって生成する現象もそのつどちがってくるから、いつどこで等々の状況がかかわってくる。こうした事項を問わないで反転機械をつくったり動かしたりしていると、知の対象化が起こる。もっとも、そうした機械づくりの魅力はたいへんなもので、それはコンセプトとほぼ同義なのである。

Ⅳ　有孔体

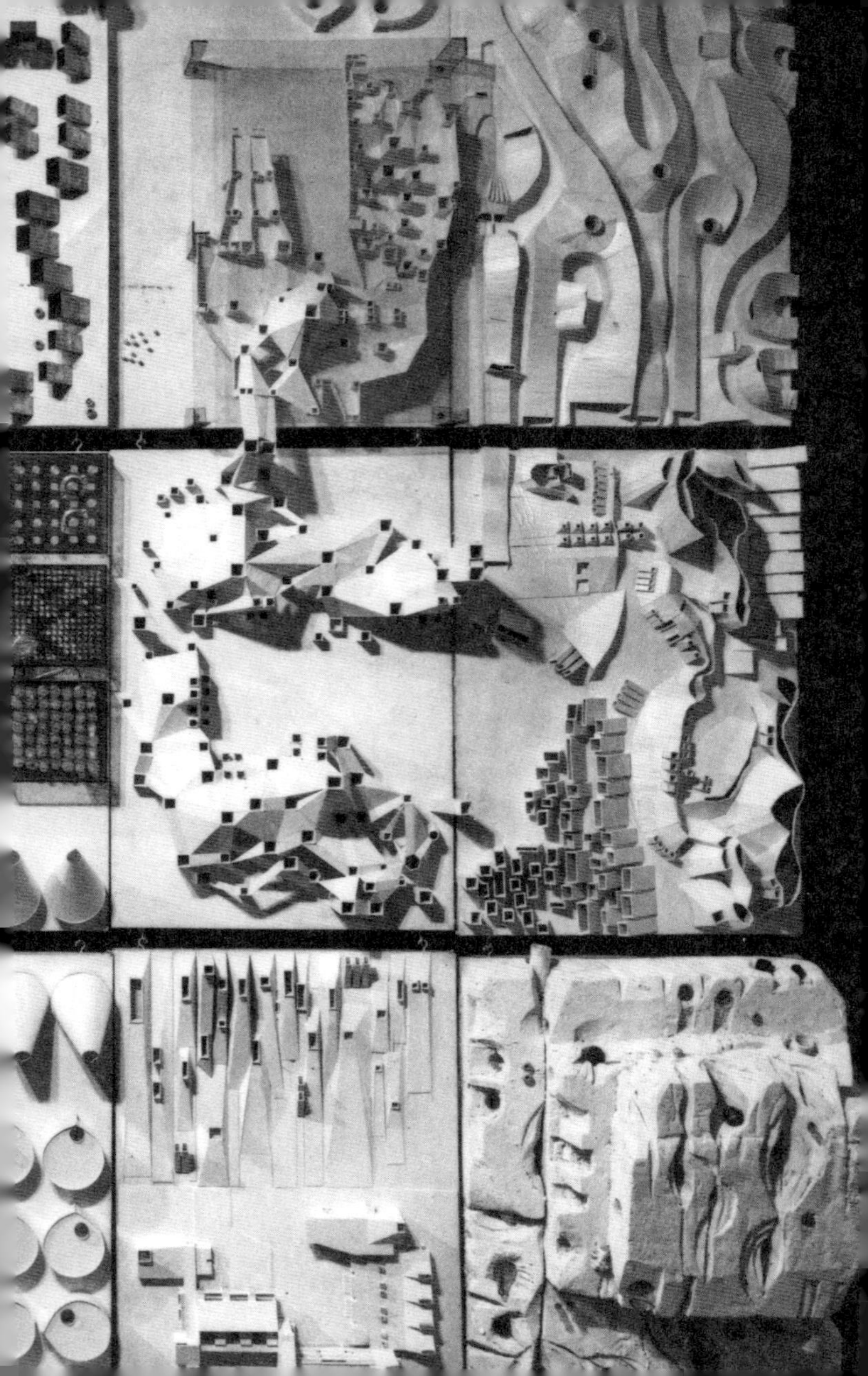

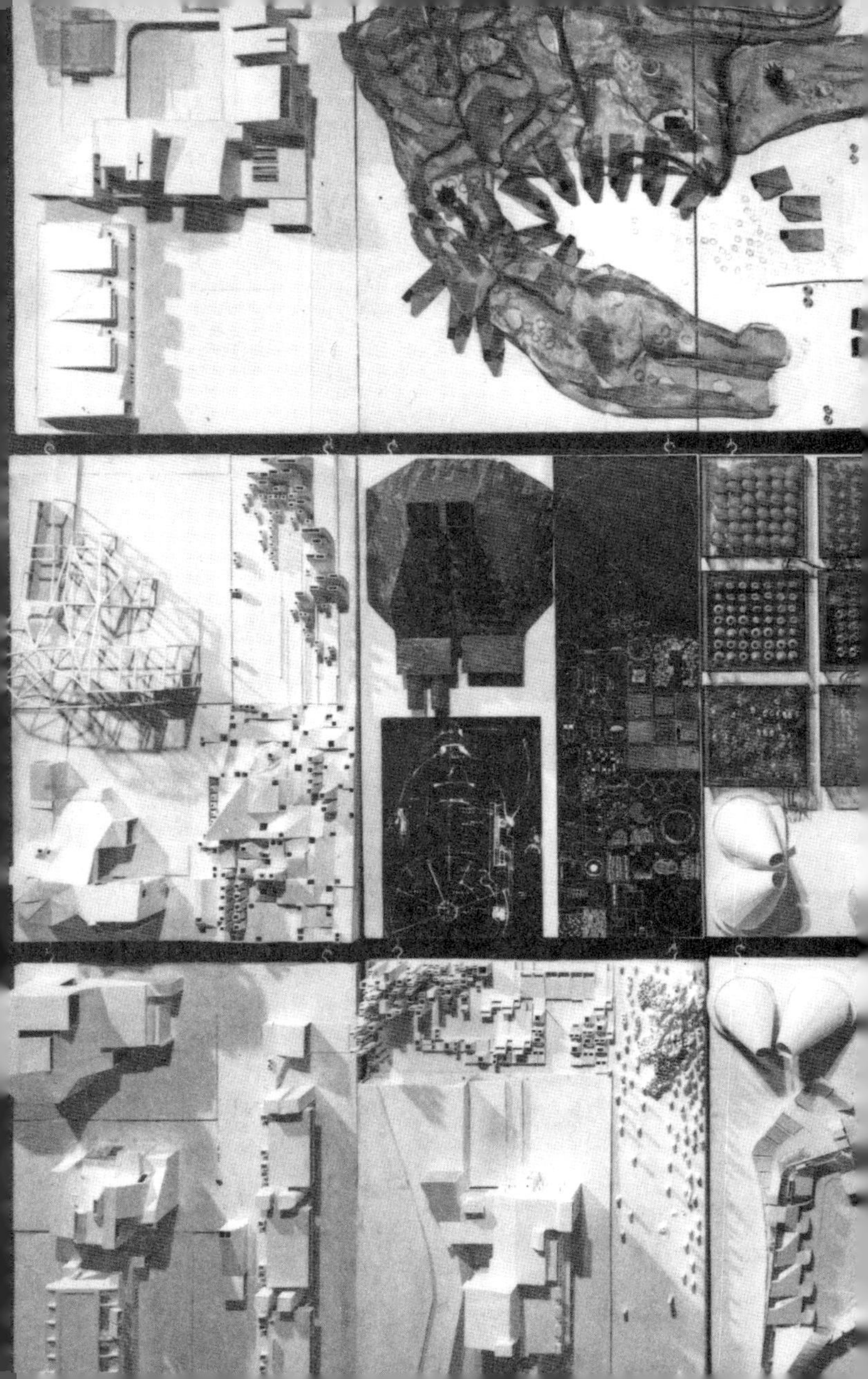

インダクションハウス

右ページ・2021年、解体直前の伊藤邸（1967年）
188-189ページ・「有孔体の世界」（1965年）

INDUCTION HOUSE '68

INDUCTION means an effect of space, or environment. It de - rive from the image of electricity. The situation of induction happens before that of Identification.

Movability helps the INDESIDABILITY of space, induces the situation interference among movabie element. In that state we can feel and understand our environment and society.

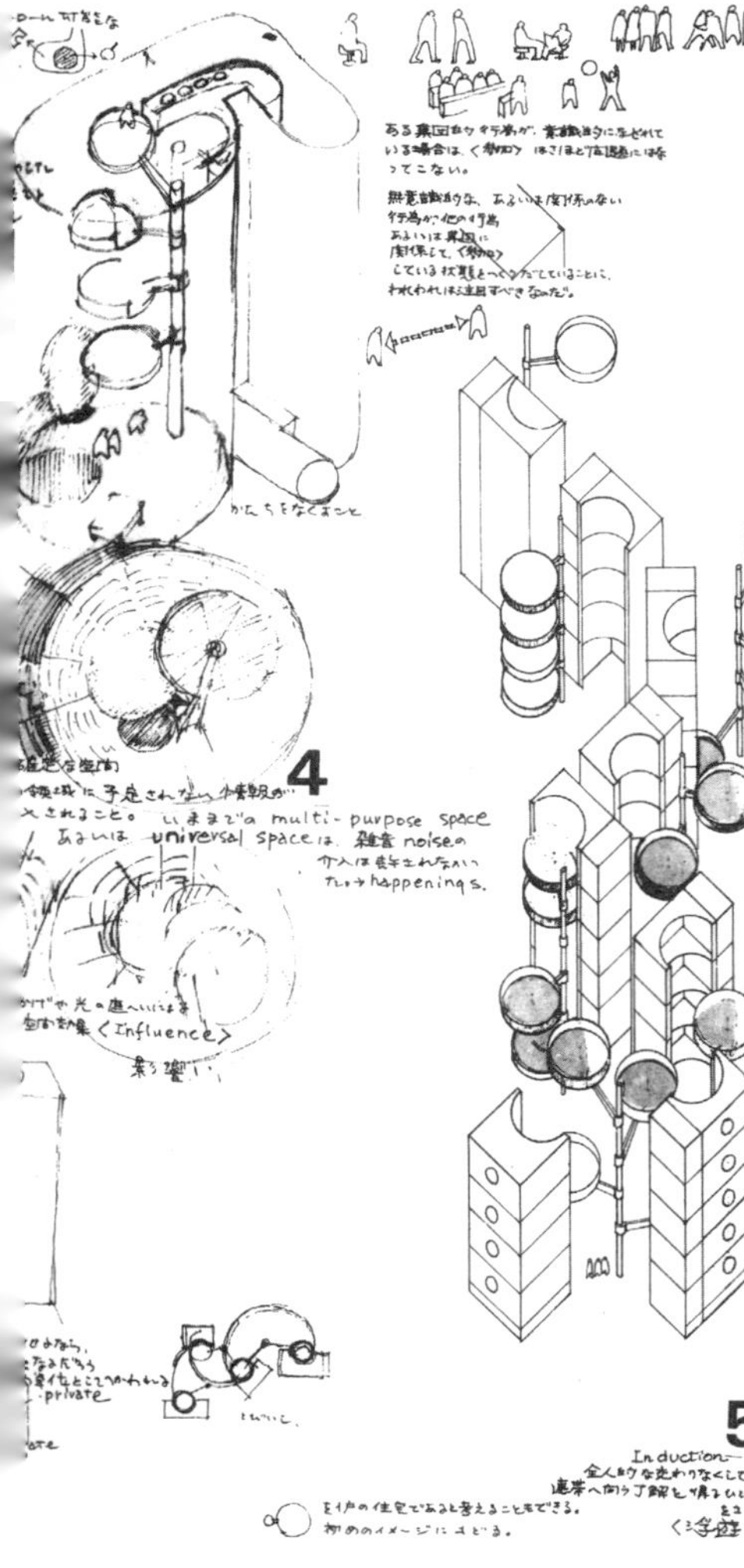

4

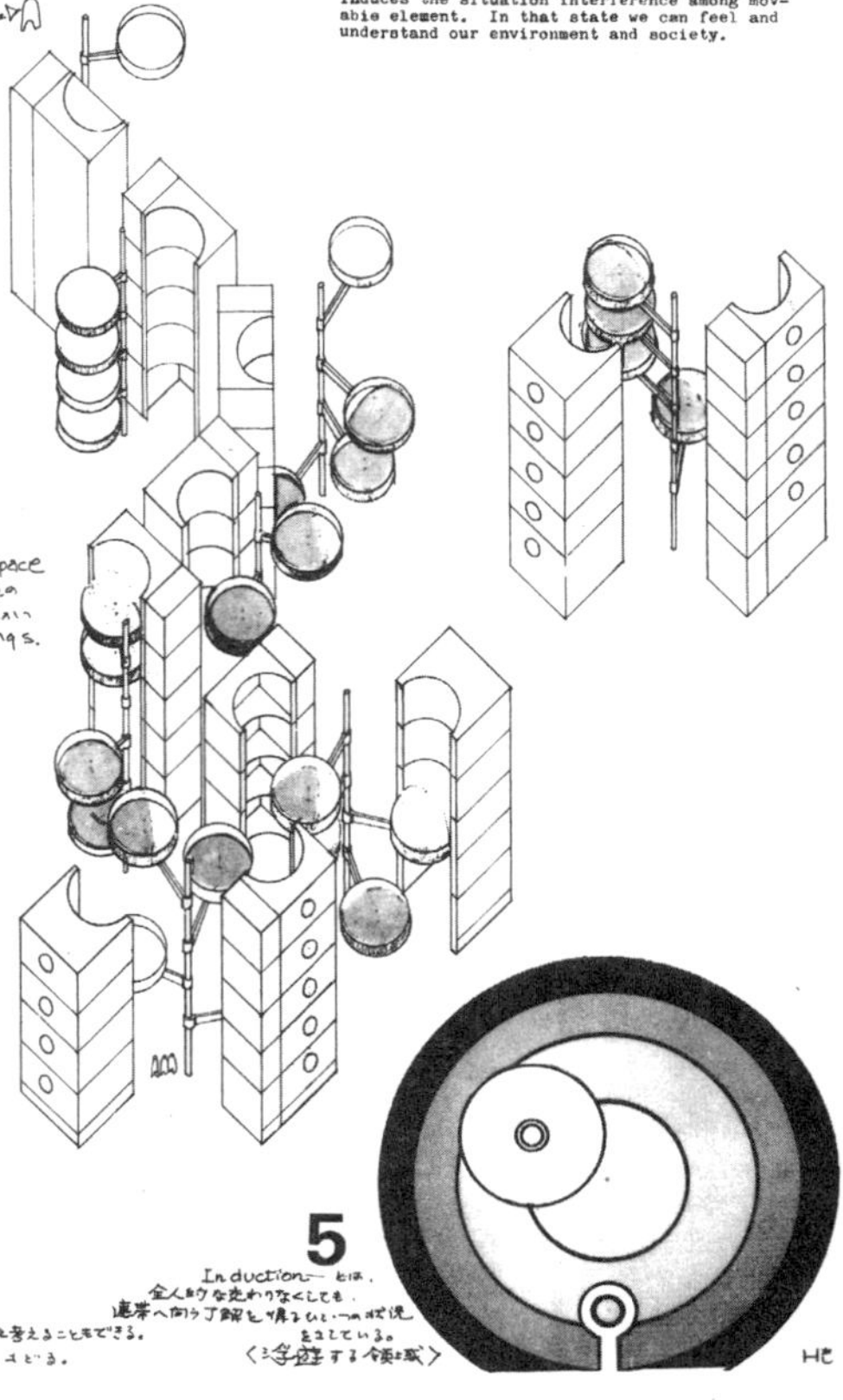

5

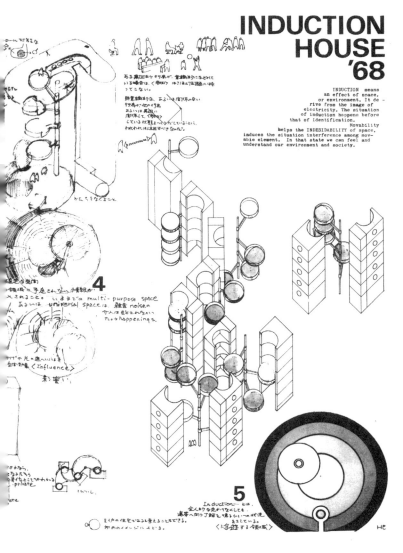

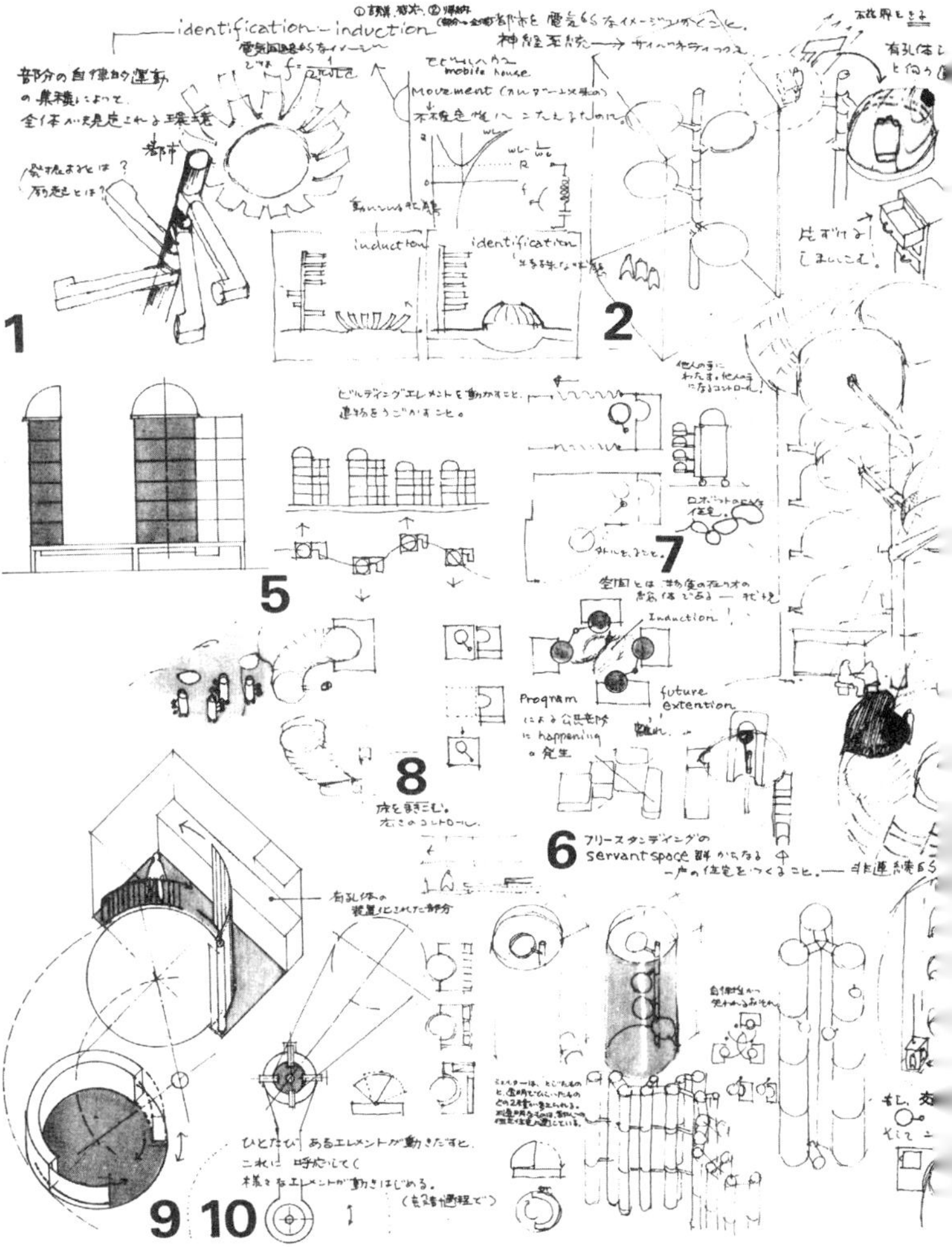

identification — induction
部分の自律的運動の集積によって全体が規定される環境
都市
mobile house
Movement
induction
identification
1
2
ビルディングエレメントを動かすこと。
建物をうごかすこと。
5
7
Induction
Program
future extention
8
6
フリースタンディングの servant space 群からなる一戸の住宅をつくること。
有孔体の装置化された部分
ひとたびあるエレメントが動きだすと、これに呼応して様々なエレメントが動きはじめる。
9
10

induction-house '68

induction の意味　（1）誘導、感応。（2）帰納（部分→全体）。

設計・原広司　協力・神山保弘、菅原賢一

発想——

すでに都市的な有孔体モデルでの発想があった。個人あるいは小集団の自律的な運動のなんらかのかたちの社会的な私が公共的な施設をコントロールするという都市モデル。すなわち個人あるいは小集団の意識を反映して変容する都市。この発想を住宅のスケールに落とすこと。

運動の形式——

いくつかのエレメントが自律的な運動をとること。浮遊→同調。あるいは浮遊そのものが感応現象。もっとも単純な円運動の重ね。自律ずれの現象感応。モービルハウス。

浮遊の必然性——

部屋の位置の移動。閉じられた空間から開かれた空間への区間をもつこと。公共的な（たとえばリビングルーム）領域との干渉。そこに生ずる矛盾。その解消。それゆえ

ひきだし——

のイメージ。部屋をしまいこむ。

induction の現象——

公共的な領域へしのびこむこと。そこに落ちる影と色彩。浮遊する部屋同士の干渉。状況の培養。

シェルターがないなら、他人とのかかわりあい。してみると
プロジェクトの目的――
前述の内容を単純に示すこと。
集合――
塔の集まり。装置化された床版が必要。塔自体も動く？　高く重ねることが可能か。集合の場合
シェルター――
ありは、クール。ないしは、ホット。ないしは、愉快な住宅ができる。離れをもつ家。シェルターを動かすこと。つまりビルディングエレメントの移動。それは
床版面――
のリビングルームの使用目的がもともと不確定性をはらんでいるから、これを培養するために要請されている。その意味の延長で、浮遊する部屋群は床を軌跡上に張ることが望ましい。
浮遊する部屋群――
は小シェルターをもち、それらは制御装置としてさまざまに働く。手すりやカーテンも同様である。
この円盤は純粋な served space であり
動かない部分――
はさまざまに装備された servant space となるだろう。ひきだしが閉められたとき、つまり両者が identify してはじめて有孔体らしい空間が成立する。光や音の制御の度合が高くなる。
以上の原理――
は今後の環境形成の指導原理となり、より技巧的に物質を支配するだろう。

有孔体の理論とデザイン　空間制御装置からなる構成的建築へ

1　フォーマルな建築に対する批判　部分（＝個）を許容する建築へ

現在われわれの身近に見いだす建築には、あらかじめ全体がなんらかのかたちで規定されてできている建築が多い。これらの建築は、計画される以前にあらかじめ与えられている条件によって規定されているのである。いわば「外から」条件が与えられているのである。たとえば箱型の建築はあらかじめ周囲との関係から敷地が方形であり、その敷地にはいっぱいに建て、経済的には等スパンラーメンを組み、施主はカーテンウォールを望むといった諸条件が、建物の内部がどう組織されるか、それぞれの部屋がどのように構成されるかといった課題に先だって与えられる。これらのアプリオリな条件は簡単には打破できない必然性をもっている。しかし、それらの条件をのむことによって多くの大切な事柄を失っている。

さらに、普遍的な建築とは別なきわめて意図的な建築のほとんどが全体から部分へと下降する方法によってつくられる。この種のデザインは当初に与えられた諸条件を検討し、そこからもっとも適切な全体的なパターンをつくり、ふたたびこのパターンから部分へと下降してくる。なぜなら、このパターンはけっして部分的要求条件をすべて満足する、といったかたちでは抽象されないからである。もちろん、全体的パターンは部分的検討によって修正されるという作業がともない、下向（分割）と上向（構成）が繰りかえされるであろう。しかし、初期において全体的パターンを与えるという方法は、おそらく形式主義的な建築を生みだすであろう。

形式的な建築はさまざまな特質をもつ。たとえばミースの建築は、美学的な建築であってもそれ自体形式的であり、それゆえに普遍性をもっているのである。ミースがめざしたのは完全に均質な空間の生成である。均質な空間は彼の哲学が示すとおりきわめて普遍的である。均質な空間は方向性の完全な除去によって達成される。空間の均質性は箱型建築の特性である。箱型建築はその均質性ゆえにわれわれの嫌悪を誘うのである。均質性は部分の空間が特異性をもとうとする志向を否定してしまう。それはただちに人間－集団関係にも影響をおよぼす。資本主義社会における労働者に対する見方、官僚機構における個人観はまったく均質な空間に反映しているし、逆にそうした空間をもって労働者や構成員の性格を規定してゆくのである。均質な空間を支えている理念は「アプリオリな原理によって各部分を統御する」というものであり、「体制を統御する原理のもとに個人は全面的に従わねばならない」という社会理念に呼応する。ここでは矛盾がまったく認められない、完全に統御された組織の世界である。つまり均質な人間の育成に、建築設計の方法が符合するのである。均質な人間は識別ができない。それは建物相互の識別ができず、建物内で自分のいる位置がわからないという事実に通じる。組織において個人の欲求が抑圧されていれば好都合であるように、建築にあっても部分の要求条件を捨象することは好都合なのである。

箱型建築は「外から」の条件として、一般的には経済的であることが課せられているであろう。しかしそればかりではないはずである。均質性を否定する見方からすればコストプランニング上肯けない建物も多いからである。むしろ均質性をアプリオリに選ぶという態度があると考えたほうがよい。こうした建築ではあいまいにされる諸点も、パターンによって統御される建築を検討することによって明らかにされるであろう。パターンによる建築は、建物全体としてはきわめて特異性をもつ。この建築を基礎づける思想は個を保存しようとする。建築は他の建築とは異なったパターンをもたねばならない。これは方法の創造性を支える必須条件である。つまり建築がひとつの部分（単位）として考えられるのである。都市あるいは建築群に志向するばかりにスケールの飛躍がおこり、その結果、部屋・廊下といった部分が建物の全体を規定する原理に抑圧されてしまう。パターンによって支配される建築は、日常化され惰性化した周囲の建築に対して統一と秩序の優越を示す。したがって、もし建築家に都市の計画全部が与えられれば様相は異なってくるのかもしれない。あるいは逆にそれ以上のスケール、たとえばコミュニティをパターンにもちこんでしまう危険性もある。

それゆえに形式的な建築はモニュメンタルであり、了解しやすいのである。周辺に存在しない秩序や統一をもつことから識別され、さらに全体がたやすく形態的にとらえられる。この形態は力学のパターンと一致し、ル・コルビュジエ的な共通言語性と力学を露出するという倫理性によって基礎づけられる。これらの諸点は否定されるどころか優れた側面である。それゆえに現在、丹下健三をはじめ、ルイス・カーン、ヨーン・ウッツオン、バックミンスター・フラーなどの巨匠を継ぐ人びとの方法となっているのである。けれども、かつてチームXが「閉された美学」としてこれらの美学を批判したと同様な批判が向けられるであろう。

パターンあるいは形式というものがなくなるというのではない。アナーキーを否定するかぎり、パターンや形式は存在してしまう。それゆえいかにしてパターンが形式化され、そのパターンがどのような内容をもつかが問題なのである。パターンが内的諸条件の抽象であるといっても厳密でない。すべての建築がそうであるからである。要はそのパターンが部分を保存しうるパターンであるかどうかが問題であり、何を有利にし許容するパターンであるかが問題なのだ。幾何学的な形態を保存するのか、構造的な整合性を保存するのか、そのようなパターンを原理とする建築が形式的であるとし、さしあたり批判しようとしている。そして反対に内部空間各部の特異性および目的性が保存され、空間各部の結合関係が最適にとられるようなパターンを採択しようとするのである。それは「外から」でなく「内から」生じる条件と課題に答える建築の方法である。

形式的な建築は統一の美学に根ざしている。都市的スケールでみれば多様の統一の美学があるが、ひとつの建築についてみれば完結性の美学である。こうした統一の美学からは、なかなか個

＝部分を保存する建築は生まれてこない。なぜなら、さまざまなかたちや結合関係を欲する個を認めるならば、統一の美学の枠からはみだすからである。建物は人びとが簡単に拒否できないから、そのよってたつ美学はすでに確立した美学、人びとが馴れ親しんだ美学でなくてはならないという要請がある。それだけに統一の美学をやぶるのはむずかしい。しかし統一の美学に依存するかぎり、部分は圧迫されざるをえないのである。

以上の略述から、「建築に何ができるか」という問いに対してある解答が準備されるのではないか。建築が目的とか美とかいう概念だけでなく、論理とか思想という概念と直接的に結びつこうとするきざしを見る。かつてヴァルター・グロピウスがインターナショナル・アーキテクチュアで示した思想は、建築が合理主義的方法によって追求されることで普遍的存在になり、それは建築を通して世界を結ぼうとする連帯の思想であった。そこには人間‐社会に建築が深いかかわりをもつという哲学があったのである。個と全体あるいは部分と総体にかかわる美学あるいは創作理論は、インターナショナル・アーキテクチュアの場合とは内容がより具体的になって、思想化される可能性をもつと私は確信する。

2　被覆から制御体へ　空間の活性化を求めて

箱型の建築や形式が優先される建築は、内的な組織あるいは空間を被覆する性格をもっている。

被覆性は現代建築の特性であるばかりでなく現代文明の特色でもある。ルイス・マンフォードはパッケージ・アーキテクチュアという定義を下しているが、パッケージはまさに被覆性の代表物である。被覆性はさまざまのパッケージやカバーにのみあらわれるだけではない。ディスコミュニケーションの基礎となるセクショナリズムは、現代が被覆された文明を形成しつつある状況をよく物語っている。被覆はそれ自体で「所属」を明快に示しはする。しかしその内容はほとんど伝達しない。被覆の機能は隔離すること、観察者に距離をもたせるところにある。つまり外との関係を単純化し、それ自体で完結しようとする傾向をもつ。

全体性の先行は、このような被覆性によってよく説明される。近代化にともなう活動の分化は他に認知させるという努力を怠る。また一方において認知、了解する必要がないという態度が導かれ、おたがいに了解できない事態をまきおこすのである。さらにさまざまな内的矛盾を表面には露出しない。こうした物質統御の方法は「被覆された人間」を生みだす。現在われわれが他人を知るためには、彼がいかなる組織に属しているかを知るのがいちばんの早道である。それは組織をも被覆として了解しており、その被覆のなかの人間であるからあの人はどういう人であると了解する。被覆が人を了解する手段なのである。

科学は自然の被覆性や人間の心理の被覆性を打破してきた。もともとタブーを破り「露出させる」働きをもっている。それに対して宗教は被覆の働きをもってきた。被覆は全体を了解するために発見されたシンボル的手段なのである。実体の概念は被覆性をもっている。近代はものの理解のために実体概念から関係概念へと移行したところに基盤をもつことはよく知られたところである。コルビュジエの美学を支える機能、つまりファンクションなる概念がそれまで建築を実体的に理解していた美学を根底からくつがえす力をもっていたのは、文明全体を関係によってとらえようとする新しい方向をもっていたからにほかならない。しかし科学はあまりにも多くの事象を発見し、技術は生産関係を分節したから、事象と事象との関係はやたらに多く成立することに結果した。つまり函数（＝関係）の濃度（種類の数と考えればよい。集合論の言葉）は事象の濃度よりはるかに多いのである。そうしてみると関係が全体像を表明するという理論も、事実はそうであっても実際的でなくなってしまう。関係を明快に認知するためには、もの自体を単純化し、成立する関係の数を限定するのがもっともたやすく全体を了解する方法であろう。こうして単純化がはかられ、さらに徹底した明快さが意図される。すると内容は質的に多様であっても、均質状態における量的な多様性に転換しうる被覆をすることで処理しようとする。一方、関係が存在していても、それを被覆によって断ち切ってしまう手段もとられるのである。教条主義はその好例であろう。より上位の概念のもとに下位の概念は捨象されてゆく。われわれが教条主義を排すためには要素と要素とを結ぶ関係を明らかにし、下から上まで続く関係を明らかにする方法を発見する以外にない。しかも全体を予測したかたちで個＝要素があるかたちをつくらねばならない。そして明快な関係が記述されたときに被覆性はうちやぶられるであろう。たとえば近代経済学はかなりそうした関係の成立に成功した。多数を処理するにマトリックスが導入できたのはきわめて好都合であった。量子力学や経済学は認識の方法に革命をもたらしている。

機械や道具は、発見された当初はきわめて部分と全体の関係が明瞭であり、その関係の論理性ゆえに美しい。これはノスタルジアであろうか。必ずしもそうではない。当初には専門家がまだ拙なく素人と接近しているから、専門家がつくる機械や道具が素人にもよく了解されるからである。また機械や道具は組み立て方や力学的原理を露出したままだから、そこに成立している関係を知ることができる。改良が進むにつれ、いわばはみだした部分は整理され、被覆のなかに納められてしまうから、素人はこれを了解できなくなり、そこに残された関係はスイッチと作動というかたちに単純化されてしまう。

関係はいずれにせよ抽象した形式によって示されるよりほかない。したがって、いかなる関係がもっとも重要であるかという問いに答えなくてはならない。この意味するところは被覆が完全に除去されるのではなく、被覆が閉鎖的でなく、さりとて全面的でなく、特定な方向に開いていなくてはならないことを意味する。この開き方が関係を予告するのである。

このイメージを人間関係にあてはめてみよう。ある集団における人間関係を成立させるためには、個人はその集団の目的にかなったもっとも重要な手をさしだし、所属によって形成されている被覆は破らねばならない。このとき彼の被覆は抽象的実体から機能的要素へと変化するであろう。被覆は、結合可能な「活性化した」被覆、いいかえれば積極的にある側面で結合し、他において結合を拒否する意志を表明する制御体となる。これが主体性であり、手の差しだし方、つまり制御体の形成が個を他と区別する唯一の手がかりとなるのである。

かくて被覆の概念は本質的にうちやぶられ、露出性が優位に立つ。露出性ゆえにわれわれはさまざまの存在の個別性を知ることができ、統一や完結の閉鎖性を乗りこえて、異質なものが共存し矛盾を容認できる美学への足がかりを得る。けれどもこの段階では、関係が全体性を規定するという予測が導かれるだけで、関係がいかなる変質を個に強いるかどうかは明らかでない。つまり、弁証法はこの段階では事後事象を説明するに十分であっても、事前に個から全体へと飛躍するときにいかなる揚棄がおこなわれるかを予告する「予見的な弁証法」たりえないのである。なぜなら上述した例で示せば、差しだされた手がたがいに矛盾する場合もあり、これは必ずしも加算的に結合されるとは限らないし、加算的になったとしても順序があったり、方向性があったりするからである。

3　閉じた空間単位　要素（＝個）に何を選ぶか

前項のイメージは、もともと建築の部分と総体、個と全体のイメージから生まれてきたといったほうがあるいは適切であるかもしれない。人間関係と建築の構成理論とは、私が「平均化の状況における建築家の立場」（『建築年鑑』一九六三年版）を書いたころから、そして佐世保女子高等学校の校舎をつくったころ（一九六二年）から融和しそうでありながら離れており、離れながら関係づきそうであった。佐世保女子高校の建築をつくるとき、東大の内田（祥哉《よしちか》）研究室のビルディングエレメント論が私の心を占めていた。ビルディングエレメント論のもっとも基本的な概念は、空間を仕切る物質としてのビルディングエレメントであり、そのビルディングエレメントはそれ自体がいまある状態を保存する性質と、さまざまな作用因子と呼ばれる物質あるいはエネルギーを遮断、透過させる性質とをもつこと、したがって建物はビルディングエレメントと、空間を仕切る働きとは無関係で、エネルギーの伝達をもっぱらとするパイピングとによって構成されるという考え方であった。この思考方法と分析は以後私のものの考え方に大きな影響を与えることになったが、建築の設計にこうした思考方法を導入すればおのずから構成主義的方法を導くのである。つまり、ビルディングエレメントがビルディングエレメントらしくあるようなデザインの指導原理が導かれる。佐世保女子高校はそうした方法にもとづいて設計された。つまりここでは要素の概念が一枚の壁にあり、一本の柱にあった。そのような要素がアーティキュレートされた状態で結合されてできる全体が建築であった。しかしこの場合、全体を決定するものは別の要因であった。クラスタープランとモダニズムのもつプロポーションであったと思う。つまりビルディングエレメントをもっともそれらしく表現するのは部分を処理するデザインの方法であった。

いいかえれば全体性が与えられた後、個を明快に位置づけるという形式的な方法にとどまっていた。こうした方法はいくつかの建物によって実験された。実験から知ったのは、ビルディングエレメントが明快に置かれたとしても空間は必ずしも豊かにならないということである。しかし、ものとものとが不連続的に結合する構成的方法は本質を了解しやすいという事実を忘れてはならない。

　個と全体の問題は、河口湖の山岸旅館（一九六四年）を設計するときも私の心をはなれなかった。が、その前にビルディングエレメントの研究においてさまざまな示唆を得ていた内田研究室では、建物の分析の方法が進み、一方において建物を決定するプログラムの研究が進められていた。このさい「空間の性質」を決定するのが光とか音といった作用因子に対するビルディングエレメントの抵抗である、という基本的な考え方がわれわれにはあった。分析あるいは総合を追うとき、人間が住むのが空間であってみれば、ＢＥ（ビルディングエレメント）の和である空間を考えねばならない。つまり空間の状況を、ＢＥによって記述するという方法がとられた。もちろん空間はＢＥによってのみ決まるのでなく、作用因子の状態や広がりによって決まるのである。しかし、それらをできうるかぎりＢＥの性質に変換して考える。こうした方法をとるかぎり、「空間単位」という概念が必要である。なぜなら、なんらかのかたちで閉じた空間をつくっているＢＥの総和を問題にする以外、空間の性質をＢＥの性質に変換できないからである。ひとつの閉じた空間Σは、ある大きさをもった有限個のＢＥの集合（$be_1, be_2, \ldots\ldots, be_n$）からなる。このＢＥに作用して空間の性質を決定する作用因子は（$\theta_1, \theta_2, \ldots\ldots, \theta_k$）である。各々のＢＥは作用因子に対する性質（$a_1, a_2, \ldots\ldots, a_k$）をもつ。空間を計量する性質が作用因子に対応して記述されるならば（$\Sigma_\alpha, \Sigma_\beta, \cdots$

…, Σ_{α}）となり、もしあらかじめΣ_{η}がa_iになるように変換しておけば、空間の性質はＢＥの性質によって記述されることになる。つまり、空間の性質はＢＥの性質の集合であるマトリックスによって表現される。

$$
\begin{Bmatrix}
a_{11}, a_{12}, \cdots\cdots\cdots a_{1k} \\
a_{21}, a_{22}, \cdots\cdots\cdots a_{2k} \\
\cdots\cdots\cdots\cdots\cdots\cdots \\
a_{n1}, a_{n2}, \cdots\cdots\cdots a_{nk}
\end{Bmatrix}
$$

このマトリックスは、一定のかたちと一定の大きさをあらかじめ与えた空間単位を想定しないかぎり実際に活用できない。つまり、このマトリックスが実用化されるのは「ある一定のコストのなかでもっとも効果的にかたちと大きさが定められた空間を包むにはどのＢＥにどれほどの大きさを与えたらよいか」という問いに対して、あるいは「かたちと大きさが定められた空間にある特定な性質を与えようとするとき、どのようなＢＥを与えれば他の性質をさほど低下させずに空間を包むことができるか」などという問いに対してしか有効でない。またそれ以前の問題として、光をどのような方向から入れるかといった類の計量化できない事象については光を透過するＢＥの位置をあらかじめ決めておかなくてはならず、先のマトリックスには既知数として加えてゆく。結論的に言えば、最適計画のために用意されたはずのマトリックスも、形態が定まった後にしか有効でないという限界を現在のところどうしても破ることができない。

大きさ、つまり距離をどれほどとるかという問題はきわめてむずかしい問題である。おそらく活動が効率よくおこなわれるという条件と空間の豊かさがこれを決定するのであろうが、これらについては現在のところ実践的に投企してゆくほか手段がない。ところが、空間単位をどのように結合してゆくかという問題についてはかなり最適計画を立てることができる。つまり空間単位に対する作用因子（人間を含めて）の運動をとらえて結合のための「手」をつくり、それらを効率よく結合するというプログラミングを立てることはさほどむずかしくない。作用因子に対する空間単位の入口または出口、あるいは空間単位内に滞在する量および時間に関心がもたれ、空間単位から距離は捨象できる。たとえば人間の交流に関して最適値をもとめれば空間単位（Σ_1, Σ_2, ……, Σ_n）があって、Σ_iとΣ_jとのあいだの人の行き来の繁度 a_{ij} が記述されるなら、マトリックス（a_{ij}）から適当な制約条件のもとに最適配置計画がなされる。

以上の記述は、建築を科学的に計画することの可能性を示す目的ではなく、むしろ合理的思考の限界を示すためである。要素＝個を何から選んだらよいかという問いに答えるためである。この事実から、個（＝要素）としてビルディングエレメントでなく閉じた空間単位を採ることが設計理論にあっては重要であるという結論が導かれる。つまり、空間単位を決定しておけば、それ以下のスケールではビルディングエレメントの概念によってかなり合理的に追求できるし、それらの結合に関してもある程度の合理的追求の可能性が予測される。空間単位のかたちと大きさは設計者がどうしても主体的に決めざるをえないのである。

この結論は、じつは習慣的にとられているごくあたりまえな結論であるにすぎない。また空間単位を生産単位に一致させる試みは、すでにコルビュジエ以来建築家の目標となってさえいる。菊竹清訓のムーブネットもそのひとつの実際化した例である。そこでいかなる大きさとかたちとを空間単位に与えるかが問題となる。河口湖の旅館に関するプロジェクトは空間単位の結合という問題に対してひとつの解答を示したが、かたちの問題には答えることができずに終わっている。

4　有孔体　作用因子の制御装置としての空間単位＝有孔体

ここで被覆された美学の論理にたちもどろう。前二項の被覆が制御体にかかわるというイメージがいちじるしく建築的なイメージであることが、以下の説明によって明らかにされるであろう。個として採択された空間単位は、何によってかたちが決められるべきであろうか。個が個としてそれ自体完結すれば、何が完結性を与えるのか。この問いに対して種々の解答がそれぞれの建築家によって用意されるであろう。私の場合は次の前提に立って、作用因子の授受関係によって決まるというひとつの結論に達した。

（a）空間単位の形態は内部空間の性格の反映である。内部空間の変化は作用因子の運動の制御方法によって生まれる。

（b）空間単位は、作用因子（音、熱、光、人間、もの等）の授受関係を明快に表現すべきである。

上記のふたつの前提は建築の被覆性を破るはずである。それを論証する前に、建築とはいかなる（何ができる）存在かを略記しておく。

（イ）自然空間の限定と限定した空間の系列化（境界づけ、方向づけ、限定した空間の分離、結合）。

（ロ）自然空間の調整／作用因子の運動制御。

（ハ）道具、機械類の効率よい配置。

（ニ）物質、あるいは空間のもつ論理性の表出（人間の行為の記録として）。

上記の事項を頼りに、人間にとって快適な部屋をつくり、人と人との出会いを可能にし、芸術的期待に応えて建築家は設計する。（イ）（ロ）はおのずから建築をシェルターにする。シェルターとは一種の被覆である。しかし、同時に（イ）（ロ）は建築を制御体（装置）として規定している。もし建築を制御装置として性格づけを進めてゆくならば、前二項のイメージは建築においても実現されるであろう。こうした意図が（a）（b）の前提を導くのである。

空間単位は何々に対して開くといういわゆる「手」を差しのべるかたちが与えられる。この開き方は無限定におこなわれるのでなく、コントロールが意図され、それが空間単位を個性化する。開くということは作用因子を限定して受け入れるということにほかならない。ある形式で受け入れ、無制限な外界からの導入は拒否するという意味でもある。何を受け入れ、何を拒否するかという表明が、空間単位のかたちを決定するうえでのもっとも重要な要因である。建築がこのように装置化してはじめて、われわれは空間単位間の関係を把握することができるのである。コルビュジエが美は数学的な美しさ、つまりファンクションの成立にあるといって、そのファンクションを生みだすのはプランニングをひとつの標準（スタンダード）にまで高めることであると述べたときにも、いかにしてファンクションが必然的に生まれてくるかを説明することができなかった。いまやわれわれは、事後説明でなく関係の成立を説明可能にする手がかりを得ているのである。第一に、なにゆえに部分は共通言語となると同時に個性化するのか。これに対しては作用因子の授受関係による内部空間の個性化と、作用因子に対応した制御方式の一般化（共通言語）をもって説明できる。第二に、なにゆえにファンクションが生成するのか。これに対しては、他に対して空間単位が作用因子を媒介にして限定的に開くからであると説明することができる。

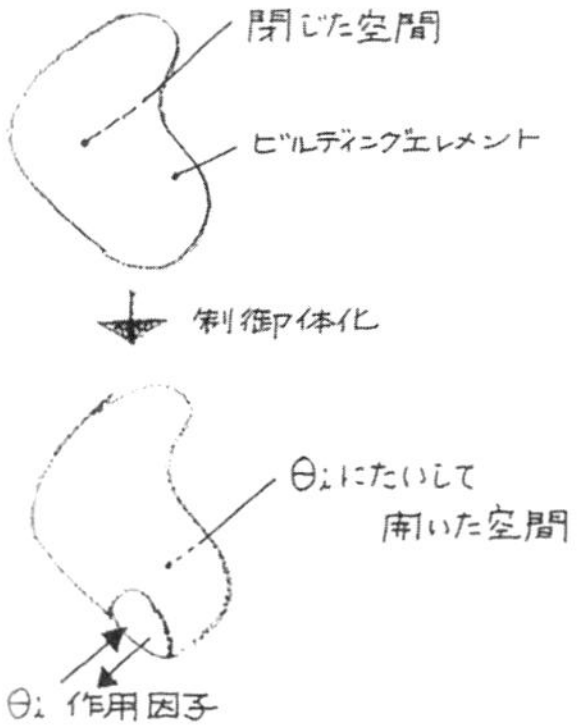

図1　空間単位の活性化。
個としての存在の主張を始める

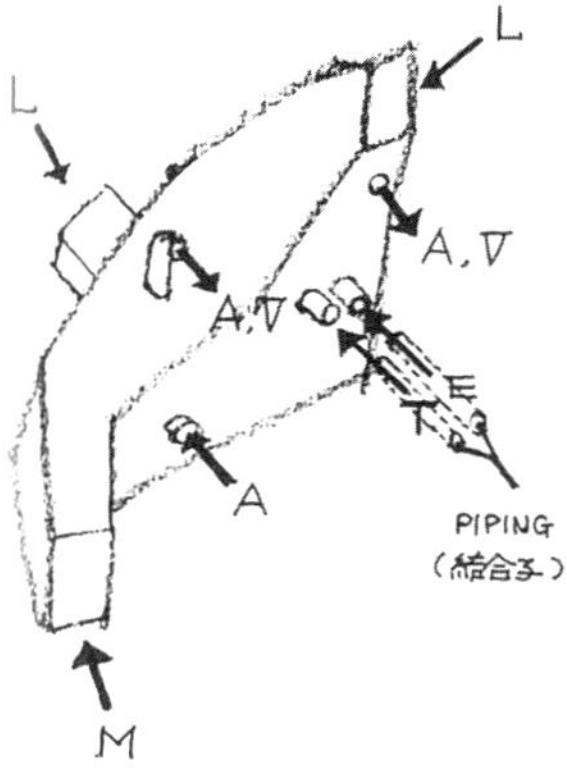

図2　有孔体

建築のシェルターとしての被覆性はこうして破られる。かたちのうえからみると閉じた境界面が作用因子の意図的な交換のために孔があけられる。それは、境界面を形成するビルディングエレメントは本来作用因子に対する抵抗が意図されているという考え方にもとづいている（図1）。かくて空間を境界づけ、外部との連絡のための孔をもった被覆が新たに有孔体として定義づけられることになる（図2）。

5　個としての有孔体の理論　有孔体とは何か、どのような空間を規定するか

以上の記述は、有孔体の建築理論のいわば発生の根拠となる事柄の説明であった。以下では、有孔体の理論が個としての存在から集団化するまでの経過にしたがって展開されるはずである。まず、集団化する以前の段階で有孔体とはどのようなものであり、空間を規定するかを記述することにする。

（a）有孔体は内部空間の要請にしたがって形態が決定される。つまり有孔体の外形（被覆）は内部空間の反映である。

内部空間に対する要請は、本来均質的ではない。それぞれ特異な空間が要請されるはずである。有孔体の建築を支える理論は許されるかぎり内部空間の多様性を受け入れようとする。したがってひとつの有孔体は個性化するであろう。構造的整合性や幾何学的パターンの統一性には束縛さ

れない。その意味に限ってみれば今世紀初頭の建築理論と類似した性格をもつ。しかし内部空間をいかにして把握し、意図するかという観点からすれば、後に示すとおりかなり異質である。この項（a）は有孔体の一単位が個として規定され、多様な有孔体が生成する基礎となる命題である。

（b）有孔体の建築理論は形態を予告する。有孔体は物質、エネルギーの運動が視覚的にとらえられ、了解されるように形態が決定されるからである。

従来の建築理論は往々にして形態－空間を予告しない。原理が形態に消失してしまう。それは創作の本質的な現象であろう。しかし、そのような建築理論は、哲学であっても実際的な設計理論ではなく、次元を異にする。つまり有孔体の建築と理論は一体化している。一体化する理由が（b）の後半に説明されている。したがって有孔体とは露出した美学によって基礎づけられる。コルビュジエ的な共通言語の美学ではなく、有孔体の内部の生活を推測しうるという点で了解を求めようとする。作用因子を制御することは、作用因子の存在をあらわにするという意味をもつ。たとえば光の存在は、限定された領域から侵入するときほど強く意識される。空間の均質性が破られるという期待がもてるのは、空間を決定する要因として物質やエネルギーの運動に対する調整を第一にあげているからである。しかし作用因子（物質、エネルギー）によっては有孔体のかたちにさして影響をおよぼさない。逆に光とか空気といった作用因子は有孔体のかたちを規定してくる。作用因子が有孔体のかたちをどの程度規定するかによってある程度ランキングがつけられるかもしれない。しかし、空調をした有孔体と空調をしない有孔体とでは同じ作用因子をとってもかたちを決定する力の度合がかなり異なってくるし、いままでまったくかたちを規定していなかった作用因子が突如全面的にかたちを規定してくるということも起こりうるので、規定力についての一般論は成立しまい。

（c）有孔体は内部空間に方向性を与え、可変的な領域を形成する空間制御装置として理解される。

空間の性格は方向性によって規定される（方向性がすべてではない）。方向性は物質、エネルギーの運動に対するビルディングエレメントあるいは他の付加的な道具装置等のもつ抵抗によって決定される。物質そのものが方向性をもって配列してあっても、それは運動の表象であるが運動を強制しないから、十分に建築化してはいない。物質が建築化するのは物質が空間制御装置として働くからにほかならない。壁は見るためだけでなく、人の運動を強制するとき、はじめて壁の意味をもってくる。空間の性格はまた、領域がいかにして形成されるかによって規定される。領域はビルディングエレメントや道具類の空間区分と同様に、作用因子の運動に対する制御からも形成される（図3）。可変的であることのなかには、内部空間が外部の空間から独立して領域づけがおこなわれるのでなく、外部の状況の変化によって領域が変わる意味も含まれる。有孔体の内部空間には人の行動にとって自由度の高い領域が用意されている（図4）。こうした領域がない空間単位は有孔体らしくない。たとえば道路がそうである。一般の道路は極端な方向性をもち制

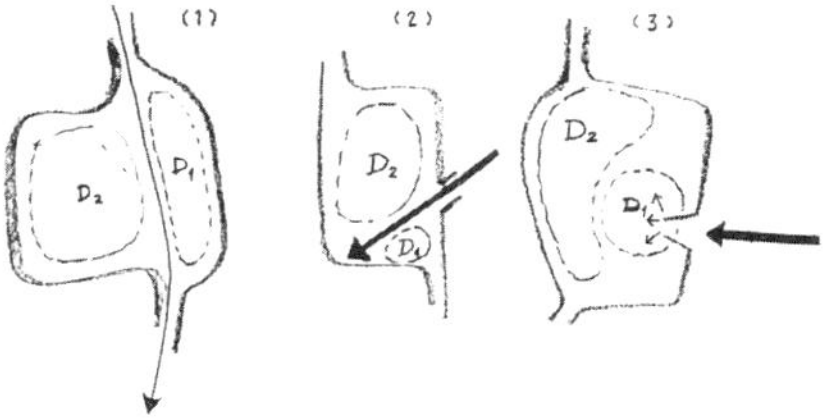

図3　作用因子の運動による方向性と領域の成立。(1) 人の動き、(2) 光、(3) 音

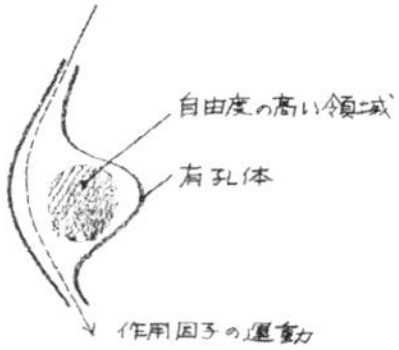

図4　有孔体は自由度の高い領域をもつ

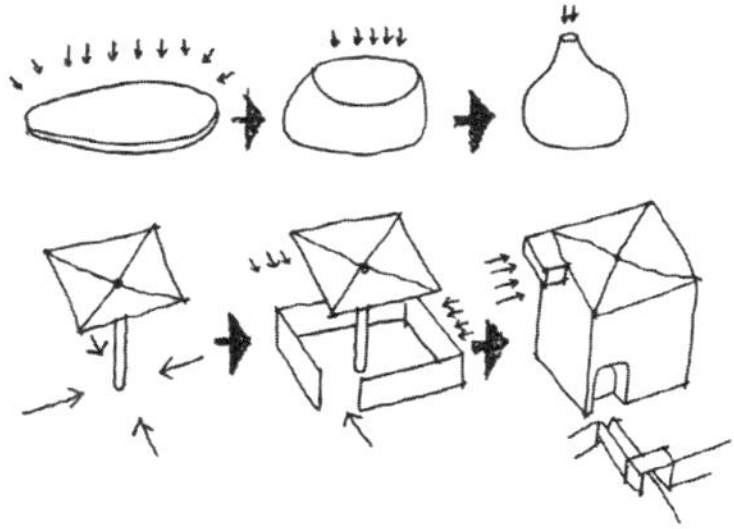

図5a　有孔体らしさ。作用因子を制御する程度が上がるにしたがって有孔体らしくなる

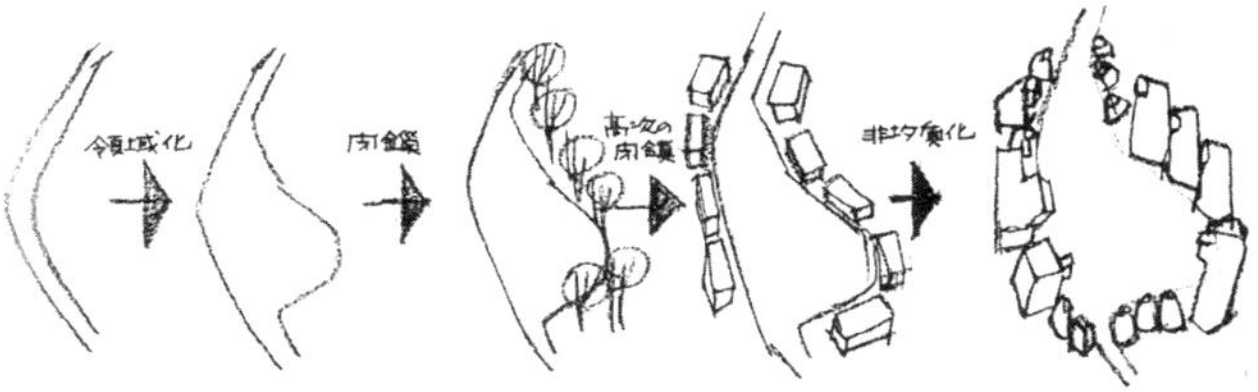

図5b　有孔体の集団が構成する広場。
道路から生まれた広場は次第に有孔体化してゆく

御されているが、自由度の高い領域が存在していない。領域なる概念がいかに重要であるかは、有孔体がたんに作用因子に対するコントロールだけでは決まらず空間の豊かさ、広がりといった要因によって決定されることからも納得できる。有孔体は、自由な領域を非均質な空間として保存しようとする意図のもとにはじめて成立しうる（図5）。

かくて有孔体は空間制御装置として理解されるが、具体的にいえば光をどの程度どちらから採るか、外を眺められる窓をどの位置にどの大きさであけるかといったきわめて常識的な事柄を制御するという意向を強くもって計画することにほかならない。

（d）有孔体の孔（開口部分）は、それが対象とする作用因子の運動の制御意図にもっとも適したかたちあるいはメカニズムをもたねばならない。

このことは開口部分が独自な研究対象になりうることを意味する。ルーバーであるとか、アネモスタットとかはすでにメカニズム化しているといえる。こうした工夫がそれぞれの孔に対してなされるべきである。そうすることによって内部空間の状況は多様に変化し、外界との結合状況もまた変化する。これらの制御方法は外部にあらわれる形態を決定しもする。採光のための開口部がそれと了解されるのは、孔が採光のためにあいているべきかたちをとるメカニズムをもっているからである。この原理にしたがえば作用因子の複合を対象にする従来の窓は有孔体にとって適当ではなく、理想的には孔は機能分化してゆく。有孔体のデザインの生命はこうした孔のデザインにあるといっても言いすぎではない。

（e）有孔体は内と外とを、あるいは他の有孔体と結合する孔をもっている。したがってつねに不連続的に他の空間を結合しようとしている。これは有孔体が限定的に開いていることを意味する。有孔体と結合された空間からすれば、有孔体の孔はシンボリックな機能をもつことが予想される。

空間が閉じている、あるいは開いていると一口に言っても、どのような状態を示すのかあいまいである。ここでは作用因子に対して閉じている、開いていると規定される。したがって、ある作用因子の侵入に対してはまったく調整しないという有孔体もあって差し支えない。事実、そうした無調整状態を認めないと建築はできない。けれども人間にとって統御することは意志のあらわれである。人びとは統御の装置に意志を感じ人間の存在を意識する。それゆえ有孔体のシンボリックな部分は孔であるといえる。

（f）有孔体は生産単位となりうる。また孔だけでも生産単位となりうる。

有孔体全体をプレファブリケーションの単位とするかどうかは生産方式の問題であるが、それは可能なことである。全体を生産単位としなくても、それぞれの作用因子に対応した孔を規格生産部品とすることはできる。窓や空調機械の規格生産が進んでいる現代は、有孔体の孔の規格化の必然性を示している。有孔体が結合を前提として計画されるならば、孔と結合要素とが規格化されるのは当然であろう。取り替えもまた可能であることは、いまさら言う必要もないであろう。

空間作用因子／M・L・A・V

M	導入路を長くした出入口 低い出入口 狭い出入口 開いた出入口 迷路化した出入口
L	トップライト 反射板付窓 （窓の位置を自由にする） シャフトによる採光 （意図する場所への導光）
A	ファングリル付換気孔 換気ダクト孔 煙突 Uダクト SEダクト グリル付吹出孔 方向性のある吹出口
V	反射鏡付窓 プリズム付窓 （窓の位置を自由にする） 回転羽付窓 シェード付窓 （方向性を持ち防水的効果） レンズ嵌込窓 （視野視界の拡大）
ML	大きな出入口 孔の複合化した出入口
MA	グリル付ドア ファン付ドア 孔の複合化した出入口
MV	のぞき窓付ドア レンズ付ドア
LA	可動高窓
LV	回転窓つきのぞき窓
VA	ファン付窓
MLA	複合化した孔
MLV	複合化した孔
MAV	複合化した孔
LAV	複合化した孔
MLAV	複合化した孔

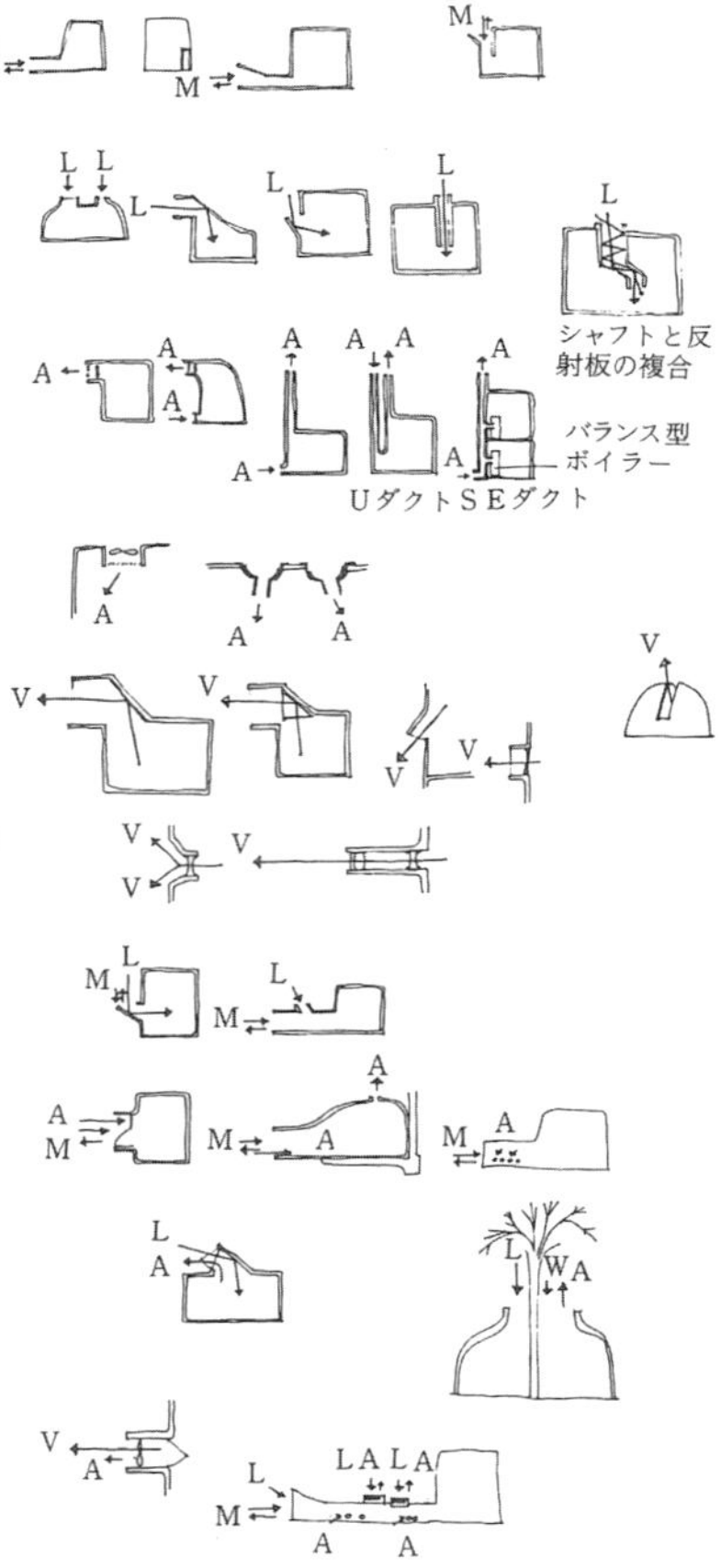

制作：三井所清典

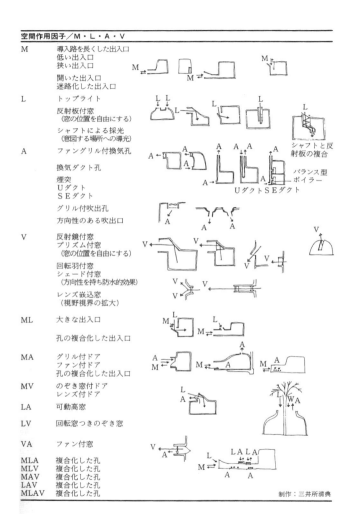

有孔体＝空間作用因子リスト

空間作用因子の作用

透　過	θ＊θ
吸　収	θ＊0
排　出	θ＊〔θ〕
供　給	〔θ〕＊θ
接　触	θ＊

空間作用因子と有孔体

作　用		空間作用因子	空間機能	空間にできる孔
光　線	L＊L	直射日光，天空光	採光	採光窓
(明るさ)	L＊〔L〕	人工光源	投光	投光孔(反射境で効率を上げる)
	〔L〕＊L	人工光源	照明	照明孔
視　線	V＊V		透視，観察	窓，のぞき窓
輻射線	I＊I	太陽熱輻射線		窓，トップライト，太陽熱利用レンズ嵌込窓，日光浴室用の孔
	I＊0			太陽熱利用放物面鏡嵌込窓
	〔I〕＊I	人工赤外線，紫外線	照射	赤外線照射光，紫外線照射孔
熱	H＊H		伝熱，熱貫流	
	H＊0		冷房	循環式空冷機，吸込孔
	H＊〔H〕		冷房	冷房機，吸込孔
	〔H〕＊H		暖房	暖房機，吹出孔
音	S＊S	外部からの伝達音	伝音	伝声管孔
	S＊0	残響音，特殊周波音	吸音	ヘルムホルツの壺の孔，吸音板の孔
	S＊〔S〕			
	〔S〕＊S	伝達音	拡声	スピーカーの孔，集音機集音孔
放射線	R＊R			放射線透過孔
	〔R〕＊R		照射	放射線照射孔
	R＊0			放射線吸込孔
電　気	E＊E			放電孔
	E＊〔E〕			アース用穴
	〔E〕＊E			電気取出孔(ソケット，コンセント)
空　気	A＊A	新鮮空気	換気	穴，窓
	A＊0	特殊ガス	換気，浄気	炭酸ガス固定機吸込孔
	A＊〔A〕	燃焼ガス，特殊ガス	換気，排気	ファン，ダクト排気孔
	〔A〕＊A	新鮮空気，特殊ガス	換気，給気	ダクト吹出孔
匂	Pf＊Pf	香料		
	Pf＊0	臭気		特殊ガス固定機吸込孔
	〔Pf〕＊Pf	芳香		芳香吹出孔
気体燃料	〔G〕＊G	燃料ガス	調理，暖房	都市ガス給気孔
水	W＊W		通水	溝孔
液　体	W＊0	雨水，汚水，雑排水	吸水，浸水，吸湿	吸水孔，乾燥機吸気孔，濾過孔
	W＊〔W〕	雨水，汚水，雑排水	排水	排水孔，樋
	〔W〕＊W	飲料水	給水	水道蛇口
家具類	f＊f		搬入，搬出	搬出入孔
	f＊〔f〕		搬出	ダストシュート排出孔
	〔f〕＊f		搬入	ニューマティックシュート孔
動　物	an＊an	動物，昆虫	通行	出入口
植　物	P＊P	植物の一部	貫通	
人　間	M＊M	人間の全体 人間の一部	通行	出入口
	M＊	人間の一部		仕上面のテクスチュア

このように有孔体を性格づけてゆくと、有孔体でない建築あるいは空間単位とはどんなものであるか。すべてが有孔体ではないかという疑問が生じてくる。器に類するものはすべて有孔体である。ただし一輪ざしの花瓶と茶碗とでは、前者のほうがより有孔体であるといえる。それは孔のコントロールの程度による。建物でいえばピロティ部分や四阿《あずまや》の類は有孔体らしくない。なぜなら雨は防いでいるが、人の接近に対してさして方向性をもった空間でないからである。これを有孔体らしくするにはピロティのまわりに堀をつくるとか、四阿のまわりに生け垣を植えるといった制御のための遮蔽装置をもちこむ。どこまでが有孔体であり、どこまでがそうでないかを規定することはたいへん困難である。したがって有孔体とは、さしあたり制御の程度で論じるよりほかしかたがないであろう。

ひとつの孔をもった有孔体は一孔体であり、ふたつの孔をもったものは二孔体、多くの孔をもったものは多孔体と呼ぶことができる。また平面的な有孔体もあるし、立体的な有孔体もありうる。平面的な有孔体には道路や広場や公園がある。それらはほとんどの作用因子に対して制御しないが、人や車の運動に対しては高い制御をなしている。都市的な広場は、建物によって囲まれるがゆえに制御性が強くなる。有孔体はさまざまの目的にしたがって開発されてゆく。形体および領域づけの追求によって、あるいはまた調整、結合などを検討することによって改良され発見されてゆく。有孔体はそれ自体設計の対象になり、多様な有孔体が生産されるであろう。かくて用意された有孔体がいかに集団化するかが次の課題となる。

6 個から集団への展開　集団化における結合因の検討

個としての有孔体はそれ自体存在することなく、実際の建築、都市では集団化する。個は特異性をもたねばならない、個は露出した美学をもたねばならない、という理論では集団における個のあり方は規定できても、集団そのものを規定するうえではもはや効力は期待できない。

形式が先行する建築にあっては集団の論理がきわめて明快に提示されていた。各々の個はそれらが揚棄した全体性の枠内に押しこまれて、新たに規定された個にまったく変質するからである。こうした方法は集団化における重要な性質をわれわれに教えてくれる。それは「個の集合は単純な加法の結果としてはありえない」ということである。有孔体について言えば、たとえばすべての有孔体の要素が平屋である場合は個の特異性は保存される。ところが高層化した場合、構造的なフレームからはみだした部分についてセオリーを守るのはやさしいが、フレームにはめこむ場合は有孔体らしさを保存するのが困難になる。つまり通常のフレームを、有孔体を加算する結合力をもつもの（作用素）とするわけにはゆかない。高層化をはかるためには有孔体自体を変質させるか、別なフレームを考えなくてはならなくなる。こうした局面でなるべく有孔体を保存して集団化してゆこうとするのが有孔体の基底となる考え方なのだ。

集団を考えてゆくうえで三つの大きな問題がある。第一は、いかなる個＝要素を選びだしてくるか。第二は、それらを設計時に結合するか。第三に、結合してできあがった集団に対して時間の経過にともなう変化をどのように考えるかである。

これらの問題は有孔体固有の問題であるとはいえない。あらゆる方法においても、考えねばならない事項である。しかし、有孔体の建築がとくに準備しておかねばならない事柄がある。なぜなら、有孔体の建築にあっては構成する弁証法がとられるからである。下向する弁証法は、個を選び集団化したときの全体性を検討しパターンを発見することによって、集団の性格を決定するプロセスを踏むから、すでに集団の意図は達成されている。上向する弁証法（つまり構成する弁証法）にあっては、個をなんらのかたちで集合させ、位置と結合関係を決定することがすべてであり、個は位置と結合関係によってみずからが全体的状況をつくりだし、規定される。このとき個は明らかに変質している。変質の仕方は他によって自己が破壊するというのではなく、みずからが個としてではけっして生みだせない新たな状況を生みだしているという点で変質してしまう。したがって構成する弁証法を考えるかぎり、第二の結合関係がもっとも重要視されねばならない。

要素が集団を形成するとき、もしそれがアナーキーな集団でないならば、なんらかの必然的な結合因が働いているはずである。構成的な建築にあっては、この結合因をいかに選びだすかがいわゆる建築の方法を決定するといっても差し支えない。建築がさまざまの関係の複合であってみれば、結合因も単純には記述されないであろう。さまざまの結合因の複合としてうちだされるのが一個の建物である。しかし、同じ要素があらかじめ与えられて全体を構成する場合、建築家のひとりひとりが異なった解答を導くのも、建築家にとって結合因にも優先順位があり、あるいは同一結合因のもとでの組み合わせ方の違いがあるという事実の結果であると考えられる。厳密に言えばフォーマルな建築、パターンの建築と一口に言っても、何がフォーマルなのかは明快でない。なぜなら形式やパターンは諸条件の結合関係の複合をもっとも止揚したものであるとの弁明が待っているからである。上向（要素から集合へ）と下向（集合＝全体から要素へ）を検討するさいにも、結合関係を分析しておき、結合因に添って話を進めるのが明快である。以下の記述を理解しやすくするためには、たとえば種々の部屋が与えられていて、それらをひとつの建築にまとめる設計の段階を想起するのが好ましい。このとき部屋と部屋とを結合する要因を考えていただきたい。集団化するにさいしては、次の諸因が現在考えられる。

（a）機能的な結合因、（b）構造的な結合因、（c）生産的な結合因、（d）空間‐領域的な結合因、（e）象徴的な結合因、（f）形態的な結合因、（g）発見的、意図的な結合因、（h）時間的変化に準拠する結合因。

これらは、過去の建築家たちが本来非決定的な行為である建築の設計を、決定する行為に転化させるために導入してきた決定因でもある。建築の方法とは、非決定性を決定性に転化させる理論のことを言う。

（a）の機能的な結合とは、物質あるいはエネルギーの運動がもっとも効率よくおこなわれるように要素を結合することを意味する。もっともこの説明では不十分で、たとえばプライバシーをもたせた平面計画といった場合の結合則も機能的な結合因に対するひとつの解答と考えねばならない。また機能的な結合関係は、量的に把握されるとは限らず、むしろ建築の場合には多分に投企的な決定に委ねられねばならない。しかし、従来経験的に決断を迫られていた問いも、プログラミングにのせられて統計的方法が解答を出してきもするであろう。が、さらに機能的な結合の客観性について検討を深めれば、すでに統計的方法の可否について主観的判断を下すべく態度決定をせまられている。それゆえ機能的な結合因がそれ自体客観的にあるのではなく、なんらかのかたちで主観的につくりだされるはずである。機能的な結合因は、もっとも設計において重視されるが、それ自体では建築の方法を決定する決定因とはなりえないのである。

（b）の構造的な結合因には、一般に構造の整合性が該当する。解析と実際的な力の流れとが一致するような構造が整合的であるといわれる。もちろん構造学が追求する問題は、経済性と深く結びついている。しかし純粋な構造的整合は、経済性とは無関係である。必要以上に断面をとらないというのは、経済的な判断である以上に構造の倫理のうえでの判断である。不経済であっても、二種の空間単位間を独立に支持したほうが結合するより好ましいという判断が導かれもする。逆に結合にさいして、構造的な整合性を第一に考えて、いくつかの空間単位を融合させるという事態も生じるのである。

（c）の生産的な結合因のうち、もっとも現実に力あるのは経済的要因であろう。経済的な理由から構造が定められ、規格部品が導入されたりする。さらに施工のしやすさが導かれ、管理のしやすさまでが結合因のひとつとなりうる。経済的な結合因を考慮しなかったら、建物はおそらく決定をみないであろうと考えられる。生産的結合因のなかでプレファブリケーション化は重要な要因となるだろう。規格化は結合関係とそれによって生まれてくる全体性を強く規定してくる。たとえばカーテンウォールのシステムがその結果である。

（d）の空間－領域的な結合には、まず距離の問題が含まれてくる。都市的スケール、人間的スケールという概念で建築や空間単位が構成されるときには、ここでいう結合因によっている。また要素でもってあまった空間を包むとか開くといった空間構成をとる場合には、領域の規定が意図されている。これらの結合関係は、物質そのものを規定することによってあき゛を意味づけてゆくところに成立する。空間の連続性・不連続性、外部空間のインテリア化、空間の収縮と膨張、節づけ、開放性と閉鎖性といった諸様態等は、他の結合因によって規定されない。

（e）の象徴的な結合因では、伝統的な結合関係によってすでに成立しているところの意味づけが意図される。また象徴主義のもっとも根源的なねらいは一部によって全体を表現しようとするところにあり、したがって表現的な結合関係が生まれてもくる。しかしここで生まれてくる結合関係は形態的な結合因によっていないのであるから、ある部分を他の部分に対して判然と印象づけるような構成手法がもっとも有力となるはずである。たとえば他の部分から抜きんでる高さをもつ塔を建てるといった手法がそれである。さらにこの手法が高度になれば、その集合に偏在する構成の原理を、もっともめだつ部分で説明して全体を了解させるといった手法がとられる。

（f）の形態的な結合因は、幾何学的形態、自然のアナロジーとしての形態、道具、機械、記号といったもののアナロジーとしての形態を建築や建築の集合によって表現しようとするねらいから生まれてくる。もちろん、他の結合因の結果としてこうした形態が導かれることもありうる。しかし、一般には結果として形態が導かれるということはほとんどありえず、ある形態を先だって想定することによって、構成や解析を明快にしようとする手順がとられることが多い。なぜなら、このようにして結合関係を成立させることは、全体性を規定するにもっとも好都合な方法であるからである。

（g）の発見的、意図的な結合因は新しいもののあり方をうちだそうとする意図にもとづいている。たとえばシュルレアリスムの手法がそれで、ミシンとこうもり傘と手術台といった結合は他に存在しそうもない関係を成立させようとするねらい以外からは出てこない。もしこの手法が建築に導入されるなら、ありえないところに窓がついている部屋とか、過去にはなかった不釣合な形態をもった要素を結合させるとか、ただたんにずば抜けて高い建築塔が生みだされる。

（h）の時間的変化に準拠するとは、将来の変更を可能ならしめるようなプログラミングを組むことを意味し、それ自体が結合因となる。

以上、結合関係を決定する諸原理を説明してきたが、有孔体の理論にあってはいかなる固有の結合の理論をもつであろうか。

7　有孔体の集団の理論　建築的・都市的スケールにおける有孔体の集団化＝有孔体化

有孔体が集団化するさいの結合因、つまり上述してきたような方法として成立しうるための決定因を一言で表現すれば、有孔体の集団はそれ自体有孔体を構成するという命題のなかにあるといえる。つまり、個＝要素としての有孔体が集まって新たな次元で有孔体を形成するのである。ここで有孔体の基本的性格を想起されたい。個としての有孔体は空間制御体として定義づけられ、その意味するところは物質、エネルギー等の運動を制御する装置であった。これを有孔体の集団について表現しなおせば有孔体の集団は空間制御装置となり、物質、エネルギーの授受関係を規定し、閉じた個性的空間を形成してゆくといえる。

　個々の有孔体は、全体としてひとつあるいはいくつかの有孔体を形成するべく結合される。しかし、それだけであっては、他の要素をもってきても集団として有孔体をつくられるのであるから十分理論化されたとはいえない。建築的、あるいは都市的スケールの有孔体は、空間単位としての有孔体によってより明快につくられ、特異性をもつことを論証しよう。

（a）要素としての有孔体は、エネルギーあるいは物質が授受される孔をもって結合にそなえている。したがって要素としての有孔体間を結ぶパイピング類によって必然的に集団化がなされると同時に、集団は全体として有孔体化する（機能的結合因）。

　ひとつの有孔体は、他の有孔体と直接結合することもある。しかし一般には結合子を媒介とし

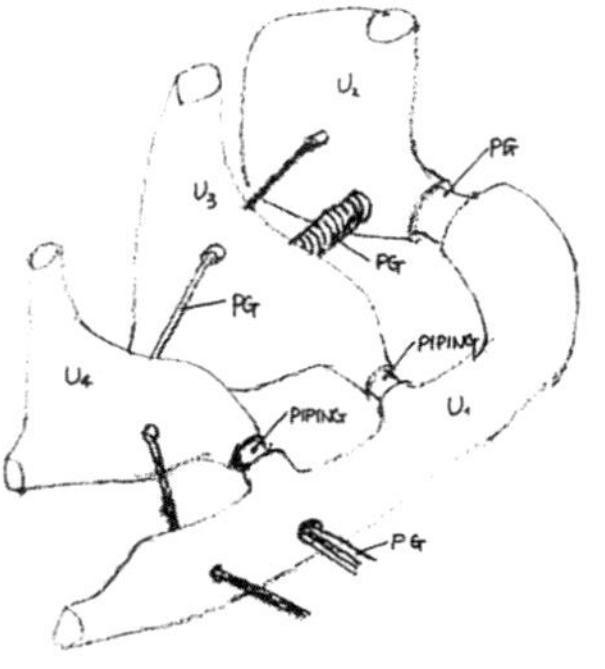

図6　有孔体の結合原理その1

て不連続的に結合する性格をもっている。結合子としては導管＝パイピング類であるが、具体的にはダクト類、通路などが考えられる。しかし、たんなる導管でなく通路はそれ自体有孔体として空間化されねばならない。同様にダクト類もときとして有孔体となるであろう（図6）。集団を有機体とする必然的関係が機能（function）である。有孔体の集団にあっては function が可視的になる。コルビュジエにあっては function は数学的秩序であって、それは技術的にあるいは芸術的に推敲されたスタンダードに内在するものであり、結局はマッスの対比や寸法のバランスがかもしだす力学的緊張から感じとる潜在的なものであった。もちろんそうした美学は否定しきれないが、有孔体の集団の理論にあっては、機能は運動の概念のもとに露出することになる。それぞれの単位としての有孔体の働きは結合子の媒介によってより鮮明になり、個性化する。こうして了解できる組織としての建築、都市が成立するわけであるが、この組織はそれ自体有孔体を形成する。なぜなら、ひとつの建物についてみれば入口や出口が必要であり、これに連続する通路、ホールなどがあるが、それらを人の動きを制御するように設計することはすでに日常的になされている。これを意識的に計画すれば集団は有孔体となる。これは都市のような

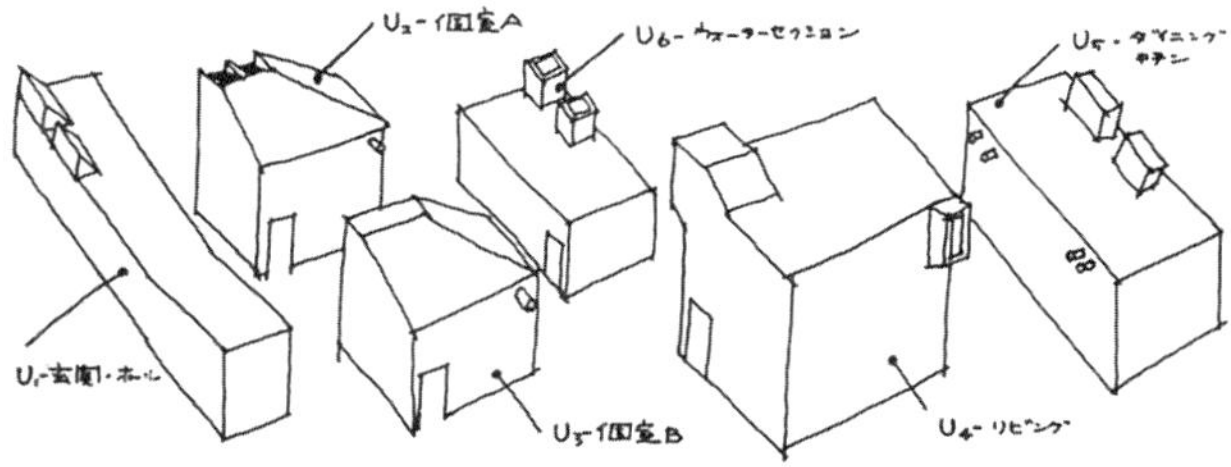

図7a　個としての有孔体

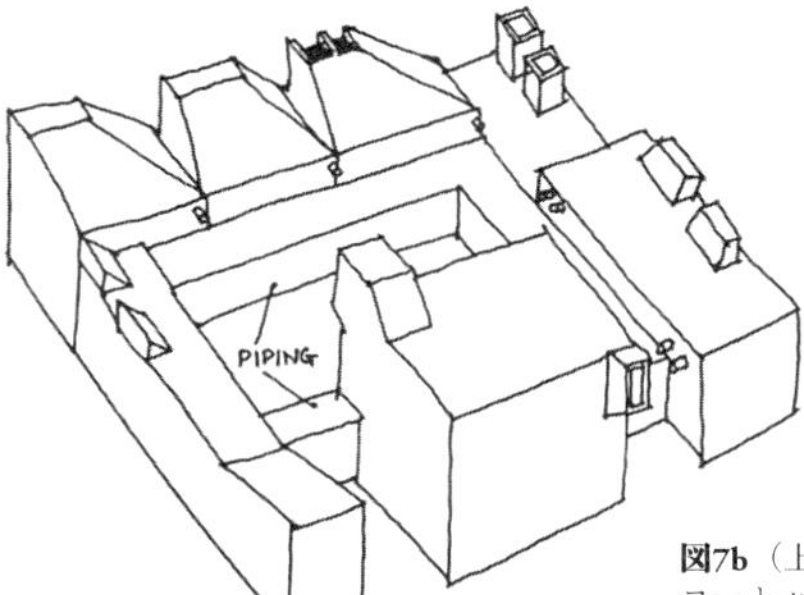

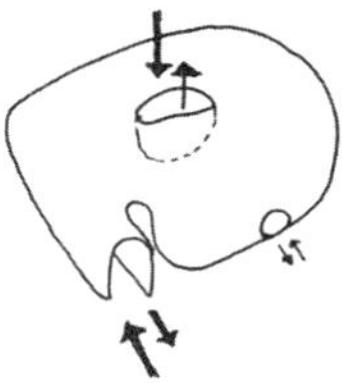

図7b（上）　左・有孔体の集合＝コートハウス
右・集団の有孔体化＝等値の有孔体
図7c（下）　有孔体の集合化によってひとつの有孔体ができる

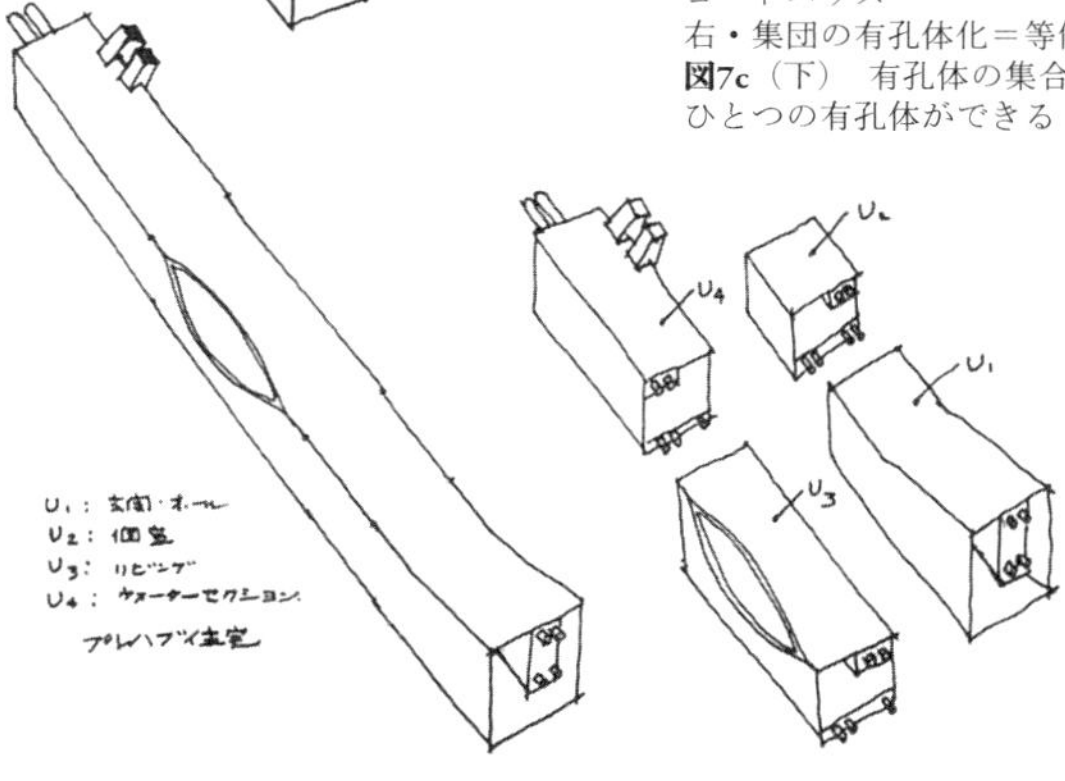

スケールが巨大になっても同じことである。ただし、現在のところ都市的なスケールでは、公園とか広場とかいった要素が建物自体でなく、建築の集合によって囲まれたあきである場合が多いから次に述べる項によって説明される理論にしたがうことになるのであるが、将来は広場なども閉鎖性の高い有孔体によってつくられるであろうから、それらと道路とを組み合わせ、組織化すれば、全体はひとつの有孔体となるであろう（図7）。

（b）有孔体のもつ方向性は、集団化するときに生じる余った空間（あき）の性格を規定し、これを有孔体化する（空間－領域の結合因）。

この命題は、作用因子の運動の方向性について論じればもちろんであるが、象徴的な結合因としても考えられる。なぜなら、方向性はおのずから記号的なあるいはシンボル的な働きをもっているからである。有孔体のある種の孔は方向性をもっともよく表現するが、それは内部空間に対してばかりでなく、外の空間に対しても規定力をもっている（図8）。その種の孔はもともと外界とのエネルギーの授受のためにあいているから当然でもある。空間に対して個々に方向を示す能力をもつ成員からなる集団は、これも当然ながら全体としての方向をうちだすことが可能であり、空間を流動性、収斂性、発散性などの概念のもとに規定することができる。

たとえば広場は有孔体に包まれて立体的にそれ自体有孔体化する（図9）。もはや有孔体は広場を囲む壁ではなくて、広場と一体化する。広場にたえず信号を送る装置となっている。ここでは内と外との関係が、どちらが外でどちらが内であるかが判然としなくなってしまう。他の例でいえば塔の孔は学校のシンボルであり、それは眼のような働きをして学校の所在を明らかにする。

つまり、有孔体の集団はあきを高度に方向づけて、あき自体に方向性を与え、一般的な構成の原理にあわせて構成される包まれた空間、人の動きなどを制御しうる（人が了解しうる）有孔体とするのである。あきは必ずしもすべてが有孔体になるとは限らない。有孔体の働きに似た空間もつくられる。以上を総括すれば、有孔体の集団は領域を明示するべく構成されることになり、抽象的なあきを「指定された場所」まで高める空間作用素となる。しかし、ここからただちに距離

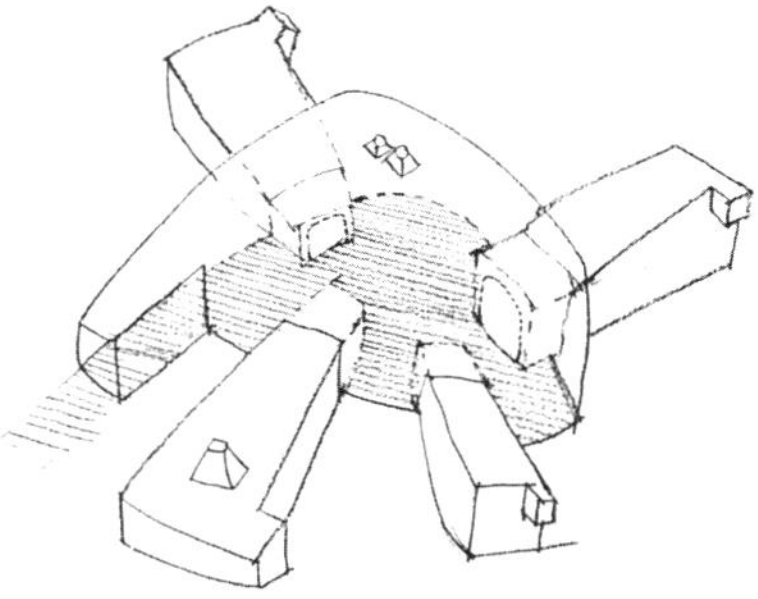

図8　有孔体の結合原理その2

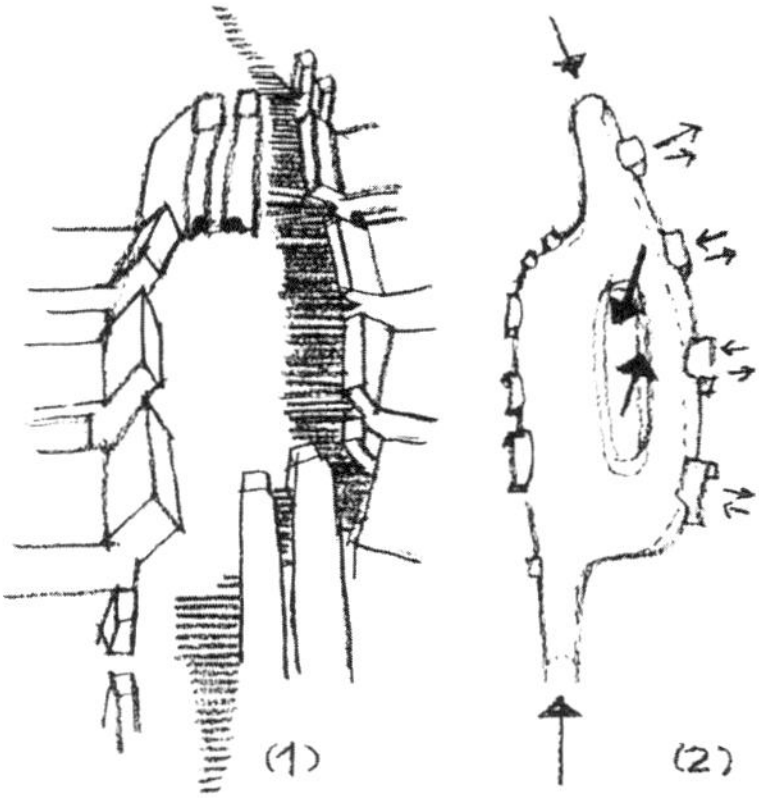

図9　(1) 有孔体の集団により有孔体化された広場
(2) 広場と等値の有孔体

寸法の問題に対する解答が導かれるわけではなく、距離を決定するにはその都度実験的に投企してゆくよりしかたない。

前記（a）（b）が有孔体の集団はそれ自体有孔体化するという命題を証すのであるが、有孔体の集団が前節の結合因に対して、あるいは結合関係においてどのような性格を示すかを略記してみよう。

（c）有孔体の集団は形態的な統一の美学を排除する（形態的な結合因）。

有孔体の集団はもともと特異な要素の集合であり、その特異性を保存しようとする意図に支えられている。もし有孔体の形が高度に限定されているなら、有孔体の集団がそれ自体有孔体化するというテーゼは、ある種の形式主義となるであろうが、もともと有孔体はかたちを限定していない。集団は各々に調和するかどうか保証をもたない部分が共存する組織となる。この集団を統一するのは形態や構造や生産の結合因ではなく、上記（a）（b）の結合因なのである。したがって有孔体の美学は多様の統一の美学に立つものの、統一すなわち全体性の規定が、従来の芸術的なあるいは技術的な統一の理念によるのではなく、人間と物質をコントロールするという理念のもとに成立してくる。形態的にはカオスで、機能的にはコスモスである集団が本来の有孔体の集団である。そこに近代建築が失いつつある倫理性を復活しようとする。

（d）有孔体の集団は生産単位となりうる要素としての有孔体の集まりであるから、時間的変化にそなえて取り替えを計画することができる。しかしつねに取り替えを計画するための一般的理

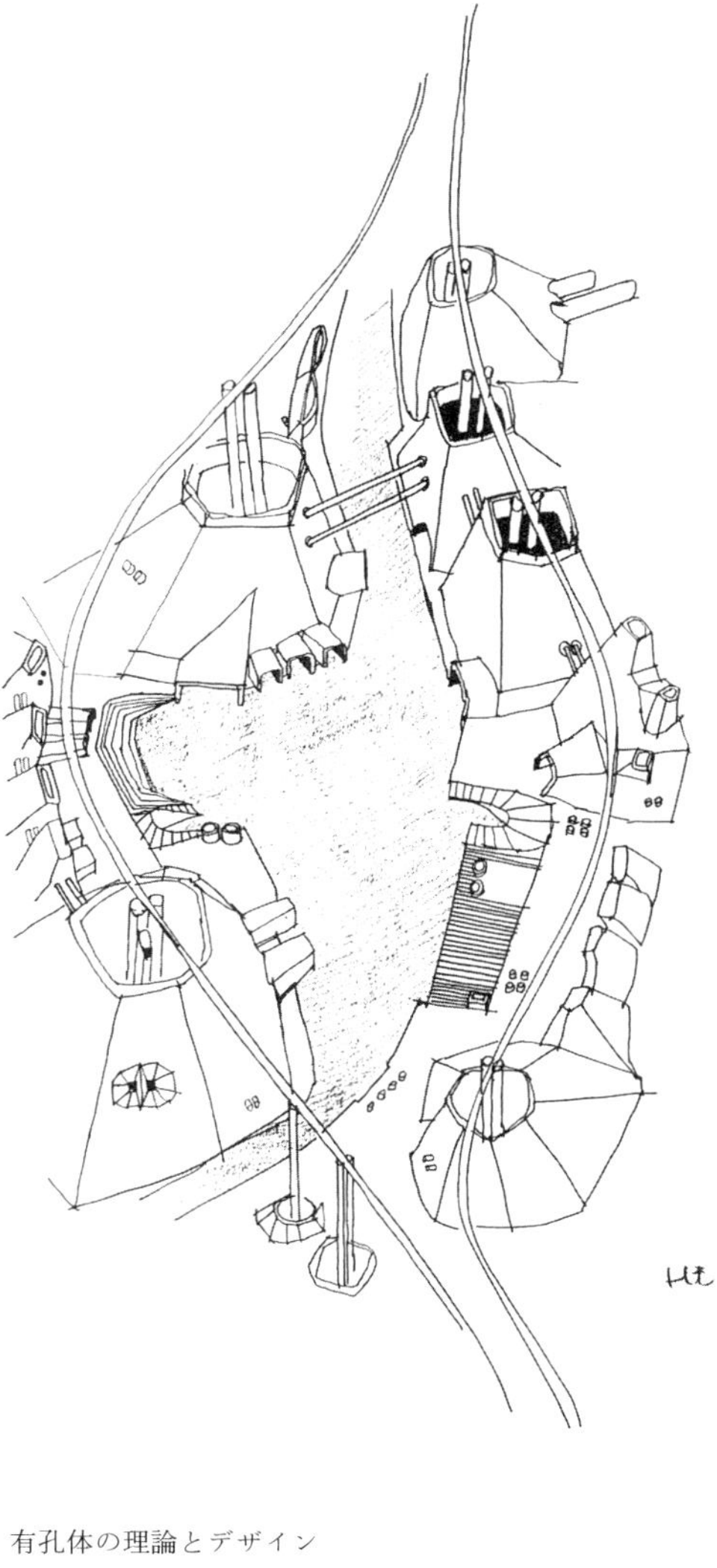

図10 有孔体の集団

論はもたない（時間的変化にもとづく結合因）。

この項については、ここで十分に記述することはできない。時間的なプログラムが不必要というわけではないが、多くの場合プログラムを成立させることは不可能なのである。将来に対する投企は現在時における投企であって、明日の投企は現在の投企とは変わっている。つまりメタボリックな現象は真理として存在するのであるが、これを計画するとなるとそれは虚偽性に包まれるであろう。つまり将来の変化がトレンド（傾向）の理論によってとらえられるような現象であれば、今日の投企は明日の投企へと連続する。ところが建築あるいは都市は、トレンドでは把握できない現象の世界なのである。トレンドでとらえられる世界は、全体性がつねに保存される有機的に発展する世界である。建築あるいは都市は、人間社会と同様に弁証法的に展開する世界なのである。つまり全体性が根本から崩れるときがある。それを無理をして保存しようとすると、現在のような都市の状況が生じ、がまんして生活するという事態にいたる。したがって変化に対するプログラミングは、全体性を保存する範囲内で可能である。

（e）構造的あるいは生産的要請は有孔体の不連続的結合を危くする。しかし有孔体の集団にとっては、構造体は結合子（要素）であり、生産的要請に対しては有孔体の設計において十分対処しなくてはならないが、これを優先する態度は排除されねばならない。

（f）個としての有孔体が発見的に探求されると同様に集団が形成する有孔体も発見的に探求される。この発見の原動力となるのが調整（コントロール）の概念である。したがって調整を最適値問題によって計量的に解析する方法が存在する。

建築の集団、都市の計画にあたっては「運動するもの」を把握し、それらの調整をはかるという手続きが最大の決め手である。けれどもこのプログラミングが全体性の決定力をもつかどうかは疑わしい。プログラミングの結果はおそらく資料、つまり計画の根拠やチェックとしてしか機能しないであろう。調整すること自体が試みである。

有孔体の理論は情報の交換によって生じる関係を頼りにして空間単位の集合を必然性のうちに構成しようとする目標をもっていたが、そこで規定された「自由な領域」の概念はさらに深められるべき課題をもっていた。本節は「自由な領域」の意味を検討することによって有孔体の理論を豊富化しようとする目標をもっている。有孔体の理論は空間制御の具体的な手続きを提起する理論であるが、けっして機械的な手続きを約束しはしない。つまり理論それ自体の内部に、決定に対しては自由な領域が存在するのであって、計画者の主観的な判断の介入なしにはなんら実践的な意味をもちえない。本節では浮遊なる概念からこのあたりの事情を説明するであろう。また有孔体の理論にあっては、アプリオリに提出されているいくつかの条件があるが、そのなかでとくに社会集団の発生および消滅についてはなんらふれていない。いいかえればそれは連帯の問題であって、本節では集団発生の契機についても論じるであろう。さらにまた具体的な浮遊する装置についてもふれたいと考える。

浮遊の意味

浮遊する状況、運動の一形態である浮遊は、いずれ目的に従った直線的運動に転化される運動形態ではなく、これと対立する普遍的な運動の形態である。きわめてあいまいな無目的的な運動であり、方向が定まらない運動である。この運動の状況をあいだにはさんで直線的な運動が連続されているのが、運動の一般的な形態であると考えられる。わかりやすい例でいえば、浮遊する状況には、外力がさしてかかっていない状態である。ただ浮遊した状態のまま、大きな運動のなかに流されている状況はよく体験するところであるが。日常的な生活のなかで、私たちは判断中止あるいは目的放棄のぼんやりした状態をよく体験する。これは精神の浮遊状態を示している。散歩、旅、飛行、漂流といった行動は意識的に浮遊しようとする行為であり、それ自体目的化しており、その意味では方向性をもつ直線的行動と浮遊とを目的の概念をもって明快に区別するには困難があることを了解せねばなるまい。外力の干渉から自由であるという条件もじつはあいまいであって、見かけ上は浮遊状態でありながら、それがじつは方向性ある運動でありながら抵抗あるいは障害の結果そうなっているという場合も少なくない。したがって浮遊の形態は相対的に規定されるものとして満足しなくてはならないだろう。直線的な運動に対して対立的であるとは、対立的な極をつくるの意味であると了解せねばならないだろう。あるいはまた合目的的な全体系を想定すれば、浮遊する部分系は全体的な合目的性のなかに組みこまれていることも了解しておかねばならない。交通のシステムのなかには待機する段階において浮遊状態が組みこまれている。タクシー、エレベータなどがその好例である。

浮遊状態は、確率と自律性に深くかかわっている。私たちの前にいくつかの事象の可能性が見えていて、そのなかから適当な事象の採択を決断する場面に立たされたとき、私たちは一種の浮遊状態におちいる。遊びやゲームには浮遊状態をより高い頻度で培養しようとする性格がある。ゲームの規則は、障害となる外からの干渉を導入することによって、あるいは競争者の干渉を必然づけて浮遊状態を体験できるような構造をつくっている。浮遊の概念は自律性抜きにしては考えられない。浮遊状態そのものは自律性の放棄であるかもしれない。しかし、浮遊状態が直線的運動への準備期間であると考えた場合、自律性を捨象したところで浮遊の意味を深めることはできない。もし浮遊する個体が自律性を捨てた状態にあるとすると、浮遊はまったく無駄な行為と決めつけられてしまう。これが従来の計画の概念を占めてきた浮遊の評価である。

夢は意識の浮遊状態のあらわれである。ここでは日常的な禁止が解かれて、体験は幻想的にはばたく。夢にあらわれるたがいに無関係な系列をもつ出来事の並列的融合は、無制御状態における混乱であるという理解もさることながら、非連続的構造を乗りこえる理想のあらわれであるとも理解できよう。こうした理解は、非連続的構造における全体化の作業の意味を説明するであろう。実践は非連続の事象を乗りこえる作業として意味づけられたが、夢は大胆にこの作業をやってのける。シュルレアリスムの美学は、論理的には把握できそうもない関係の関係づけを表現の世界でやってのけて、ありそうもない事象を日常化してしまうこと、つまり新たな関係づけを成立させることを企てた。浮遊の思想の目標はまさにこの点にある。日常的なずれの乗りこえがもし可能であるならば、それは浮遊状態のうちに期待できるのではないか。直截にいえば、たがいにずれた系に乗っている人間の連帯は浮遊状態において育成されるのではないか。

浮遊状態は自然現象や概念構成や決断の構造の一端を説明するだろう。私たちは因果律にのってこない現象を知っている。因果律は連続的な事象を説明し、機械的な運動の形態を説明する。私たちの世界は、どんなに蓄積が重ねられようと、すべてを機械的な手続きに還元しきれないだろう。いつも私たちは浮遊状態を発見してしまうだろう。突然、路傍の石が活性化することと――これはまったく大変な問題なのだ。この詩的な事象の説明には、意識が連続的に持続されないこと、しかし深層において変化が起こっていることを承認せねばなるまい。意識は大海にあらわれた島のように忽然と意識されるのだ。それまでの状態は浮遊である。意識が断片的にあちこちにあらわれる状態もまた浮遊である。条件反射の模型が示すような機械性はつねに成立するものではない。もしそうであるなら、あるひとつの体験を契機として、あらゆる記憶が同時に想起されるか連鎖的に浮上するはずである。浮遊状態はずれが意識されない領域であるから、しょせんは非合理的である。歴史においても活性期に比べれば浮遊期はデカダンスにさえ見える。けれどもじつは、活性期の母胎になっておりもするのだ。

浮遊の領域が運動の停止状態の外にあることには注意したい。ある出来事が起こった事実は、それで停止してしまっている。日付はけっして変化しない。しかし、その出来事の意味は限りなく変化する。私たちの価値判断や意味づけの作業にあっては、固定していないものが多い。もし私たちがそれらの作業のすべてを義務づけられたらたまらない。ある期間、あるいは日付だけを残して永遠に意味づけや価値判断すべき事柄を遊ばせておく能力がなかったら、私たちは破綻をきたしてしまう。価値判断や未来の成果を放牧状態におくとき、討論は成立し、連帯への欲求を抱きはじめる。

また浮遊する領域を設定したとしても、なぜあいまいな状態から明確な状態へ移行するかを説明できないことにも注意すべきだ。たとえば発見の構造的な理解はできても、直接的な力の指摘の問題は依然として残されている。決断にせよ発見にせよ、その瞬間にむかって準備的な高まりがあることはわかるとしても、不連続点が生起する原因は判然としない。刺激を抵抗をやぶる力の作用にたとえても不満足である。弁証法が非連続性を乗りこえる論理として用意されてはいるが、それは浮遊する状態さえ十分には組みこんでいない。

ずれを解除する空間的装置

たがいにずれた軸のうえを動いている人間は出会うことがない。道を歩く人びとはたがいにいつも出会っているにもかかわらず、人間的な出会いを体験していない。人群をやりすごして歩行者が直面しているのは、人種であるとか国家であるとか、あるいはにぎわいや色彩や流行である。あなたには会っていない。物象化された概念に出会っているにすぎないのである。あなたは私と異なった軸のうえを動いていて他人である。しかし、ときとしてふとした出来事が機会となって、たがいの軸から下りて同一軸上に立つことがある。それは新たな関係の成立であって、部分的であるにせよずれの解除が起こったことを意味する。

　地縁社会や血縁社会が支配的であったころは、道で出会う人びとはたがいに連帯感を交換できた。出会いは人間的な出会いであり、いつもあなたと出会っていたのである。いまや空間的に結合度の高い社会構造はもっていない。空間的な近しさは政治や治安といった遠隔操作の範囲として実際は残っているのであるが、私たちは近隣に対しての直接的なかかわりを見失ってしまっている。この失われた直接性は、おそらくもどることはないだろう。しかし、ある場所と時間において私たちは連帯を形成する機会をもっていることには変わりない。地縁的な集団は固定的な性格をもっていたが、現在あるいは将来における集団形態はおそらく可変的であろう。その意味で私たちはつねに新しい集団を形成する機会をもっているのだ。

　友交は、ある出来事に参加することを指名されて発生する場合がある。コミュニケーションの発達と個人の確立とに比例して、この形態が起こる頻度は高まるであろう。しかし、こうした形態でもって、たとえば政治的な行動をとるような集団をつくることはほとんど不可能であり、こうした発生形態は成員がある数に達すると連帯感をもつどころか離散する傾向のほうが強くなるのが一般的である。ある場所に呼びだされ、これに応じることがスムーズに運ばれるためには、コミュニケーションと交通のシステムを完全にするように環境を計画すれば十分である。これは効率の計画であって機械的に計画できる。このような計画にあっては、交通やコミュニケーションはさしあたり関係するふたつの点を結ぶ導管であって、他からなるべく干渉されない状態あるいは他に干渉しないように計画する。すなわち非連続の構造をそのまま計画に乗せればよい。

ともすれば現代の計画は非連続の構造の投影でありがちである。偶発的な出会いを培養する環境の形成といった課題が忘れられている。つまり浮遊状態が評価されていない。機械的な分析は浮遊の領域を切り捨ててしまう。残されるのは二点間を結ぶ直線的運動である。こうした環境は未来に備えているようで、じつは未来を捨象している。直線的運動の集積からは現状維持が結果するだけである。未来はずれからの解除の過程なくしては先取りできない。未来に備えて計画するとは、未来を開く契機の培養を計画することだ。具体的には非連続の構造の実現だけでは不十分であって、これが解除される可能性をもつ空間を用意する必要がある。

そこで考えられる計画上の指針はふたつある。

（1）採択された関係によってできる空間的系統群を任意に結びあわせる浮遊する装置。つまりある関係は必ず空間的なブロックを指定する。この関係はたがいに関係づけられていないから、ブロックはクラスター化する。従来のようにブロックとブロックとを結合するために定常的な幹線を用意するだけでは十分でなく、ブロック間の結合が同調の操作によって実現できるような浮遊した結合装置を用意する。そうすれば、ずれをそのまま空間に投影することができる。従来では建物内のエレベータ、あるいは自動車および自動車用道路網がこの類の装置である。こうした考え方によれば従来のクラスター・システムは、たがいにずれをもった系統の結合には十全でないことが知られる。たとえば事務所建築にあって、外来者の動きに対してはある目的とする場所が定まっているから、交通網はヒエラルキーのあるクラスター・システムが適当であるが、事務所内部の執務者は各部門の連絡と協議を密にするためにクラスターは適当でない。クラスター・システムの交通網はセクショナリズムを招き、前向きの姿勢に対して大きな障害となる（この障害を避けるために、浮遊する情報交換の装置である電話が現在のところ大きな役割を果たしている）。

（2）出会いの空間。空間単位の比較的自由な領域の意味ではなく、人間にとって浮遊可能な空間単位そのもの。そこにおいてずれから解放された人間の集団が可能となる。この空間においては人間の行動が決定されていない。現在では、目的を設定された空間からはみだしているために、一般には不可欠な空間とは考えられていない。この空間は目的を明確にもつ空間領域のつなぎに存在するはずである。それはいわば中間項のような存在である。あるいはまた、ある目的をもった空間の剰余の領域として存在する。いわゆるよどんだ空間である。この空間は、機械的な運動の介入から守られているように計画されねばならない。漠然とした玄関ホールやピロティは、動線によって浮遊状態がかきみだされてしまう。しかし、何も起こらない静かな空間領域という意味ではなく、自由な行為、偶発的な出来事が育まれるべきだ。もっとも行為を必然的に誘発するほど空間そのものは作用力をもっていないが、そのような準備がなされているべきである。つまり、出会いの空間はなんらかのかたちで装置化されている。一般にはこの種の空間は、床レベルを天井のレベルとに変化をもたせる手法がもちいられ、動線からはみでた位置をもつ。たとえば吹き抜けの空間は、他の空間領域から視覚的な干渉を可能にしながら、他の目的が明解な空間領域とは異なった空間であることを、高さにおいて剰余を与えることによって人びとにわからせる。出会いの空間は一定の行動によって占拠されないように配慮して計画するべきである。本来、直接的なコミュニケーションが意図される空間であるから、対話あるいは集合がそこで起こる出来事の主たるものである。この空間は利益追求に供されてはならない。また長期にわたって特定の集団に占拠されてはならないし、政治あるいは統治のために制約を負わされてはならない。段階的に規模づけられた種々の浮遊可能な空間を用意したい。とくに交通網の設定の近傍に適当な広がりをもった出会いの空間を点在させる。現在とくに出会いの空間が要請されている環境は、建築のスケールでは住宅、学校、工場、事務所であり、建築群のスケールでは住宅団地であり、都市的なスケールでの不在は都心部である。建築において劇場などのゆったりしたホワイエは、特殊化された体験に続くまったく気分的広がりであって、その目的が非日常的なところにあるから、ほとんど出会いの空間として意味をもっていない。生のままの見張られた状態があって、ここでは出会いが起こらないだろう。公園や庭は浮遊する空間の一種ではあるが、じつは出会いの機能をさして果たさない。その理由は対話のために装置化されておらず、ずれが解除されるのではなく、ずれを忘れさせるために計画された空間であるからだ。公園や庭のなかでも、屋根がかかった空間は特殊化されていることを私たちは体験する。出会いの空間はある人が何回もそこに滞在するという条件を許容するものでなくてはならない。とすればおのずから地域的な人の集まり方をするだろう。けれどもそこでいう地域性とても、時間が訪れを制約するという程度の規制でしかない。

経済的な要請によって、あるいは計画が孤立した系の計画として与えられたときは、設計者はやむをえず非連続的な構造をそのまま環境に投影してしまいがちである。おそらく私たちの計画は、ある程度自律した系の多層からなる環境を導くであろう。この重ね合わせの解決策がこれからの時代の設計の課題となろう。つまり、部分と全体の論理はこの点に関して問われていると考えることができる。

一般化

都市が連帯の表出でありたいとする希望にとって、浮遊の概念はひとすじの光明となるであろう。なぜなら浮遊状態の把握は、それぞれのスケールの段階において個とその集合とを同時にとらえるからである。集合を観察するとき、その全体が見かけ上は浮遊状態にあっても、成員としての個に視点をもってゆくときはたして浮遊状態にあるのかどうかは理解できない。これを見定めるには、どうしてもスケールの小さな段階に下ってゆかねばならない。いま全体的に見えている状態が原理によって統御されるべきなのか、あるいはまたそのまま放置または育成されるべきかは、浮遊の概念が判断の基礎となる（下からの方法の基礎）。機能分化された社会がずれを解消した統一原理によって運営されるとはいまや考えられない。生産的には社会はずれの表出である多層構造をとらざるをえないであろう。これは建築や都市が単一な統一原理によっては統御しきれないことを意味している。個を許容しない建築あるいは都市を一般的に表現すれば、非連続的構造を許容しない建築あるいは都市として表現されるであろう。この事実は、建築が古典的な諸形式あるいは諸パターンから抜けでなくてはならない必然性を指示している。

個それ自体の自律性だけでは十分でなく、ある機能（＝関係）によって集団化した系列の自律性と、それら諸系列間の自律性と結合関係が問われるであろう。しかも個は、ひとつの系列に属しているだけではなく他の系列上にもある。とすると、こうした複合した関係の処理に対しては、幾何学的に純粋な形態はおよそ無能であるにちがいない。しかし、一方では空間の三次元の性格は依然として残るから、ある程度決定しないでおいたほうがよい領域が出現するだろう。その領域は、空間単位ではなく結合部分にあらわれると予想される。したがって、（1）空間単位は浮遊の領域をもたなくてはならない。またそこには多くの触手を用意する。（2）パイピング類は、交通上の浮遊する領域（＝中間項）から空間単位の浮遊する領域とを結ぶ。交通上の浮遊する領域はたがいに結ばれる。（3）パイピング類は空間単位内の浮遊する領域を直接結ぶ。という手続きが必要となり、しかも、（4）パイピング類は浮遊状態におかれる。このような準備をもってすると、集団系列がその都度変化する環境が得られる。

以上の思考上のモデルは、ずれそれ自体を変化させることによって、ずれの解除を計ろうとする意図をもっている。ずれの時間的変化が自律性の存在証明であると考えている。つまり、関係の変化を追っているかぎり、孤立した系列にあらわれた変化しかとらえることができないのに対して、ずれの変化に着眼すれば、全体化の動きあるいは全体の秩序をとらえる手がかりが得られる。連帯を考えてゆくとき、連続的平面での思考は、いま注目している集団系列内の連帯にしか関心が払われない。非連続の空間内の考察は、他系列との断絶の状態をもって連帯の測度とするであろう（この意味では階級の系列化は優れた連帯の必然性を示している）。

ずれの変化の表現手段が与えられている都市の思考モデルを想定しよう。とすれば、そこに連帯の表現が可能である。住民の意志は個の領域によって表現され、その意志の総和によって変化する公共的な領域をもつ都市は、思考モデルというより具体的なモデルを用意する。そのとき、有孔体の孔の信号としての働きと制御装置としての働きはきわめて有効である。都市全体をこのような目標のもとに装置化するなら、都市を構成する物質は浮遊可能であるように計画されるであろう。

新版あとがき

この本の出版が一九九〇年であるので、「空中庭園幻想」の連結超高層建築「梅田スカイビル」のリフトアップが始まろうとしているころか——と思いつつ眺めまわしているとき、突然発行者田鍋健の文字に出会った。

これには驚いた。この原稿を書きはじめる直前まで立命館大学のリモート講義を準備しているときに、田鍋健の姿が記録ビデオで映しだされていたからだ。

この人が「梅田スカイビル」を実現させたのだ。と私は叫んだ。記録ビデオでは当時積水ハウスの会長であった田鍋健がリフトアップのスタートテープを真剣なまなざしで切ったり、この建築名称の公募「梅田スカイビル」の提案者に「あ、これは私が考えた名称と同じだ」と笑いながら賞金を渡していた姿であった。

奇跡が起こったとしか思えない。田鍋健の連結超高層の実現には感謝あるのみで、他に言葉がない。当時の計画のとりまとめをした若く決断力にとんだ積水ハウスのメンバーや実施設計から加わった竹中工務店の親切な人々にたいしても同様である。

この建築は、バビロニアの空中庭園の廃墟の近くに立っている「サマラの塔」や、ユカタン半島の発掘されたマヤ文明の「テイカルのピラミッド」など空中庭園幻想のゆくえを継承して構想した。構造は木村俊彦と弟子だった若い佐々木睦朗が担当し、竹中工務店の構造陣がバックアップした。一九九三年に完成し、昨年は三十周年で、みんなで集った。わずかいまだ三十年しか経っていないのだ。

少しおちついて、本（旧版）を見てゆくと、しい、しおりとして内田祥哉の文章と一連の「反射性住居」と名づけた住居のクライアントである本田ニラムの章、さらにはかつて東京大学原研究室アトリエΦ（ファイ）出身の宇野求の文章が出てきた。まず内田祥哉は私の師匠であり、本田ニラムは放送作家となっているが、動物学者である。荻窪の土地を売って房総半島の自然の先端の「ニラム邸」に住んでくれたクライアントである。宇野求は、忘れてしまったのか行かなかったかもしれないが、いまをときめく隈研吾、竹山聖たちをみんな呼びつけて「ニラム邸」の庇の「こばだて」石（私が名づけた自然の小石を長辺方向に直立させて並べる仕上法）を手伝わせたのである。

この本を編集してくれた植田実は、六十年間をこえる友人である。この本が、出版社は新しくなるが彼の『真夜中の庭』と同じシリーズで出版してもらえるとすると、これほど嬉しいことはない。名誉である。そのように言えるだけ植田実の『真夜中の庭』はすばらしい。出会った場所は内田研究室であるが、会ったときから、これからの友人になるな、とほぼ確信していた。自分の本、『住居に都市を埋蔵する』の題名は気にいっているが、私が書いた文字数が長い文章は、おおむねかんばしくない。言葉が流れないのだ。

植田実は文字を左手で書く。たまたま『真夜中の庭』は、「物語にひそむ建築」なる副題が示すように、ファンタジィより架空の幻想の事例集のような美しい内容の本であるが、彼の原稿がそのまま出版されたら、人々は驚きの叫びをあげるにちがいない。言葉である記号が流れているのだ。

植田実との出会いに感じた親近性は、まず同時代であり、想像力の憧れを共有していたであろうこと、さらに想像力を誘起するためには絶え間ない修練が要請されていることを、それぞれの立場で覚悟していたところにあると思う。そして私のほうが圧倒的に世話になっているが、かろうじて生きている。本が残るだけでもありがたいことなのだ。

原　広司

建築家にして教育者

山本理顕　**聞き手**　植田実

――原さんといえば「有孔体理論」。でも最初は住宅を焦点に考えていたのでしょうね。

山本　基本的にずっと住宅だと思います。

――「住居に都市を埋蔵する」といってもあくまで住居だけを見ていて、都市的な住宅というより、建築種別には入らないまわりの環境みたいなものをあえて漠然と指している。

山本　原さんは「住宅」と言わずに「住居」と言いました。住宅の存在そのものを疑っていたのだと思います。たとえば東京大学の大学院で同級生だった宮脇檀《まゆみ》（一九三六―一九九八）さんはすごくきれいな住宅をつくっていたけれど、宮脇さん的な住宅に対して、住宅はそういうものではないという考えがあったと思います。

――黒沢隆（一九四一―二〇一四）さんに対しても、彼は「個室群住居」を提案して nLDK という近代住居の機能主義的な思考を批判する立場を貫いた人だけど、原さんからみると住宅論をこえてもう少し広げてほしかったところでしょう。

山本　黒沢さんのように住宅そのものをテーマにすることが嫌だったのでしょうね。

――　原さんは一九七五年に義弟の北川フラムさんが主宰していた同人誌にエッセイ「未触の空間」（本書収録）を書いていて、そのなかに「下向」とか「反転」といったキーワードが出てくる。これをいま読むと後に原さんにとっての住宅の原型としてじつに生々しい。

あのころの建築界はあくまで住宅建築の総合像としてのプラン、言ってみれば間取りがすべてで、みんながＬＤＫの話をしていたのだけど、原さんはあくまで「未触の空間」に注目して、この空間はなんと呼べばいいのだろうと考えながら住宅全体をひそかに見ていた。そのキーワードのひとつに「埋蔵」もあった。そんな原さんのすごさはほとんど表面化していません。

山本　当時は間取りが決まればすべて決まってしまうのではないかということを誰もが批判的に書いていましたね。

――　黒沢さんは黒沢さんの立場で書いていたし、他の建築家もいろいろ書いていたけれど、原さんはそれらの動きとは一線を引いて、まわりや時代を批評的にみられる人だったと思います。「埋蔵する」というのもムードではなく、いいかえれば入れ子構造なんですね。

山本　原さんの自邸（一九七四年）ができたとき、まさに住居に都市が埋蔵されていると思いました。一回目の集落調査（一九七二年）から帰ってきたばかりのころに、原さんがいくつかスタディしているのを見ていましたが、できあがったものを見てびっくりしました。ひとつの空間のなかに入れ子のような形で居室があって、その居室がそれぞれ独立した建築のように見える。自邸は原さんの考え方が作品のなかでいちばんはっきりとあらわれていて、原さんの建築のシンボルですね。

―― できた直後にぼくは本人に面と向かって「原さんはこれ以上の建築をつくることはできない」と言ったらしくて、もちろん褒めたのだけど極まると表現が反転しちゃう。悪い癖です。原さんが覚えていて何かの雑誌の誰かとの対談でおっしゃっていました。憮然とした口調で。(笑)

山本 できた直後に言ったのなら、最高の褒め言葉ですよ。(笑)

―― 原さんの公私にわたるパートナーの若菜さんが「住居を浄化する形式」という短い文章(「SD」一九九四年一月号)を書いていて、これがいい。受け継ぐ立場という自覚がはじめて言葉になったような。

山本 玄関から階段をずっと下りていく動線とか、ちょっと住宅の感じではないですよね。

―― 原邸は粟津邸(一九七二年)の展開としてあります。粟津邸は若菜さんとアトリエ・ファイ建築研究所の最初期のメンバーが二年かけてようやくたどりついたプランで、地形を活かした対称形。これに対して原邸の設計は一ヵ月だったかな、すごく短かったらしい。この両者の設計の時間も示唆的です。

山本 粟津邸と同じような敷地を探したんだと言っていましたから、原邸ではやりたいことがあったのでしょう。原邸の最初のプランはシンメトリーではなく、片側だけに出っ張り引っ込みがあった。それが集落調査から帰国後両側になっていたことをぼくは記憶しています。記憶違いだったとしても、原邸を理解する順序がそうだったことはたしかです。シンメトリーというのは中世的な建築の構成原理で、近代的な建築はむしろそれを嫌っていました。原さんはそのシンメトリーをすごく気にしていましたが、最終的にシンメトリーになって、ここから原さんの表現の幅がいきなり大きくなったように思います。

――粟津邸はいま粟津潔さんのご子息が継承者を探すためにときどき公開しているので、先日ひさしぶりに訪れたら、いままでの記憶とずいぶん違っていました。いままでは階段を下りていくにつれ、いろいろなものが次々に見えてくるのがいちばん印象的だったのですが、今回はそれと同じ階段を下りていって最後に行き着く大空間、ふだんは何もないんだけどこんなによかったのかと思いました。原邸も、階段を下りていった最後に小さな居間ともなんとも言えない開けた空間がある。どちらもシンメトリーの端部になっているのだけれど。

原さんの建築は閉じ方が強いから未完成に見えてしまうところがあります。独特の平衡感覚をもっていて、あえてまとめない。いい空間が生まれる秘密はそこにあるのではないかと思う。それとあの家は中心軸の階段が圧倒的に美しくて、たんなる通路ではない。そこで若菜さんと娘の游さんが立ち話しているのをたまたま目にしたとき、なんて美しいのだろうと思いました。居間とか食堂とか家族室とかそういう説明を外すと、住宅がいかに美しい空間をもっているかがわかるというくらい感動しました。「これ以上のものはつくれない」と。

しかも当時の建築家には禁じ手だった切妻屋根を採用している。玄関を入ってすぐに階段を下りていくと、天井が一途に高くなってゆく。床は下向だけれど切妻屋根の天井は水平だから。

山本　たしかに原さんの建築は内部がいいですね。入るとびっくりする。

——完成してすぐのころ、外壁の色が違いましたね。赤っぽかった。だからボリューム感が出てしまって、どこか寮みたいな、家ではない感じで、それで住みはじめてすぐ塗りなおした。黒く塗って壁を消した、とそのとたん、庭木の緑が視界にあらわれてきた。

山本　とにかく原邸は衝撃的でした。あんな住宅はそれまでにひとつもありませんでしたから。

——「有孔体」は原さんにとってもっとも重要なキーワードだったのかどうか。

山本　有孔体について原さんはライプニッツの「モナド」の話をしていました。モナドは存在する最小の単位です。ライプニッツはモナドには窓がないと書いていて、原さんはそれを気に入って、有孔体に窓を開けた。つまり、モナドに窓を開けたかったんです。それが原さんの有孔体の始まりだったような気がします。

——住宅というとどうしても間取りの話に終始するものだけど、原さんはそれに関係なく、十分に考えたうえでのことだろうけど壁に孔をあけるということだけをまず言ってしまった。それで壁が壁でなくなった。

山本　光があるから光のために孔をあける、風があったら風のために孔をあける、孔には機能があるというものですね。

―― 住宅には給排水のパイプやら通気口やらありますから、物としての住宅は実際に孔だらけですね。しかしそうではない有孔体を考えた、いや見つけた。発見がその後も長く設計のテーマになった。原さんの処女作というと佐倉市立下志津小学校（一九六七年）よりもまず伊藤邸（一九六七年）を思い出すのは、やはり原さんは住宅からということなのか。

山本　有孔体は住宅ですよね。伊藤邸が原さんの原型なのではないでしょうか。

―― 伊藤邸は入口側から見ると手前に正方形の箱がぽんとあって、いちばん奥にもうひとつ正方形の箱があって、そのあいだの壁は襞状というエレベーションで、写真家泣かせの住宅でした。ふつうの撮られ方を拒否するような考えが建築にあらわれていたのでしょう。

山本　植田さんは編集長を務めていた雑誌「都市住宅」で、原さんの登場の仕方を毎回きちんと演出していましたよね。作品ではなく模型だけとか。「都市住宅」のなかでも原さんは特別な人でした。

―― たしかに完成作品としては載せる機会がなかったかもしれない。

山本　原さん自身、「影のロボット」（一九八五年）のようなコンセプチュアルなインスタレーションのほうに強く興味をもっていました。そして「影のロボット」は最高にかっこいい。建築よりもかっこいい（笑）。まっくらななかにエッジライトだけでつくっているんですよね、あれにはびっくりしました。

原さんは建築よりも頭の中のほうがはるかにおもしろい。現実に具体的な建築になるとその現実性に拘束されてしまう。それが原さんは嫌いだった。だから雲だったり、鳥だったり虹だったり、現象的なものに惹かれたのだと思います。

——本書ではそれが冒頭に置かれています。鳥や雲や樹木など具象がいっぱい家のなかにつくられている。タイトルは「森の輸送」と異常に詩的です。

山本 鳥が出てくるようになったのは虔十公園林フォリストハウス（一九八七年）からですか。

——だと思います。その紹介をするところだったのですが、フォリストハウスの「輸送の図解」は竣工写真が排除する窓の写りこみや人影や道具類など余分な要素をあるがままにとりいれた、一見整理されていないイメージの重なりなんだけど、これが見飽きない。山本さんの言われた「頭の中のほう」がともすれば実体より強いというか。この考え方が当時の原さんにとってはいちばん新しくて、それが別の姿であらわれたヤマトインターナショナル（一九八六年）は、建築としてもその魅力が見た瞬間にわかる。

山本 そうそう、ヤマトインターナショナルはそれ自体が都市になっているからいいんですよ。

——原さんの代表作といっていいくらい。でも住宅において具象はどうとらえられているのか。装飾的な発想とも、もの派的思想ともまったく違って見えますね

山本 ぼくもよくわかりません。ええ、鳥を描いちゃうの？という感じです。ヤマトインターナショナルについては「日常の習慣化された風景のなかの異彩」という小文で、美術家のクリスト（一九三五―二〇二〇）の「ヴァレーカーテン」（一九七〇―七二年、アメリカ・コロラド州ライフル

の渓谷に巨大なカーテンを掛けた作品〉との近似性を指摘したことがあります。
「この日常の中の異彩という手法は、確かにクリストに固有のものである。でも、他にないかと言われると、ある。沢山ある。建築というのはもともと、そういうものだったのではないかと思うのだ。

例えば、アクロポリスの丘がアテネの都市の中にそびえたつ風景から、ミースの「フリードリッヒ通りのスカイスクレーパー」のコラージュまで、このクリスト的異彩の風景を数え上げていったら、幾つも例を挙げることができるように思う。多分、優れた建築はすべてそうした側面をもっていたように思うのである。

原広司の〈ヤマト・インターナショナル〉の写真を見た。森があって、その森の向こうに朝日をあびて銀色に輝くギザギザの壁がある。森の手前の公園では、近所の若い母親たちが乳母車に乗せた子供を脇に置いて、話に夢中になっている。この構図はクリスト的異彩の風景と、寸分違わない構図である。〈凝視する風景〉を建築がつくり出している。周辺のすべての風景を巻き込んで、ひとつの物語を見るような気分で眺めるのである。風景が意識を覚醒させているのだ。〈視る〉という意識である」(「日常の習慣化された風景のなかの異彩」、「建築文化」一九八八年八月号)

—— この位置づけ方はわかりやすいですね。インスタレーションと建築の違いを乗りこえて、何かしらすぐ共有できるものがあったのかもしれない。

山本さんは原さんの建築のつくり方に学ばれたところがあったから、建築の自立性みたいなものを考えることができたのではありませんか。山本さん最初期の山川山荘（一九七七年）も切妻屋根をポンと載せていて、居室の配置もシンメトリーに見える。実際は収納だけがシンメトリーで、他は違うのだけど、あそこにいるといつのまにか頭の中にシンメトリーのイメージが描かれている。そういうトリックが効いている。

「新建築」住宅特集号（一九七八年八月号）では、山川山荘に加えて山本さんの三つの作品が同時に掲載され、しかも巻頭ページでした。あの号は山本さんの後に吉村順三さんなど巨匠建築家の作品が続いていて、かなり特殊な構成でしたが、当時の編集長が山本さんの作品を高く評価したことがよくわかります。

山本　四作品の図面は原さんにも見てもらいました。なかでも山川山荘はかなり高く評価してもらいましたが、屋根と壁がつながっているのがどうかな、とは言っていました。屋根だけ浮いていたほうがいいんじゃないの、でもどうやって浮かせるのかなって、問わず語りに。

「新建築」より前に、ぼくがはじめて雑誌に載ったのは「都市住宅」（一九七〇年四月号）でした。

——　黒沢さんが仕掛けた座談会（「住宅はコミュニティの場か」）として、ね。山本さんとはあのときが初対面でした。山川山荘発表のときは、ぼくはもう「都市住宅」の編集から下りていた。

山本　一九七〇年だから大学院生のころでした。まだ何も実作はなかったけれど、黒沢さんが持論を発表する場をつくってくれたんです。

原さんの話に戻すと、原さんは頭の中のイメージが強すぎるので、できあがった建築は原さんの頭の中から少しずれてしまう。だから「影のロボット」のように頭の中のイメージがそのままできあがるようなものだとかっこいい。要するにアーティストですよね。頭の中にイメージが完璧にできあがっている。それをわざわざ建築に移さなくはならないので大変なんですよ。

—— でも建築になると当然、建築としての強さが出てくる。それがわかっているから、絶対に建築家でいたい。

原さんは東京大学で内田祥哉《よしちか》さんの研究室に所属されていました。建築構法を学んでいた。だから何かをつくるときに構法は重要で、たしか内田研で最初に博士論文を書かれたんじゃなかったかな。

山本　構法の研究室を出た後、原さんは駒場の生産技術研究所の助教授になりました。生技研は東京大学の本流ではないので、集落調査のような好きなことができた。でも原さんはずっと本郷に行きたかったみたいです。東大の権威みたいなのがあって、本郷のほうが圧倒的に権威がありますから。

学生を教えるにしても、研究するにしても大学には権威が必要なんです。権威がないとほとんど教育機関にならない。権威とは誰もがおのずと頭を下げるような存在ということで、一方で教える側は全責任をもつ。教えるということはそれくらい真剣です。ソクラテスだって命がけで教えていたわけでしょう。でも最近の大学は先生たちから権威が失われていますね。

原さんは生技研で好きなことができたといっても、くだらない研究はしなかったし、大学の研究とはどういうものか、その価値をわかっていました。そういう意味で原さんは、日本の教育・研究機関の中心である東大の権威を守っていました。東大は教育・研究機関としてのあり方がしっかり確立されています。どの研究室がどういう研究をやるかがすべて決まっていて、それが何十年も続いている。たとえば建築計画学なら吉武泰水から鈴木成文へと受け継がれた。

——原さんは集落調査を「集落の教え100」という論文（「建築文化」一九八七年四月号、単行本は彰国社、一九九八年）にまとめていますが、あれだけの文章、文章というよりもひとつのルールをじつに短期間でまとめあげている。ふつうの大学の研究室なら三代くらいかけてまとめるような質量です。原さんは調査でも、ひとりでぱっぱっと家に入っていって、何をしているのか住人もわからないうちにさっと出ていってという感じだったそうですね。瞬間移動みたいだった、とご本人が言っておられました。不可解な部分が残っていても、いや残っているから原さんが建築家であることが、ぼくは嬉しいんだな。

『集落の教え』をみると、バーナード・ルドフスキーの『建築家なしの建築』などとはまったく違うものが出てきますね。

山本　信じられない集落がたくさんありました。たとえばアルジェリアのガルダイヤなんて山みたいなんです。モスクの塔がどまんなかの丘の頂点に立っていて、それを古い城壁がまるで年輪のようにとりまき、だんだんと大きくなっている。どこまでが村で、どこからが建築かわからないし、山自体がひとつの建築のようでもあるという集落でした。だから部分だけをとりだしても、原さんがつくる建築に類似するところや影響を多々見ることができます。原さんが調査の際にいちばん気にしていたのは、イラクのティグリス川とユーフラテス川が合流するところの島に住んでいる人たちのことでした。

原さんには主要な研究テーマがふたつあって、数学と集落論。数学は藤井明が後を受け継いで、その弟子たちもいる。ただ集落論は途絶えてしまいました。ぼくが原さんの研究室で博士論文を書いていればよかったんだけど研究生でしたからね。残念ながら原さんの後に集落論を書く人が出てこなかったのです。でもいずれそのふたつのテーマを統合する人が必ず出てくると思う。そうしたら世界は変わります。

（建築家／構成・長井美暁）

初出一覧

「呼びかける力」　書き下ろし
森の輸送　「住宅特集」1987年11月号
多層構造論のためのノート　「建築文化」1984年12月号
住居に都市を埋蔵する　別冊都市住宅「住宅第11集」1975年秋
線対象プランニングの成立条件と手法　同上
形式へのチチェローネ　「建築文化」1979年12月号
未触の空間　「天界航路」1975年4・8・9月号, 1976年10月号, 1979年11月号
有孔体の理論とデザイン　「国際建築」1966年6月号
浮遊の思想　『建築に何が可能か』学生書林, 1968年

写真・図版提供

国立近現代建築資料館　p.1, p.33上, p.35上, p.60-61, p.66-67, p.100-101, p.104, p.108-111, p.116, p.118, p.120, p.123, p.125, p.131, p.135, p.141, p.143, p.148
東京大学生産技術研究所原研究室　p.2, p.29
彰国社写真部　p.3
大橋富夫　p.32, p.34
植田実　p.107
小川朝明, ゆりあぺむぺる工房（作図＋絵/ 原図・原広司）　p.154-155, p.160-161, p.168-169, p.176-177, p.182-183
小山孝　p.188-189
藤塚光政　p.190
鈴木悠　p.191
上記以外の図版提供はアトリエ・ファイ建築研究所による

＊　小山孝撮影「有孔体の世界」は、著作権継承者の方の転居先が不明なため事前許諾がとれておりません．ご一報くだされば幸いです．

著者略歴

原広司（はら・ひろし）　1936年神奈川県生まれ。建築家、東京大学名誉教授。1959年、東京大学工学部建築学科卒業、1964年、同大学数物系大学院建築学専攻博士課程修了。1961年、RAS設計同人設立、1970年、アトリエ・ファイ建築研究所との協働を開始。作品に伊藤邸（1967）、粟津邸（1972）、原自邸（1974）、田崎美術館（1986/日本建築学会賞作品賞）、ヤマトインターナショナル東京本社ビル（1987/村野藤吾賞）、虔十公園林フォリストハウス（1987）、飯田市美術博物館（1988）、梅田スカイビル（1993）、京都駅ビル（1997）、宮城県図書館（1998）、札幌ドーム（2001）、東京大学生産技術研究所（2001）ほか。著書『建築に何が可能か——建築と人間と』（学芸書林1967）『空間〈機能から様相へ〉』（岩波書店1987/ 岩波現代文庫2007/サントリー学芸賞）『集落への旅』（岩波新書1987）『住居に都市を埋蔵する——ことばの発見』（住まいの図書館出版局1990/本書）『集落の教え100』（彰国社1998）、編著「SD」別冊『住居集合論』（全5巻、鹿島出版会1973-79）ほか。2013年、日本建築学会大賞受賞。

住まい学エッセンス

住居に都市を埋蔵する　ことばの発見

2024年10月25日　初版第1刷発行

著者　原広司
発行者　下中順平
発行所　株式会社平凡社
〒101-0051
東京都千代田区神田神保町3-29
電話　03-3230-6573（営業）

協力　植田実
編集　遠藤敏之
装幀　山口信博
DTP　有限会社ダイワコムズ
印刷　株式会社東京印書館
製本　大口製本印刷株式会社

ISBN978-4-582-54362-9

落丁・乱丁本のお取り替えは
小社読者サービス係までお送りください（送料小社負担）。
平凡社ホームページ　https://www.heibonsha.co.jp/

【お問い合わせ】本書の内容に関するお問い合わせは
弊社お問い合わせフォームをご利用ください。
https://www.heibonsha.co.jp/contact/